北京大数据协会财税大数据专委会指定学习用书
中央财经大学税收筹划与法律研究中心推荐阅读

大数据下税收风险业务场景应用

李崇西◎主编

U0823539

中国财经出版传媒集团
中国财政经济出版社
北京

图书在版编目（CIP）数据

大数据下税收风险业务场景应用 / 李崇西主编. --
北京：中国财政经济出版社，2024.3
ISBN 978-7-5223-2913-0

Ⅰ.①大… Ⅱ.①李… Ⅲ.①数据处理-应用-税收
管理-风险管理-研究-中国 Ⅳ. ①F812.423

中国国家版本馆 CIP 数据核字（2024）第 050518 号

责任编辑：温彦君　　　　责任校对：张　凡
封面设计：智点创意　　　　责任印制：史大鹏

大数据下税收风险业务场景应用

DASHUJU XIA SHUISHOU FENGXIAN YEWU CHANGJING YINGYONG

中国财政经济出版社 出版

URL：http：//www.cfeph.cn

E-mail：cfeph@cfeph.cn

（版权所有　翻印必究）

社址：北京市海淀区阜成路甲 28 号　邮政编码：100142

营销中心电话：010-88191522

天猫网店：中国财政经济出版社旗舰店

网址：https：//zgczjjcbs.tmall.com

北京中兴印刷有限公司印刷　各地新华书店经销

成品尺寸：185mm×260mm　16 开　16.5 印张　330 000 字

2024 年 3 月第 1 版　2024 年 3 月北京第 1 次印刷

定价：78.00 元

ISBN 978-7-5223-2913-0

（图书出现印装问题，本社负责调换，电话：010-88190548）

本社质量投诉电话：010-88190744

打击盗版举报热线：010-88191661　QQ：2242791300

编 委 会

主　　　　编：李崇西

副　主　编：蔡　昌　刘　霞

参加编写人员：刘萧东　申　伟　冉　晓　冯向军

付　斌　隋同兵　刘　磊　赵海龙

刘　霞　刘红霞　宋响燕　马宏儒

陈　朕　吴艳艳　李湘龙　朱科科

前言

FOREWORD

税收征管进入“数字化改造、智慧化发展”轨道以来，风险管理地位更加突出，同时面临更大的挑战。为探索解决大数据下税收风险管理问题，本书从大数据的视角提出了税收风险业务场景应用体系建设，重点从研究税收大数据的发展特点、构成要素及对税收管理的影响出发，以大数据驱动税收风险分析及应对为脉络，以分行业、分领域、分事项、分规模、分类精准监管的业务场景应用方法、案例为主要内容，同时对大数据驱动的风险管理发展现状与趋势进行探讨。本书以实战案例为基础，对大数据下税收风险管理的开展具有较强的指导意义，对纳税人切实了解税收风险管理，防范纳税风险，提高征纳双方合作遵从也有一定的帮助。本书所使用的经济税收参数和案例均源于相关政府管理部门 、行业协会、税务机关、经济财税报刊公开批露过的资料。

全书由李崇西主编，由李崇西、徐夫田、蔡昌等专家指导，采用课题研究方式，经集中研讨、分散撰写以成其稿。全书共分五章：第一章主要阐述大数据、风险管理及原理，由刘萧东、申伟、冯向军、吴艳艳、付斌编写；第二章主要阐述发展中的税收大数据，由隋同兵、刘磊、赵海龙编写；第三章主要阐述税收大数据风险管理思路和方法，由隋同兵、刘磊、赵海龙编写；第四章主要阐述业务应用场景，由刘霞、刘红霞、宋响燕、马宏儒、陈朕、李湘龙、朱科科编写；第五章主要阐述税收风险管理展望，由冉晓编写。全书由刘霞编审校对，由李崇西审定。

目录 CONTENTS

第一章

概　述

第一节　税收大数据的形成和发展特点

按照现代化税收征管体系“明晰征纳双方权利和义务为前提”的基本原则，税收大数据可梳理划分为税收征管数据、生产经营原始数据、第三方数据和互联网数据。

一、税收征管数据

税收征管数据分为纳税人、缴费人（以下简称“纳税人”）纳税申报数据和征税人税收管理数据。

1. 纳税人纳税申报数据是纳税人依法应主动报送的数据，主要包括税（费）种申报数据、财务报表数据、财产登记数据、企业信息变更数据。数据的真实性、完整性由纳税人负责，是税务机关开展大数据下涉税风险分析的数据基础。

2. 征税人税收管理数据是税务机关在税收管理活动中产生的税收业务数据，主要包括税（费）种认定数据、税收证明数据、发票管理数据、税收评定数据、税务检查数据等。

二、生产经营原始数据

生产经营原始数据是税务机关依法要求纳税人提供的与生产经营有关的数据，主要有企业相关部门和环节的生产经营数据。如企业存货领用存数据、水电耗用数据、考核考勤数据等。

三、第三方数据

第三方数据是征纳双方之外的其他机关、企事业单位或个人提供的，与纳税人的生产经营活动和税务机关的征收管理活动相关联的数据。主要包括财政、市场监管、金融等部门提供的相关数据，是评价纳税人申报真实性和可靠性的重要依据，也是提高税收风险管理水平的重要数据资源。

四、互联网数据

互联网数据是通过互联网采集的与税收有关的数据。主要是在互联网上收集、抓取、筛选涉税相关数据。如“企查查”平台信息、法院拍卖信息、股权变更信息、上市公司披露信息等。

对以上四类税收数据进行加工、比对、分析，可生成税收大数据，驱动税收风险管理。其中，税收征管数据是开展涉税风险分析的数据基础；生产经营原始数据、第三方数据、互联网数据是建立行业特征库、行业风险库、指标库的重要辅助。

第二节　税收风险管理的发展与变革

一、税收风险管理理念的形成

随着分布式系统、云计算等技术的发展，全球已逐渐步入大数据时代。大数据应用使我国传统税收征管制度面临新的机遇和挑战，一方面它为税务机关提供了可供挖掘、分析、应用的海量数据，解决了税务机关和纳税企业信息不对称的问题；另一方面它对传统的税收征管、税源监控、风险应对等环节提出了更高要求，原有征管模式和信息平台难以适应大数据时代下的税收治理。以“互联网＋税务”信息化为支撑，促进实现事前审核向事中事后监管、固定管户向分类分级管户、无差别管理向风险管理、经验管理向大数据管理的“四个转变”，优化“信用＋风险”的风险管理机制，科学开展税收征管质量监控评价，推动建立健全以信用评价、监控预警、风险应对为核心的新型税收管理体系，实现风险防控能力和税收征管质效全面提升，是当务之急。

税收风险管理是税务机关运用风险管理理论和方法，在全面分析纳税人税法遵从状况的基础上，针对纳税人不同类型不同等级的税收风险，合理配置税收管理资源，通过风险提醒、纳税评估、税务审计、反避税调查、税务稽查等风险应对手段，防控税收风险，提高纳税人的税法遵从度，提升税务机关管理水平的税收管理活动。

二、税收风险管理环节的构成

税收风险管理的基本内容包括目标规划、信息收集、风险识别、等级排序、风险应对、过程监控和评价反馈，以及通过评价成果应用于规划目标的修订校正，从而形成良性互动、持续改进的管理闭环。

上述税收风险管理各环节，可将收集涉税信息、开展风险识别、确定等级排序归类为涉税风险分析环节。涉税风险分析是税收风险管理的关键环节，在整个风险管理中起着承上启下的作用，既是实现目标规划的基础，又是风险应对及后续管理的前提。涉税风险分析是指税务机关采用一定的方式方法对纳税人按照税收法规政策规定履行纳税义务过程中可能产生的不合规风险所进行的估计。通过科学有效的税收风险分析方法，可以从海量数据中筛选出具有较大风险的纳税人，快速锁定疑点，有助于提升税收管理水平，增加税收收入，提高工作效率，提高纳税人税法遵从度。但如果分析方法不当，数据误差较大，往往会造成人力物力的浪费，既浪费税务人员的宝贵时间，又可能影响纳税人正常生产经营活动，使社会效益、经济效益大大折扣。进行涉税风险分析需要考虑的因素很多，主要有：①税收风险管理阶段性重点和阶段性风险管理计划安排。②涉税分析中采用的数据来源和精确程度。③风险识别模型的合理性和适用性。④税收政策的适用性和政策边界的界定是否清晰。等等。

三、税收风险管理发展历程

从全国各地看，税收风险管理主要始于21世纪初，但发展水平不平衡，大体可分为探索期、快速发展期和现代化探索提升期，与此相适应，涉税风险分析也经历了这三个发展期。

税收风险管理探索期（2002—2007年）。2002年，国家税务总局在联合国开发计划署（UNDP）专家指导下，制定了《2002—2006年中国税收征管战略规划纲要》，首次提出“防范税收风险”，确立信息管税思路、加强税收风险管理、提升税收征管质量和效率。税收风险管理作为一个全新的理念受到越来越广泛的关注。该阶段税收风险管理的主要表现形式为纳税评估。纳税评估最初是在借鉴国外税收评估做法和国内对外商投资企业和外籍个人开展的审核评税基础上实行的一种税收征管措施。在该阶段，各地税务机关勇于探索，大胆实践，建立相关制度，依托信息技术开发纳税评估软件，初步建立起了科学规范的纳税评估体系。

税收风险管理发展期（2008—2013年）。该阶段，税收风险管理理念逐步在税务系统内形成共识，风险管理的形式、手段更加多样化。2008 年 12 月，全国税务工作会议提出要“加强税收风险管理”。2009 年 6 月，全国税收征管和科技工作会议提出要“确立信息管税思路，树立税收风险管理理念”。2009 年 7 月，全国税务系统纳税服务工作会议提出要“加快税收风险管理机制建设”。以山东地税为例，随着省级数据大集中和税源管理新模式的建立，税收风险管理在机构建立、制度建设、信息化应用方面有了新的发展和突破。2012 年 7 月，在全国税务系统深化税收征管改革工作会议上明确提出要构建以明晰征纳双方权利和义务为前提，以风险管理为导向，以专业化管理为基础，以重点税源管理为着力点，以信息化为支撑的现代化税收征管体系。

税收风险管理提升期（2014 年至今）。该阶段，税收风险管理成为税收管理工作的导向，制度上更加完备，运行机制更加高效，风险应对方式和手段更加灵活多样，突出特点就是实现了税收风险的统筹管理、团队化管理，以及通过大数据进行审核分析，递进式多样化的风险应对方式。在该阶段，国家税务总局下发了《关于加强税收风险管理工作的意见》（税总发〔2014〕105 号），可以说是当前及今后一段时间风险管理工作的纲领性文件。继税总发〔2014〕105 号文后，国家税务总局先后下发了《关于成立税收风险管理工作领导小组的通知》（税总发〔2014〕114 号）、《关于报送税收风险管理工作情况的通知》（税总办发〔2014〕164 号）、《国家税务总局关于做好若干税收风险事项管理工作的通知》（税总函〔2014〕511 号）、《关于进一步加强税收风险管理工作的通知》（税总发〔2016〕54 号）等文件，对税收风险管理的重要性、组织领导、工作内容和要求予以明确，实现了风险管理的制度化、科学化、规范化，全国税收风险管理工作得以快速发展。

2015 年，中共中央办公厅、国务院办公厅印发了《深化国税、地税征管体制改革方案》，描绘了构建科学严密税收征管体系的宏伟蓝图，为推进税收治理现代化指明了道路。方案提出要转变征收管理方式，包括对纳税人实施分类分级管理，以税务总局和省级税务局为主，集中开展行业风险分析和大企业、高收入高净值纳税人风险分析，运用第三方涉税信息对纳税申报情况进行比对，区分不同风险等级分别采取风险提示、约谈评估、税务稽查等方式进行差别化应对，有效防范和查处逃避税行为；提升大企业税收管理层级，对跨区域、跨国经营的大企业，在纳税申报等涉税基础事项实行属地管理、不改变税款入库级次的前提下，将其税收风险分析事项提升至税务总局、省级税务局集中进行，将分析结果推送相关税务机关做好应对；发挥税收大数据服务国家治理的作用，发挥税收大数据优势，加强数据增值应用，在提高征管效能和纳税服务水平的同时，使之更深刻地反映经济运行状况，服务经济社会管理和宏观决策，为增强国家治理能力提供有力支撑。

以税收征管信息化平台为依托、以风险管理为导向、以分类分级管理为基础，推进征管资源合理有效配置，实现外部纳税遵从风险分级可控、内部主观努力程度量化可考的现代税收征管方式，是税收征管体制改革的方向。

第三节 大数据对税收风险管理的影响

一、大数据对税收风险管理的支撑

大数据对于我国的税收风险管理而言，是一把“双刃剑”。一方面为我国的税收风险管理提供了机会和优势，另一方面则使我国的税收风险管理面临新的挑战和困难。

纳税人能够逃避缴税的一个重要原因就是其与税务机关之间信息不对称，纳税人处于信息优势。但是，大数据出现后，“大数据”逐步运用于民生、金融等行业中，从不同层面将消费者行为特征良好地表现出来。大数据依靠海量数据资源，利用平台强大的数据分析能力对相关数据进行整合、分析，发现不同数据之间存在的关联性，并将数据背后隐藏的税法遵从要素暴露出来，从而能针对不同纳税个体的遵从情况进行分析，并按照遵从数值大小、变化情况进行排序，使税务机关能够开展具有较高针对性的风险应对工作，将税收风险管控在较低水平。

大数据时代的到来，为税收风险管理服务一体化开辟了广阔空间，也为税收风险管理大数据平台准备了充足的技术条件，更为深化税收风险管理提供了技术支撑。在税收风险管理领域，如何将大数据技术更好地融合进日常分析和监控中，如何在海量的大数据面前归集与纳税人相关的风险信息，如何通过“云计算”来关联大型企业集团、跨区域经营的纳税人风险信息，正是考验税务机关风险管理人员智慧的时候。但是，目前数据质量、数据更新、人才匮乏等也是税务机关急需处理和解决的问题。近年来，税务机关把税收风险管理的需求作为重要内容，取得了明显成效，但更多体现在对互联网数据的抓取方面，如通过分布式爬虫、搜索引擎、文本分析和图片识别技术，实现互联网涉税信息的内容检索和抓取，也仅是业务与技术方面的“融合”，相对于大数据的“开放”和“协作”来说，仍有很大的拓展空间。

大数据下税收风险管理主要利用经济学、管理学、统计学等相关学科的原理、方法和模型，基于数据仓库、数据挖掘和人工智能技术，对大量涉税数据进行多层次、多维度、多方式的对比分析和挖掘。在大数据管理上，山东税务搭建了“省大数据平台”，强化涉税数据集成应用，实现了核心征管、电子底账、出口退税、内外部交换等主要涉税数据的整合集成、自助查询、分析应用和资产化管理。在大数据应用上，山东税务联合国家税务总局扬州税务学院、中国人民大学智能研究所、罗格数据研究院等，总结探索底层业务基本规律和前沿发展理念，呈现“三步走”的态势。

二、大数据对税收风险管理能力的提升

大数据下人机结合程度仍不能适应更广阔的空间、更庞大对象群体税收风险分析需求。随着人工智能技术的快速发展，“税小宝”等人工智能分析服务工具已经研发应用，税收风险分析也应从基于规则“收集数据、分析数据、应用数据”，向数据“产生规则、制定规则”发展。山东税务积极开展人工智能分析、生命周期分析等课题攻关，对企业进行及时、精准、充分“智能画像”，税收风险分析方法将发生重大变化，转向依托高度智能化、信息化的自动税收风险分析功能。通过“人机结合、协同分析”来开展税收风险分析，将是下一步突破提升税收风险分析能力的必然方向。

1. 推进实时监控预警。强化大数据应用，持续完善实时监控预警指标体系，建立以“税企互动”为特征的全流程动态风险防控机制，根据监控预警时发现的不同级别税收风险，分别采取事前服务提醒、事中更正提示和业务阻断、事后快速响应、推送核查的管理手段。对信息报告类、申报征收类等办税业务，优化和完善校验、监控方式，将识别容易、疑点明确的风险点推送至网上办税平台提示或直接通过短信平台提醒，引导纳税人自查纠正，低风险纳税人完成申报后即自动解锁税控设备；对于发票类、出口退税类等办税业务，建立严重涉税风险快速响应机制，对涉嫌偷逃骗税、虚开增值税发票等情形纳税人，及时阻断申领发票、享受优惠、退（免）税款等关键业务办理，并快速推送至主管税务机关启动调查核实。

2. 深化分级分类风险管理。运用风险管理、信用管理的理念和方法，依托现代信息技术，健全完善税收监管体系，提升部分复杂涉税事项的管理层级，将有限的征管资源配置于税收风险或税费集中度高的、纳税信用低的纳税人（缴费人），实施规范化、专业化、差异化的税收管理方式。综合应用税收管理大数据信息，统筹税收管理任务，推动省级、市级、县级税务机关实体化，上级机关能够利用大数据分析可以完成的工作任务，不再向下级机关派发，在减轻基层工作压力的同时，提高了工作效率。建立大数据和风险管理“数据风险部门归口管理、其他部门协同配合”的横向互动机制，健全“省局集中、省市县局分级采集、全方位应用”的税收大数据管理机制和“风险分析总局、省局为主，市局为辅；风险应对分级负责”的风险管理模式。充分运用现代信息技术，全面整合现有税收信息系统，建成由便捷高效的纳税人端服务平台、统一智能的税务端电子工作平台、集约丰富的业务处理和大数据支撑平台组成的新一代电子税务局，为各级税务机关开展分类分级管理提供信息化、智能化支持。大力推进跨部门协同监管，积极融入政府治理体系，积极参与国家“互联网 + 监管”系统建设，依托政府信息共享和税收保障机制，推动数据归集共享和跨部门协同监管，为分类分级管理提供有力数据支撑和税收执法协助。

3. 协同运用信用和风险评价结果。将监控预警和风险应对的结果与信用评价挂钩，

对不遵从纳税人扣减信用积分，降低评价级次；对高信用积分纳税人给予充分信任，减少不当打扰，将低信用积分纳税人列入税收风险管理重点对象。应用纳税信用开展税收协同共治，深入推进守信联合激励和失信联合惩戒，完善银行等金融机构融资授信与纳税信用关联，纵深推进税收“黑名单”管理制度，持续构建失信监管新机制。

三、大数据推动数风专门机构的设立

税务系统经历了合作—合并—合成三个阶段，同样，数风部门经历了征科—税源—风险等部门的变化。国地税合并后，数风局改为单独的派出机构，成为有执法权的独立机构对后续税收检查、执法等行为有了法律依据，同样也带来了工作方式、方法等横向和纵向的变化，税企双方都要逐步适应这种变化。

第二章

▼

发展中的税收大数据

信息技术与经济社会的交汇融合引发了数据迅猛增长，数据已成为国家基础性战略资源，大数据正日益对全球生产、流通、分配、消费活动以及经济运行机制、社会生活方式和国家治理能力产生重要影响。近年来，税务部门深入贯彻习近平总书记关于运用大数据提升国家治理现代化水平的重要指示精神，认真落实国务院《促进大数据发展行动纲要》，把数据作为重要生产要素，持续发挥税收职能作用，助力经济社会发展。特别是2020年以来，面对突如其来的新冠疫情，税务部门充分发挥税收大数据作用，支持统筹做好常态化疫情防控和经济社会发展工作，为提升税收治理现代化水平增添了“新动能”。

税收大数据是税收信息化的重要成果，涵盖税收管理活动的所有方面，具有“全、快、细、准”等主要特点。高质量的税收大数据需要采用现代化技术手段进行采集、整备、存储，并持续加强质量管控，实现税收大数据的深度增值应用，达到“用数据来说话、用数据来管理、用数据来决策、用数据来创新”的目标。

第一节　税收大数据的内容

一、税收大数据的内涵

税收大数据是通过对各类相关涉税数据资源有效的采集、加工、整合形成的。基本特征是海量的数据资源和对数据的专业化加工。通过开展大数据下风险分析，可以实现税收数据的深度增值应用。

税收大数据概括起来主要有“全、快、细、准”四个主要特点①。

一是覆盖经济领域“全”。税收大数据覆盖企业、个人、政府等全部经济活动主体，覆盖投资、消费、进出口等全部经济活动行为，覆盖市场主体从设立到注销的全生命周期，覆盖行业、地区、经济类型、规模等全部维度。

二是反映经济活动“快”。目前的税收信息系统已经能够实现实时采集、快速处理，比如说纳税人开具了增值税发票，相关数据能够在第一时间集中到税收信息系统，成为反映纳税人生产经营状况的第一手资料。

三是数据颗粒度“细”。税收大数据详细记录了每一个纳税人的生产经营状况，增值税发票数据更是详细记载了纳税人的每一笔涉税交易行为，记录了交易的商品名称、数量、金额、价格等很多详细的信息。

四是记载经济活动“准”。目前，税收大数据是纳税人在进行生产经营活动时按照税法的要求申报生成的，由税收信息系统根据纳税人申报自动采集，没有人工干预，并且经过多重校验，确保数据的客观、可靠，是反映纳税人生产经营状况的客观描述。

二、税收大数据的发展趋势

2021 年 3 月，中共中央办公厅、国务院办公厅印发了《关于进一步深化税收征管改革的意见》（以下简称“两办《意见》”），两办《意见》明确指出要以习近平新时代中国特色社会主义思想为指导，围绕把握新发展阶段、贯彻新发展理念、构建新发展格局，深化税收征管制度改革，着力建设以服务纳税人缴费人为中心、以发票电子化改革为突破口、以税收大数据为驱动力的具有高集成功能、高安全性能、高应用效能的智慧税务，深入推进精确执法、精细服务、精准监管、精诚共治，大幅提高税法遵从度和社会满意度，明显降低征纳成本，充分发挥税收在国家治理中的基础性、支柱性、保障性作用，为推动高质量发展提供有力支撑。

1. 全面推进数字化升级和智能化改造，加快推动智慧税务建设。

在数字化升级方面，推进以数字化电子发票改革为突破口，将各类业务标准化、数据化，让全量税费数据能够根据应用需要，多维度适时化地实现可归集、可比较、可连接、可聚合。在智能化改造方面，充分运用大数据、云计算、人工智能、移动互联网等现代信息技术，着力推进内外部涉税数据汇聚联通、线上线下有机贯通，实现税务执法、服务、监管与大数据智能化应用深度融合、高效联动、全面升级。

---

① 参考资料：国家税务总局收入规划核算司副司长赵连伟在参加财经访谈栏目——《人民 e 财经》时关于税收大数据特点的表述。

2. 持续深化拓展税收共治格局，深化税收大数据共享应用。

要注重提升数据采集和应用能力，构建税收最小数据集，推动政府部门间信息共享。借鉴欧美发达国家先进做法，积极推进政府部门最小数据集建设，加快政府部门间数据共享步伐。扩大税务与相关部门数据交换范围，将发改、商务、建交、工商、统计、金融和国土房管等部门掌握的宏观经济指标与涉及企业、个人的相关信息纳入数据仓库。探索区块链技术在促进涉税涉费信息共享等领域的深度应用，不断完善税收大数据云平台，加强数据资源开发利用，持续推进与国家及有关部门信息系统互联互通。建成税务部门与相关部门常态化、制度化数据共享协调机制，依法保障涉税涉费必要信息获取；健全涉税涉费信息对外提供机制，打造规模大、类型多、价值高、颗粒度细的税收大数据，高效发挥数据要素驱动作用。完善税收大数据安全治理体系和管理制度，加强安全态势感知平台建设，常态化开展数据安全风险评估和检查，健全监测预警和应急处置机制，确保数据全生命周期安全。加强智能化税收大数据分析，不断强化税收大数据在经济运行研判和社会管理等领域的深层次应用。

第二节　税收大数据的整备

税收大数据是智慧税务的重要基础。数据整备是对海量数据资源和单项信息进行采集、加工、处理、分析，挖掘有价值的综合信息，从而为税收管理和决策提供依据。

一、大数据整备的意义

大数据时代的来临使人类有机会和条件，在非常多的领域和非常深入的层次获得和使用全面数据、完整数据和系统数据，深入探索现实经济社会现状及未来发展方向。目前，我国互联网、移动互联网用户规模居全球第一位，拥有丰富的数据资源和应用市场优势。大数据产业正快速发展成为新一代信息技术和服务业态，即对数量巨大、来源分散、格式多样的数据进行采集、存储和关联分析，并从中发现新知识、创造新价值、提升新能力。

大数据价值创造的关键在于大数据的应用，随着数字经济的发展和社会文明的进步，财税大数据越来越成为国家和社会的关注点。在区块链、物联网、云计算、人工智能等大数据技术的创新应用推动下，智能财务、智慧税务不断涌现。对税务机关而言，充分运用大数据的思维和手段，对于大力推进税收治理能力现代化，不断提高税收管理水平意义重大。可以说，大数据是实现税收现代化的利器。

用好税收大数据，是高质量推进新发展阶段税收现代化的重要支撑。现阶段，大数据在税收风险管理中的运用尚存不足。

1. 从涉税数据来源质量来看，近几年税务部门不断拓宽数据来源渠道，从工商、住建、银行等多个部门获取了大量数据，但仍存在错误数据修改更正不及时、数据标准口径不一致、数据格式不规范的问题。此外，目前，一些重要的第三方信息仍未能纳入共享，存在数据缺失问题。

2. 从风险应对质量来看，原始数据并不能直接满足涉税风险分析的需要，风险识别智能化程度有待提高。“数据说话”“数据管税”理念需要进一步深化。风险应对的速度、专业性、标准性、准确性都还有较大提升空间。

3. 从数据安全角度来看，各项数据在加工处理存储过程中，易发生数据损坏、缺失问题，数据保存不当还会造成数据遗失、泄漏。

大数据时代为开展深层次的数据整备运用，最大限度地发挥数据的价值，准确判断税收风险提供了数据基础。如何有针对性地从海量数据中发现有价值的信息，深入分析内外部数据，充分利用好税收大数据，使信息管税的效能充分体现，有利于发挥税收在国家治理中的基础性、支柱性、保障性作用，助力构建新发展格局，“把沉睡的数据唤醒”，让数据转化为实际税源，体现涉税数据的价值，真正实现“信息管税”。数据整备的基本目的就是从大量的、可能是杂乱无章的、难以理解的数据中抽取并推导出有价值、有意义的数据。

二、大数据整备的要求

税收大数据时代正处在计算机技术应用由“支撑”到“依托”转变的关键时刻。即：由过去数据信息采集、整理、录入采集层面，向涉税海量数据信息进行加工、处理、比对、分析发展，找出倾向性、规律性问题，挖掘出有价值的综合信息，为税收管理和决策提供前瞻性的科学依据。

（一）注重智能应用平台体系建设

数据归集与整理在初期需要耗费较大的时间与精力，但优质的数据管理是最终实现数据高效利用的必要前提。

强化数据的归集和整理，方便数据深入利用。逐步形成以纳税人端、税务人端和决策人端为主体的智能应用平台体系。税务部门目前正在建设的“金四”将基于全局视角建设云网融合、绿色低碳、安全可控的智能化综合性数字信息基础设施，建成覆盖税收征管全部环节、全部流程、全部主体的一体化应用平台，全方位汇聚各类内外部标准化数据，从而实现税收工作的提质增效①。

① 参考资料：国家税务总局王军局长在第50届SGATAR年会上的发言。

1. 在纳税人端，通过打造“一户式”和“一人式”税务数字账户，实现每一户法人和每一个自然人税费信息的智能归集和智敏监控。比如，企业发生交易开具了发票，相应的发票信息同时进入交易双方的内部系统及“金四”系统，税务部门以此为基础将各种信息以纳税人缴费人为单位进行“一户式”实时归集和分析，既可感知风险并自动预警，还可深度把握纳税人缴费人的服务需求，及时提供个性化服务。

2. 在税务人端，通过打造“一局式”和“一员式”应用平台，实现国家税务总局，省、市、县税务局以及税务分局五级税务机关和全部税务工作人员信息，可分别按每一个单位和每一名员工进行智能归集和智效管理，智能推送工作任务，从而大幅提升税务部门内部管理效能。

3. 在决策人端，通过打造“一览式”应用平台，实现对征纳双方、内外部门数据，可按权限在不同层级税务机关管理者的应用系统中进行智能归集和展现，为管理指挥提供一览可知的信息，促进提升智慧决策的能力和水平。

（二）全面推行“双随机、一公开”监管，建立健全税收“两库”

在市场监管领域全面推行“双随机、一公开”监管，是党中央、国务院作出的重大决策部署，是市场监管理念和方式的重大创新，是深化“放管服”改革、加快政府职能转变的内在要求，是减轻企业负担、优化营商环境的有力举措，是加快信用体系建设、创新事中事后监管的重要内容。

要坚持全面覆盖、规范透明、问题导向、协同推进原则。税务机关与其他部门相关监管信息通过省级平台实现互联互通，满足部门联合双随机抽查需求。着力规范计划制订、名单抽取、结果公示、数据存档等各项抽查检查工作程序，做到全程留痕、责任可追溯。

要统筹建立健全覆盖本辖区各层级、与抽查事项相对应的检查对象名录库和执法检查人员名录库（统称“两库”）。要根据法律法规和部门职责分工，按照“谁审批、谁监管，谁主管、谁监管”的原则，通过分类标注、批量导入等方式，在省级平台分别建立与部门职责相对应的检查对象名录库，避免出现监管真空。检查对象名录库既可以包括企业、个体工商户等市场主体，也可以包括产品、项目、行为等。要根据检查对象和执法检查人员变动情况，对“两库”进行动态管理。

按照“谁检查、谁录入、谁公开”的原则，将抽查检查结果通过国家企业信用信息公示系统和全国信用信息共享平台等进行公示，接受社会监督。对抽查发现的违法违规行为依法加大惩处力度，涉嫌犯罪的及时移送司法机关。实现抽查检查结果政府部门间互认，促进“双随机、一公开”监管与信用监管有效衔接，对抽查发现的违法失信行为依法实施联合惩戒，形成有力震慑，增强市场主体守法自觉性。

（三）加强数据安全管理

涉税数据安全问题日益突出，不仅给税收征管双方带来不利影响，而且容易影响社会稳定。针对存在的安全问题，税务机关应积极规范涉税信息的采集、存储和应用，加强对税务人员的涉税信息安全培训，制定信息管理制度，落实责任制。同时，要加大资金投入，运用多种技术手段，确保涉税信息的安全。

三、大数据整备的过程

整备是数据集中基础上的整备，既包括数据整合，又包括业务和技术体系的整合。一般来讲，各类大数据需要经过数据采集—数据加工归集—数据挖掘分析后才能真正生成有效信息应用于具体工作实践中。

大数据时代，决定能否高质量科学应用有效数据的重要因素，在于掌握信息的多少、信息的准确度和信息处理能力的高低。要把好信息入口关，保证信息准确性；把好信息加工关，建立分析工具和指标体系，开展比对分析，实施风险管理；攻克信息增值应用关，从海量信息中提炼有价值的“真金”，形成更多权威的、可供决策参考的信息。

（一）大数据采集

数据采集，又称数据获取，数据采集技术广泛应用在各个领域。税收大数据采集是指对各类数据资源进行有效采集集中的过程。目前普遍采用的采集工具有知识管理工具、GIS 工具、网络抓取工具、指标管理工具、税企交互工具、移动办公工具等。

（二）大数据加工处理

1. 大数据加工

收集过来的数据是基础的原材料，要充分发挥它的作用，还需要对数据进行标准化、关联化和标签化处理，这是对数据进行加工归集的过程。要先根据数据的标准定义对数据进行标准化处理，修正数据中的缺失和错误。在此基础上，再对数据进行关联化处理，让各个系统数据贯通起来，使数据和数据之间形成关联。

目前普遍采用的加工工具有可视化工具、GIS 工具、商业智能工具、指标管理工具、统计分析工具、风险过滤器等。

2. 大数据处理

采集加工后的数据需要经过处理才可能用于分析应用。在不同的应用阶段、不同的应用场景，可采取不同的处理解决方案，主要包括数据库、数据仓库、数据集市、数据湖等。

数据库是依照某种数据模型组织起来并存放在二级存储器中的数据集合。数据库中的数据是为众多用户所共享而建立的，已经摆脱了具体程序的限制和制约。不同的用户可以按各自的用法使用数据库中的数据；多个用户可以同时共享数据库中的数据资源，即不同的用户可以同时存取数据库中的同一条数据。数据共享不仅满足了各用户对信息内容的要求，同时也满足了各用户之间信息通信的要求。

数据仓库是在数据库已经大量存在的情况下，为了进一步挖掘数据资源、为了决策需要而产生的，它并不是所谓的“大型数据库”。数据仓库之父比尔·恩门（Bill Inmon）在1991年出版的“Building the Data Warehouse”（《建立数据仓库》）一书中所提出的定义被广泛接受。数据仓库（Data Warehouse）是一个面向主题的（Subject Oriented）、集成的（Integrated）、相对稳定的（Non - Volatile）、反映历史变化（Time Variant）的数据集合，用于支持管理决策（Decision Making Support）。数据仓库是指一个用于存储、整合和管理企业各部门产生的大规模数据的集中式数据库系统。它主要用于支持企业决策制定、战略规划和业务分析。数据仓库是集成的，数据仓库的数据来自分散的操作型数据，只有将所需数据从原来的数据中抽取出来，进行加工与集成，统一与综合之后才能进入数据仓库。数据仓库按照不同的业务需求进一步加工生成数据集市。

数据集市，也叫数据市场，是一个从操作的数据和其他为某个特殊的专业人员团体服务的数据源中收集数据的仓库。从范围上来说，数据是从企业范围的数据库、数据仓库，或者是更加专业的数据仓库中抽取出来的。数据集市就是数据仓库体系结构中增加的一种小型的部门或工作组级别的数据仓库。数据集市以企业数据仓库为基础进行更新。数据集市存储为特定用户预先计算好的数据，从而满足用户对性能的需求。数据集市可以在一定程度上缓解访问数据仓库的瓶颈。

数据湖是一种区别于原始数据仓库的数据存储架构，以原生格式保存大量的原始数据，直到数据被使用的时候再进行处理。数据湖是一个集中式存储库，数据湖储存了大量的原始数据，支持所有的数据类型，不同用户根据业务需求、使用场景来发掘数据价值。数据湖与数据仓库不同，数据仓库只能处理结构化数据，而且这些数据必须与数据仓库事先定义的模型吻合，而数据湖能处理所有类型的数据，如结构化数据、非结构化数据、半结构化数据等，数据的类型依赖于数据源系统的原始数据格式。

（三）大数据的存储

进行数据处理分析工作的重要前提之一就是构建涉税数据库，实现数据的安全存储。结合数据的生命周期规律，可以将数据存储划分为在线存储、近线存储和离线存储。

1. 在线存储

对应于数据的生成期，主要针对最近需要频繁进行各种业务交易的数据。对这些数据来说，用户最为关心的问题是高性能和高可靠性，要求保证这些数据的可访问性和业务可连续运行性。

2. 近线存储

对应于数据的生命力保持期，主要针对存取虽不频繁，但希望在访问时可获得接近在线存储性能的数据。同时，希望当在线存储系统发生故障时，它可以作为其备份，临时担负起在线存储系统的职能。

3. 离线存储

对应于数据的生命力下降期，主要针对归档的历史数据，历史数据的保留对于日后的安全检查和数据仓库应用都非常有价值。

第三节　大数据质量管理

数据质量是挖掘、利用数据的前提。保证数据真实、准确、安全是风险分析的基础。应注重从数据采集源头上解决数据的真实性、准确性问题，把好数据“入口关”和“验证关”。

大数据下风险分析的成败取决于数据数量是否充分和数据质量的高低。高质量的税收数据是涉税风险分析的根本前提，风险分析必须有完整、真实、可用的数据作保障。数据质量不高，风险分析不但不产生效益，而且会形成负面影响，导致劳动、时间和经济等资源投入上的虚耗，造成巨大损失。因此，税务部门要突出税收数据在税收工作中的“生命线”和战略性资源地位，狠抓数据质量管理。

一、数据质量管理的意义

数据质量管理（Data Quality Management），是指对数据从计划、获取、存储、共享、维护、应用、消亡生命周期的每个阶段里可能引发的各类数据质量问题，进行识别、度量、监控、预警等一系列管理活动，并通过改善和提高组织的管理水平使数据质量获得进一步提高。数据质量管理是循环管理过程，其终极目标是通过可靠的数据管理提升数据在使用中的价值。数据质量管理，不仅包含对数据质量的改善，同时还包含对组织的改善。针对数据的改善和管理，主要包括数据分析、数据评估、数据清洗、数据监控、错误预警等内容；针对组织的改善和管理，主要包括确立组织数据质量改进目标、评估组织流程、制定组织流程改善计划、制定组织监督审核机制、实施改进、评估改善效果等多个环节。

数据安全隐患较大。大数据在税收中应用的环境对数据安全的要求相应大幅提高。数据安全性的危害除了硬件设备故障的损坏、备份介质的损坏、自然灾害等不可抗力危害之外，其所处的网络化环境对安全性造成了更为严峻的考验，由于纳税数据量庞大而且关联性强，在大数据逐步走向开放的过程中，网络黑客可以较为容易地利用挖掘工具和程序破译诸如客户银行账户之类的重要信息，给国家和纳税人造成损失。

数据采集的全面、真实、准确是税收风险管理的基础，其核心要素有二：一是数据的准确性，二是数据的全面性。目前，尽管全国各地都比较重视数据管理问题，但各类数据仍未摆脱分散管理、数据管理环节多、各部门都管又管不好的状况。在数据采集环节，存在着对纳税人辅导培训不到位、纳税人申报差错率高、税务人员业务水平不高、掌握标准不一致、审核不认真、责任制落实不到位等原因，数据差错率高的问题一直没能很好解决。

二、数据质量管理的要求

数据质量管理主要应从“真实性、准确性、完整性、及时性”四个方面入手。数据质量问题的易发区域主要是登记类数据、财务报表类数据、申报征收类数据，而这些数据正是风险分析的重要依据。

有效数据越丰富，数据颗粒度越细化，税收风险指标的精准度将越高。要加强数据来源质量的管理，确保数据的完整性和准确性。首先，对现有的系统内数据的准确性、完整性、合法性进行筛查，对所发现的“问题”数据，按来源反馈到相关责任部门加以处理，或征询责任部门的意见后进行技术化处理；其次，要通过宣传强化纳税人自觉申报意识，努力纠正目前存在的纳税人纳税申报不及时、申报数据质量不高、申报行为不规范、申报内容不真实等行为；最后，规范外部数据来源，对从外部相关单位取得的税收相关数据给予检验，规范取数口径，最大程度地保证数据的真实和可靠。

1. 初始数据从严把关。数据初始状态是数据信息运动的起点，一个税收数据信息元素如果以虚假的、失真的状态开始运动，就会对整个信息链条的正常运转造成影响。为确保数据信息的初始状态真实、可靠，要求数据采集必须“原始档案资料齐备、初始采集及时准确、信息变更合法有效、过错追究责任明确”。要严格按照数据管理规定采集，规范操作，从严审核，并建立起配套的考核、监督、管理办法，把好数据初始关。

税务机关要加强数据采集人员责任心教育，严把数据的入口关，尽量将审核关口前移，改事后监督为事前审核，防止事后审核发现数据错误后，造成大量人员忙于数据的修正和补录，加大数据质量管理成本。同时，数据一旦采集后，应实行人工同计算机相结合的方式进行审核，一旦发现错误数据，要及时采取补救措施，形成快速的数据修改机制和严密的数据修正流程，及时修正或补录数据，防止错误数据向下一个环节流转。

2. 存量数据强化整改。对存量数据，通过数据分析发现后，应根据不同的情况采取相应措施，及时进行整改。一是在系统前台补正处理。这种情况在沉淀待处理数据中占绝大多数，可由数据分析岗位人员监督前台操作人员进行整改，使数据信息真实、完整。二是在系统前台不能处理的数据，实行集中处理。为确保系统数据的整体安全，原则上不从后台数据库修改数据，但确存在重大错误，不修改对将来会造成严重错误后果的，数据错误发生单位应逐级报批后再妥善处理。对因操作失误导致的数据错误，在纠正的同时，要纳入目标考核，避免操作的随意性和错误数据重复产生。

3. 增量数据强化审核。对从外部第三方获取的增量数据的采集，税务机关也应制定统一的标准、规范，以利于数据的加工分析。税务机关需要适应互联网时代企业组织结构、经营方式、交易类型日趋复杂化的新要求，突出数据思维，加强大数据采集加工。

第三章

基于大数据的税收风险管理思路和方法

税务机关将税收征管数据、生产经营原始数据、第三方数据、互联网数据等信息进行收集汇总，通过数据清洗、去轨迹等操作，使多系统数据进行共享与分析，对内部管理及外部采集的大数据信息进行综合归整和利用。在未来的税收风险管理工作中，我们需要利用各种大数据分析技术和工具，挖掘和处理涉税大数据，在此基础上预测和分析最佳的税收风险管理方案，提高税收征管质效，加快服务创新步伐，发现和开拓新的税源增长点，促进税收事业更快发展。

第一节　基于大数据的风险管理框架设计

税收风险管理，是指税务机关在分析纳税人涉税信息的基础上，针对纳税人不同类型、不同等级以及不同阶段的税收风险，科学配置税收管理资源，合理运用风险应对策略，防控税收风险，提高纳税人税法遵从度，提升税收治理能力的税收管理活动。

一、管理目标

以分类分级管理为基础，以税收风险管理为导向，以现代信息技术为依托，推进税收征管体制、机制和制度创新，努力构建集约高效的现代税收征管方式，进一步增强税收在国家治理中的基础性、支柱性、保障性作用。

实现事前审核向事中事后监管、固定管户向分类分级管户、无差别管理向风险管理、经验管理向大数据管理的“四个转变”，对纳税人加强税法遵从度分析，应对税收流失风险，堵塞征管漏洞，对税务人加强征管努力度评价，防范执法和廉政风险，提高征管效能。

到2023年，基本建成“无风险不打扰、有违法要追究、全过程强智控”的税务执法新体系，实现从经验式执法向科学精确执法转变；基本建成以“双随机、一公开”监管和“互联网+监管”为基本手段、以重点监管为补充、以“信用+风险”监管为基础的税务监管新体系，实现从“以票管税”向“以数治税”分类精准监管转变。

把“以数治税”理念贯穿税收征管全过程，稳步实施发票电子化改革，深化大数据共享应用，着力建设具有高集成功能、高安全性能、高应用效能的智慧税务，全面推进税收征管数字化升级和智能化改造。

二、制度体系

（一）健全部门横向密切协作机制

加强税收大数据和风险管理工作领导小组（以下简称“领导小组”）统一指挥、领导小组办公室牵头协调、领导小组成员单位具体落实的运行机制，统筹部门间紧密协作，理顺各部门税收风险管理职责，实现部门间监管事项清晰、管理职责明确，建立大数据和风险管理“数据风险部门归口管理、其他部门协同配合”的横向互动机制。各类风险任务由数风部门通过风险管理系统统一扎口推送下发，各部门不再单独通过其他渠道另行推送风险应对（核查落实）任务，真正做到一户式归集、扎口统筹下发、一体式应对。

（二）健全纵向一体联动机制

按照服务基层的要求，上级机关能够利用大数据分析可以完成的工作任务，不再向下级机关派发，在减轻基层工作压力的同时，还可以提高工作效率。提升部分复杂涉税事项的管理层级，将省级、市级、县级税务机关实体化，重点解决重点、复杂、综合涉税事项的风险应对工作。

（三）建立新型纳税人监控预警制度

制定纳税人实时监控预警办法，明确监控预警业务范围、风险处置流程和分类应对措施，实现事前服务提醒、事中更正提示和业务阻断、事后快速响应，从传统事后税收风险管理转变为“税企互动”的全流程动态风险防控。对于信息报告类、申报征收类等办税业务，优化和完善校验、监控方式，对低风险纳税人完成申报后即自动解锁税控设备，从服务的视角向纳税人推送风险信息，结合信用状况抽样发起风险应对任务，促进纳税人自查自纠、自我遵从。对于发票类、出口退税类等办税业务，建立严重涉税风险快速响应机制，对涉嫌偷逃骗税、虚开增值税发票等情形纳税人，及时阻断申领发票、享受优惠、退

（免）税款等关键业务办理，并快速启动调查核实。持续完善监控预警指标体系，拓展监控预警业务范围，提高监控预警准确性、时效性。

（四）完善分类分级管理机制

深化分类分级管理，强化大数据和风险管理职能配置，重构业务流程，建立大数据和风险管理“数据风险部门归口管理、其他部门协同配合”的横向互动机制，健全“数据管理总局、省局两级集中，省市县局分级采集、全方位应用”和“风险分析总局、省局为主，市局为辅；风险应对省局、市局、县局为主，分局为辅”的纵向联动机制。

（五）完善常态化“信用＋风险”管理机制

建立纳税人信用评价、监控预警、风险应对联动融合的全流程新型监管机制，对高信用积分纳税人给予充分信任，减少不当打扰，将低信用积分纳税人列入税收风险管理重点对象；根据监控预警时发现的不同级别税收风险，分别采取更正提示、业务阻断和推送核查的管理手段；将监控预警和风险应对的结果与信用评价挂钩，对不遵从纳税人扣减信用积分，降低评价级次。

三、工作流程

税收风险管理的基本工作流程包括目标规划、信息采集、风险识别、任务统筹、风险应对、结果反馈及监控评价等环节。

（一）制定目标规划

结合税收形势、税源特点、外部环境变化等因素，对一定时期内税收风险管理的工作目标、阶段重点、方法策略、主要措施和实施步骤进行统筹谋划，编制税收风险管理目标规划，统领和指导税收风险管理工作。

（二）开展风险识别

根据税收风险发生规律，建立风险特征库和监控指标，运用数据模型或工具，采取人机结合的方式，对税收风险易发的领域、环节和纳税人实施分析筛查，精准识别风险纳税人。统筹所有税费种和非税收入风险分析，统一实施全税费种风险识别。

（三）确定等级排序

根据风险识别结果，建立风险纳税人库，按纳税人归集风险点，综合评定纳税人的风险分值并进行等级排序，确定每个纳税人的风险等级。结合征管资源和专业人员的配置情况，按照风险等级由高到低合理确定需采取措施的应对任务数量。

（四）统筹扎口推送

加强风险任务推送与相关进户执法行为的统筹管理，避免在一个年度内对同一纳税人重复进户执法，需要统筹的风险应对任务包括风险提醒，纳税评估，税务稽查，增值税发票快速反应，大企业、国际税收、出口退税、非税收入风险应对，自然人异议申诉中形成的涉税风险等。

（五）组织风险应对

按纳税人区域、规模和特定事项等要素，合理确定风险应对层级和承办部门。风险应对过程中，可采取风险提醒、纳税评估、税务审计、反避税调查、税务稽查等差异化应对手段。风险应对任务应扎口管理并统一推送下达。

（六）评价反馈

对税收风险管理全过程实施有效监控，建立健全考核评价机制，及时监控和通报各环节的运行情况，并对风险识别的科学性和针对性、风险等级排序的准确性、风险应对措施的有效性等进行效果评价。将风险应对效果纳入绩效考核体系。加强对过程监控和评价结果的应用，优化识别指标和模型，完善管理措施，提出政策调整建议，实现持续改进。

四、技术支撑

构建智能高效的信息化体系，运用现代信息技术建设智慧税务，实现从信息化到数字化再到智慧化。发挥数据生产要素的创新引擎作用，将“以数治税”理念贯穿税收征管全过程，深化税收大数据共享应用，建设具有高集成功能、高安全性能、高应用效能的智慧税务，全面推进税收征管数字化升级和智能化改造。

（一）提升大数据管理能力

持续开展数据采集与转换、存储与计算、展现与运用等工作，整体提高税收数据资源的可用性；强化税收数据资源的集成融合，不断拓宽数据资源来源范围，推进税收数据跨层级、跨地域、跨系统、跨部门的联通聚合、开放共享。

（二）提升大数据分析应用

以数据集成为基础，统筹建立标准化的数据质量检测指标体系、税收大数据分析指标体系、税收大数据分析应用体系，研发税收数据应用产品，全面提高税收大数据计算处理、智能分析、可视化展现能力，为信用评价、监控预警、风险应对等提供数据支撑服务，推进纳税服务、基础管理、风险管理、法制事务四个序列工作效能的持续提升。

（三）实施“一户一档”集成管理

按户归集分析各应用系统税收数据，建立涵盖自主办理、税务基础管理、纳税信用和风险监控、法律追责与救济四类事项的一户式电子档案，通过集成化的税收信息，提升税收监管水平。

第二节 基于大数据的税收风险分析

税收风险识别是税收风险管理的起点、基础、关键环节和主要内容。只有在准确识别出税收征管中可能存在风险的基础上，税务机关才能够主动选择适当有效的方法进行预防和处理。它是在涉税信息归集整理的基础上，围绕税收风险管理目标，运用科学合理的方法，构建模型以及指标体系，深度分析涉税数据，判断、发现可能存在的税收风险点，服务科学决策、指导税收征管工作的分析活动。风险识别是技术层面的第一个环节，是关键环节、基础环节。它的主要功能是寻找税收风险发生的可能领域，识别税收风险发生的具体目标。因此，税收风险识别也是一个数据分析的过程。税务人员针对涉税数据，用感知、判断或归纳的方式对现实的和潜在的税收风险的性质进行鉴别，寻找发现可能存在的税收风险点。税收风险识别并不排除人工经验，风险识别与人工经验是互相补充、互相验证、互相提高的关系。风险识别中运用的原理、方法、模型以及指标和参数设置，均需要人工经验参与。风险识别有三个关键要素，分别是识别主题、识别方法和识别需要的数据，三者缺一不可。

一、指标模型设计

（一）设计指标模型应关注的内容

税收风险识别模型是税收风险指标及指标权重的有机集合。在构建一般税收风险识别模型时，应把握与税收风险相关的宏观要素和微观要素。宏观要素一般包括经济形势、法律法规、税收政策和征管方式等；微观要素则包括纳税人的组织形态、行业特点、工艺流程、信用等级、财务状况和经营成果等。

识别风险的路径是一个非常复杂的问题，风险识别路径可以分为宏观战略层面、微观运行操作层面，或者两者兼而有之。不论是宏观识别还是微观识别，一般均通过两个途径：一是在既定的税收制度下，利用各种数据和方法估算经济运行所形成的潜在的、最大的税收能力，与实际税收收入数据相比较，判断某地区、某税种或某行业税收征管中可能存在的风险及其变动趋势，即通过纳税能力估算识别风险，称之为税收能力估算法；二是通过一些关键指标的纵向或横向比较，分析其异常变动及发展趋势，查找某地区、某税种、某行业或某企业存在的税收风险，称之为关键指标判别法。

（二）设计指标模型的基本原则

要按照税源专业化管理改革的要求和分类管理的思路，高标准建立风险管理模型，依据风险级别有针对性地加强税收管理。在构建税收风险识别模型时要遵循以下基本原则：

（1）理论的科学性。构建税收风险识别模型之前必须对所针对的税收经济现象的相互关系做科学的理论分析，以正确的理论来指导实践，适用的税收政策和财务会计制度要准确合理，尽可能使模型准确描述税收经济关系的实际，反映纳税人的纳税状况、涉税经济活动的全貌，体现纳税人的税收风险特征。这是保证税收风险识别模型有效的最重要原则。

（2）数据的可行性。数据质量是风险管理的生命线。信息管税，关键在信息。主要包括纳税人报送的信息、税务机关采集的信息、相关第三方信息以及国际情报交换信息；其中最为重要的是纳税人信息。信息资源需要事先精细规划，事中认真采集和处理，事后充分分析和利用。要抓好信息采集、整理与存储、信息加工与分析、信息传递与应用等工作，完善数据质量管理长效机制，积极主动地采集第三方信息，推动与有关部门的信息共享。模型构建所依据的数据应具有可观测性，获取便利真实，生成便捷有效，通过数据质量筛选保证数据的可用性，做到用数据说话，促进以风险管理为导向的管理流程的建立与实施。

（3）定性分析和定量分析相结合。定性分析主要是根据利润率、税负率等指标，从完整性、逻辑性、类比性、配比性、波动性等方面进行判断分析。定量分析是通过建立与地区行业相符的参照系数，量化指标的风险程度，构建行业的风险识别模型。在统一规范的前提下，融入人工的主观判断。在模型识别风险的基础上，进一步分析判断，特别是对财务报表科目、外部门数据的分析。对于大企业、关联企业的分析，必须充分发挥业务人才的专业特长和能力，进行充分挖掘，以提高税收风险识别的准确性和有效性。

（4）模型应用有成效。科学规范的风险识别能够为风险的处置提供可靠的依据。在构建税收风险识别模型时，模型所涉及的风险领域应该是税源管理的重点和难点。通过模型应用，全方位监控企业成本、费用、利润、结算时间等，对企业的经营行为进行多维度监控，并准确发现涉税疑点信息，重点提高纳税人遵从度，提高税源行业管理的精准度。在加强模型建设和使用的同时，应启动运行人机结合的风险识别机制，建立“风险识别结果四级验证制度”，通过内部验证、联合验证、抽查验证和会诊验证，提高风险识别的有效性，解决风险识别定向不准的难题。

（5）模型操作的可行性。所构建的税收风险识别模型在推广使用中要便于操作，实用可行。既能考核现状，也能考察历史记录，还能反映发展趋势，适应发展的需要不断完善，随着会计核算制度和纳税人申报内容的发展而变化。

（三）行业模型构建的主要步骤

在建立税收行业风险识别模型时，应当根据不同行业构建不同的模型。每一个行业纳税人涉及的经营内容、管理方式、行业标准、技术设备、物流渠道、核算方式、投入产出基本相同，因此，同类行业企业的生产经营信息具有可比性，可以互为参考。这是按行业建立税收风险识别模型的理论基础。

构建行业税收风险模型时，着重从行业适用范围、主要税收风险领域、风险识别三方面构建模型框架。首先，从行业的定义、类型的划分、工艺流程等方面，了解掌握行业工艺流程、经营规律和涉税管理难点；其次，总结提炼主要税收风险领域，掌握纳税人易出问题的涉税环节；最后，以数据仓库为依托，采集数据，将能有效识别行业税收风险的指标，包括税负率指标、税收增长指标、财务指标以及相关特定指标等，转化为可量化的数学模型，运用科学的统计方法设置预警值区间，对纳税人税收风险点进行识别，对纳税人的纳税遵从情况进行总体评价，为税收风险应对提供依据和切入点。其核心内容是确定预警监控指标和行业税负区间值。在税收行业风险识别模型运用时需要考虑企业性质、规模、财务会计核算水平、税款征收方法等，揭示同行业、同一税种税负的弹性区间和行业税收管理特征规律，使模型识别的情况与实际更接近。

下面以制造业为例，构建行业税收风险识别模型。

构建行业税收风险识别模型的步骤如下：（1）将制造业行业税收风险识别模型的指标体系分为投入产出类指标和财务税收类指标两大类。投入产出类指标包括单位产品原材料耗用、每元工资产出率和每度电耗产出率三种风险识别指标；财务税收类指标包括主营业务毛利率、企业所得税贡献率和增值税税收负担率三种风险识别指标，如图 1－1 所示。（2）根据调查、核实获得的相关数据，经企业技术与财务人员以及行业协会共同认证得出一个较为科学、真实的行业数值，依此设定上述各指标预警值。（3）根据评分标准及评分计算公式：（风险识别指标预警值－风险识别指标值）÷风险识别指标值×100%，以风险识别指标值与预警值之间的偏移度进行单项积分。（4）设置风险识别指标分值的具体权重。根据行业特点并结合实际工作经验，对各项风险指标的重要性进行判断，赋予权值。在制造业中，投入产出类指标相对确定，可以相互补充、相互校验，描述企业的风险状况也相对可靠，因此要给予较高权重。（5）根据评定公式模型，将税收风险的大小用风险积分表示。$M = \sum (G \times R)$。M 为风险评价积分，G 为单项积分，R 为指标权重。将各指标的单项积分按照其在整个模型中的权重进行汇总积分处理，形成整个模型的风险积分。风险积分评价越高，风险度越大。通过构建行业税收风险识别模型，税务部门可掌握这个行业的主要涉税风险因素，并确定相关指标来分析寻找其涉税风险行为的痕迹，进行风险应对。

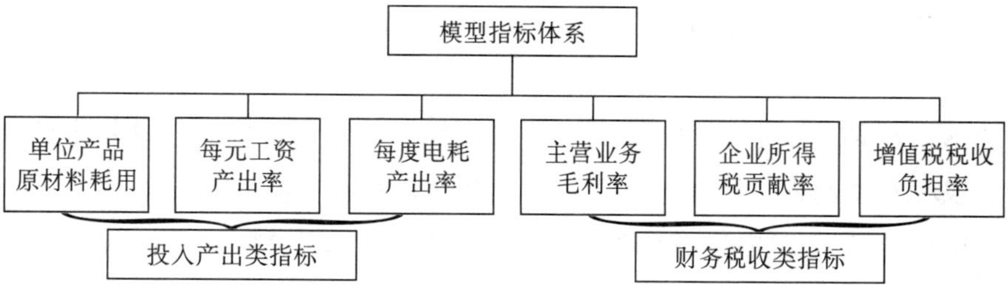

图3-1　模型指标体系

二、常用税收风险分析方法

（一）传统风险分析方法

传统的税收风险识别的主要思路可以分为两类，一是应用各种数据和方法估算一定的经济量、经济结构和既定的税收制度决定的潜在的、最大的税收能力，与实现的税收收入数据比较，查找某地区、某税种或某行业税收征管中可能存在的风险及其变动趋势，即通过纳税能力估算（也称为税收流失估算或征收率估算）识别风险，称之为税收能力估算法；二是通过一些关键指标的纵向或横向比较，分析其异常变动及发展趋势发现某地区、某税种、某行业或某企业存在的税收风险，称之为关键指标判别法。

1. 税收能力估算法

如上文所述，税收能力估算是一种税收风险宏观识别方法，主要关注国家、地区、税种、行业、某类纳税人的潜在税收，进而分析税收流失状况、风险程度以及变动趋势。税收能力估算的结果不仅可以应用于风险识别，还可以应用于税收预测、政策效应评估等方面。税收能力估算主要有两种方法，一种是自上而下法，另一种是自下而上法。

（1）宏观。即利用GDP等宏观统计数据，根据税收政策、应用税收经济学、统计学和国民经济核算等学科相关原理、模型和方法估算税收能力的方法。自上而下法估算主要有两种思路，一是寻找宏观统计数据中与税基比较接近的指标（称为代理性税基），然后根据税收政策规定的抵免、优惠的情况调整数据，进而估算税收能力。常用的方法主要有投入产出法、增加值法和可计算一般均衡（CGE）模型法等。这些方法应用的经济指标与税收政策对应关系比较明确、紧密，也比较容易理解，主要应用某国或地区的税种或（和）行业税收能力估算，我国已经应用投入产出法和增加值法开展增值税收入能力估算；二是根据税收与经济的关系，应用税收经济模型，利用宏观经济面板数据或时间序列数据估算税收收入能力，常用的方法主要有随机边界模型法、数据包络模型法以及税柄法等。这几种方法主要应用于国家或地区总体税收能力估算。

自上而下法以宏观经济统计数据为基础，其主要缺点在于：①很难确定是否包括了地下经济和非法经济活动；②假设条件较多，有些税收政策无法体现；③无法提供比较详细的信息。相应地，其优点在于数据收集整理成本较小，操作上相对简单，时间、人力物力消耗较少。

（2）微观。所谓自下而上的方法，就是使用纳税人数据，特别是税务部门掌握的税收申报数据和税收专项调查、检查等数据，以及其他政府、专业机构收集的关于纳税人的细节数据，运用统计学相关原理（如随机抽样等）测算样本的潜在税收收入，进而推算总体税收收入能力的方法。随机抽样时可以不做任何分类直接抽样，也可以根据需要按地区、税种、行业和纳税人类型分类后再随机抽样。总之，分类越细，估算结果提供的信息越多。自下而上法需要对样本数据进行相应的税务审计工作，所以税收调查、纳税评估及税务稽查案例数据非常重要。国外大多采用自下而上法估算个人所得税和企业所得税能力。

自下而上法的优点是随机抽样及细致的审计工作使估算结果更可靠，对税基的逼近表现要好于自上而下法，能够提供较详细的估算信息。缺点是对样本和抽样方法的选择是否遵从随机原则，抽样调查还有可能出现无响应或低报等情况，以及账证不健全或灰色交易的存在也会影响测算的准确程度，而且数据收集、整理、计算工作量大，耗时耗力，成本比较高。

自上而下法和自下而上法的优缺点都比较明显，各有利弊。国际上对这两种方法的争论仍在继续，基本形成统一认识的是：在实践中不能绝对地使用某种方法，而是将两者互补结合。

美国和瑞典等国家的税收能力估算经验表明：①个人所得税风险高于企业所得税；②对企业所得税来说，大企业、特别是跨国大企业的税收流失较严重，风险较高；③对个人所得税来说，工资薪金及投资收入税收流失较少，自我雇佣收入税收风险较高；④有第三方数据验证的收入税收风险较小；⑤微型企业由于不申报造成税收风险的比重较大；⑥增值税流失占总体流失的1/4左右。

2. 关键指标判别法

关键指标判别法是指应用与税收密切相关的经济统计指标或企业经营财务指标，比如税负、弹性、收入、抵免、投入产出率、能耗率、利润率及发票领购使用等的异常变动发现税收风险的方法。当然，与税收相关的指标较多，不同的税种、不同的行业指标各异，应根据不同情况选取关键指标。指标的异常主要通过比较分析（还有一些其他方法）发现，可以按照同行业/同纳税人类型、同税种根据时间轴纵向比较，也可以按照不同地区横向比较。

关键指标判别法既可以用于宏观识别，也可以用于微观识别，应用比较灵活，比如可以使用税负指标进行行业风险识别，也可以应用税负指标进行企业风险识别。

在应用关键指标判别法进行风险识别时，必须坚持一个重要的原则，即指标口径一致。比如在应用税负指标进行增值税行业比较时，分母可以是企业申报的销售收入，也可以是统计局公布的行业增加值。不论是销售收入还是增加值，都有其合理性，但也有其弊端。进行纵向或横向比较时，主要关注相对关系，而不是税负的绝对值。

（二）现代风险分析方法

区别于传统以业务驱动为特征的分析方法，在大数据背景下更多地采用以数据驱动为主要特征的数据挖掘（Data Mining，DM）技术，即从大量数据中挖掘出隐含的、未知的、对决策有潜在价值的关系、模式和趋势，并用这些知识和规则建立用于决策支持的模型，提供预测性决策支持的方法、工具和过程，是利用各种分析工具在海量数据中发现模型和数据之间关系的过程。这些模型和关系可以被用来分析风险、进行预测。

数据挖掘技术在税收风险分析中的应用主要包括分类技术、回归技术、聚类技术、关联分析、时序分析等。

1. 分类分析法

分类指将数据映射到预先定义好的群组或类。因为在分析测试数据之前，类别就已经确定了，所以分类通常被称为有监督的学习。分类算法要求给予数据属性值来定义类别，通常通过已知所属类别的数据的特征来描述类别。通常分类模型是以分类规则、决策树或数学表达式的形式给出。有代表性的分类算法是决策树、随机森林等。

在实际税收工作中，对纳税人的信用进行等级评定就是一种分类。在企业汇算清缴前，根据其历史表现将企业分为高风险企业、中风险企业与低风险企业，对高风险企业进行风险化管理，由风险应对人员负责催收申报；对中风险企业采取邮政送达提醒和电话提醒；对低风险企业则通过短信和电子税务局推送信息的方式提醒。这是分类技术在实际工作中的一种应用。

2. 回归分析法

回归就是用属性的历史数据预测未来趋势。回归首先假设一些已知类型的函数可以拟合目标数据，然后利用某种误差分析确定一个与目标数据拟合程度最好的函数。

回归分析常用在对税收收入的预测上，假如已知多年来税收收入的增长大致符合某个线性函数，那么下一年的税收收入应该还在这条代表该函数的直线延长线的附近。

分类与回归最主要的算法是BP算法（Back Propagation，反向传播），是一种按误差逆传播算法训练的多层前馈网络，是目前应用最广泛的神经网络模型之一。

3. 聚类分析法

聚类分析，是在没有给定划分类别的情况下，根据信息相似度进行信息聚类的一种方法，因此聚类又称为无监督学习。与分类不同，分类需要先定义类别和训练样本，是有指导的学习。聚类就是将数据划分或分割成相交或者不相交的群组的过程，通过确定数据之间在预先指定的属性上的相似性，就可以完成聚类任务。

聚类的输入是一组未被标记的数据，根据数据自身的距离或相似度进行划分。划分的原则是保持最大的组内相似性和最小的组间相似性，也就是使不同聚类中的数据尽可能地不同，而同一聚类中的数据尽可能地相似。

在税源管理时，税务机关一般是根据纳税人注册登记类型、纳税规模大小、经营行业等性质来对纳税人进行分级分类管理。这种方法既是比较明显清晰的，也是容易掌握的。然而在进行较复杂的分析时，简单地分类管理就不一定那么管用了。比如说在预测今年纳税情况可能有大幅变动的企业时，上述方法就未必有效，这时可以根据多个维度对纳税人进行聚类分析。

4. 关联分析法

关联就是揭示数据之间的相互关系，而这种关系没有在数据中直接表示出来。关联分析的任务就是发现事物间的关联规则或称相关程度。

最经典的关联分析是沃尔玛的“尿布与啤酒”案例，即沃尔玛公司利用数据挖掘方法对数据仓库中的详细原始交易数据进行分析，得出结论是尿布与啤酒的销售有极高的关联度。其揭示的行为模式是：在美国，年轻的父亲下班后到超市购买婴儿尿布，其中30%~40%的人同时也会为自己买一些啤酒。据此，沃尔玛将尿布与啤酒摆在一起销售，两者的销量竟然双双增加。

在税收征管中，也可以运用关联分析技术，如在企业所得税汇算清缴工作中，可以发现，当年一季度未作季度申报的，有极大可能也会拒不参加汇算清缴，也就是说，这两者的相关性很高，因此有必要对这一部分企业加以留意，提前采取措施提醒纳税人履行纳税义务。

5. 时序分析法

时序分析即描述基于时间或其他序列的经常发生的规律或趋势，并对其建模。与回归一样，它也用已知的数据预测未来的值，但这些数据的区别是变量所处时间的不同。序列模式将关联模式和时间序列模式结合起来，重点考虑数据之间在时间维度上的关联性。

时间序列分析是用已有的数据序列预测未来。在时间序列分析中，数据的属性值是随着时间不断变化的。回归不强调数据的先后顺序，而时间序列要考虑时间特性，尤其要考虑时间周期的层次，如天、周、月、年等，有时还要考虑日历的影响，如节假日等。

在税收工作中，有许多工作是有年周期性的，如每年 3 月底之前的个人所得税 12 万元申报，如每个季度的企业所得税预缴、每年 5 月底前的汇算清缴、每年春节前夕为结清工程款而集中开具发票，等等。这样导致税收收入在各个月份之间的不平衡。还有一些工作是有月度周期性的，如每月 15 日之前是申报高峰期，月底之前则一般是代开发票高峰期。掌握这些周期性一方面对收入规划与分析有着重要的意义，另一方面纳税服务部门也可以有针对性地对人力资源进行弹性安排，以保证税务人员既要能在办税高峰期加班加点完成工作，又能在平时休养生息、学习充电。

6. 偏差分析法

偏差是对差异和极端特例的表述，如分类中的反常实例、聚类外的离群值、不满足规则的特例等。偏差分析用来发现与正常情况不同的异常和变化，并进一步分析这种变化是有意的诈骗，还是正常的变化。如果是异常行为，则需提示采取预防措施，尽早防范。

在税务实际工作中，偏差分析常用来发现税收风险，如某一行业、某一规模的纳税人，一般来说其经营情况大致类似，因此会有差不多的毛利率、税负率等财务指标。假如有一户纳税人税负率等指标明显偏离正常水平，那么，风险管理人员可以此疑点为基础，开展纳税评估工作。

第四章

业务场景应用

业务场景应用从研究税收大数据的发展特点、构成要素及对税收管理的影响出发，以大数据驱动税收风险分析及应对，分行业、分领域、分事项、分规模实施分类精准监管，是大数据驱动智慧税务建设的主脉络。

第一节　业务场景架构

业务场景架构从内容及程序上分为概述、风险特征、数据整备、指标模型、风险分析、风险应对、典型案例；从类型上分为行业、领域、事项。

一、概述

1. 概况。梳理行业（领域、事项）的内涵外延、基本活动，在国民经济中的作用以及在税源结构中的功能。

2. 特点。聚焦税收风险分析，总结行业（领域、事项）的主要特点。

3. 生产经营流程。梳理行业（产品）主要的生产流程、经营流程，以便于提炼构建税收风险分析指标模型、方式方法。

4. 财务核算特点。综合行业（产品）主要的财务核算特点，以便于提炼构建税收风险分析指标模型、方式方法。

5. 税务监管难点。总结税务机关管理行业（领域、事项）的堵点、难点，进一步确定风险分析重点。

二、风险特征

结合行业（领域、事项）概述，提炼主要的税收风险特征，在总结、归纳行业生产经营特征的基础上，揭示行业生产经营各环节的涉税风险点，为构建指标模型、风险分析及应对指明方向。

三、数据整备

整合集成投资结构、财产登记等税源基本信息，对税种申报数据特别是增值税、企业所得税的主表、附表数据，财务报表数据，发票数据，第三方数据，互联网数据，生产经营原始数据，进行标准化处理、专业化加工，生成税收大数据。

税收大数据分为内部数据和外部数据，内部数据指来源于征纳双方的数据，以下简称内部数据；外部数据指来源于征纳双方之外的数据，以下简称外部数据。内部数据包括企业登记信息、各税费种申报、财务报表、发票等，通过金税三期、税收大数据平台等系统采集，以下各场景如有重合，可以省略。外部数据包括第三方数据、互联网数据、生产经营原始数据等。

四、异常判断

以风险特征为主线，以税收大数据为驱动，选取、提炼异常判断指标，构建风险分析模型。指标分类如下：

1. 基础指标

主要包括企业税务登记基本信息、近三年营业收入、整体税负、主要税种税负、行政罚款等，批量分析行业（领域、事项）整体情况。

2. 通用指标

结合行业（领域、事项）生产经营、财务核算特点，选取构建与行业（领域、事项）分析关联度较高的指标。如表 4－1 所示。

表 4－1　　通用指标相关信息表

指标名称	风险描述	分析思路	涉及税种
视同销售未缴纳增值税风险	企业间无偿借贷应视同销售缴纳增值税，企业其他应收款余额较大，但未申报6%栏次增值税，提示风险	通过查看企业填报资料和其他应收款明细账，核实企业是否存在无偿借款未视同销售确认借款利息收入	增值税

续表

指标名称	风险描述	分析思路	涉及税种
其他应付款未及时结转收入风险	其他应付款平均余额长期较大（大于1000万元），可能存在长期挂账，未及时结转收入的风险	通过查看企业填报资料和其他应付款明细账，核实企业是否存在长期挂账，未结转收入项目	增值税
达到一般纳税人条件未转一般纳税人风险	连续12个月申报收入大于500万元，但税务登记未转一般纳税人	核实企业是否正常经营收入大于500万元（是否有不动产或偶然项目），是否未按时登记为一般纳税人	增值税
连续多次零申报风险	正常经营企业增值税应按时申报，超过一定次数连续零申报，提示风险	实地核实企业是否正常经营，是否有经营行为但未计收入	增值税
存货周转率异常风险	存货周转率偏低，则企业可能存在少计收入风险	核实企业存货账目，查看企业是否少计收入	增值税
用于个人或集体福利进项未转出风险	对企业进项发票进行分析，对用于福利项目进行梳理，对同期未填报进项税额转出提示风险	核实企业相关发票认证抵扣、入账科目等信息，核实是否存在应转出未转出的情形	增值税
非正常损失进项税额未转出风险	非正常损失项目应将进项税额转出	核实企业营业外支出填报的项目和存货账目，是否存在应进行进项税额转出的情形	增值税
其他抵扣异常风险	分析企业进项发票，明显非用于企业正常经营而产生的进项，不得抵扣	核实相关发票开具的业务真实性，合同、资金、运输等资料是否完备	增值税
处置边角废料收入，未按规定计提销项税额的风险	企业在施工过程中，处理建筑材料边角废料收入未申报缴纳增值税、城市维护建设税及教育费附加	审核“其他业务收入、营业外收入、工程施工、原材料、其他应收款”等科目以及施工现场的材料保管账，核实企业是否存在销售边角料行为未按规定计算缴纳增值税的现象	增值税
企业以货物资产对外投资未视同销售的风险	企业以货物资产对外投资未视同销售，或者视同销售计税价格不合理	企业以货物资产对外投资，增值税和企业所得税均按照视同销售行为进行税务处理；应准确确定增值税纳税义务发生时间；在进行企业所得税纳税申报时，应同时调整视同销售收入和视同销售成本	增值税、企业所得税
增值税与企业所得税收入不一致风险	增值税与企业所得税确认收入的依据大部分相同，若存在不一致提示风险	核实企业增值税与所得税不一致差额产生原因，是否合理	企业所得税
利润率明显偏低风险	综合比对建筑企业平均利润率，明显低于平均水平，则提示风险	核实企业是否少计收入或虚增成本	企业所得税

续表

指标名称	风险描述	分析思路	涉及税种
企业所得税贡献率偏低风险	综合比对建筑企业所得税贡献率，明显低于平均水平，则提示风险	核实企业是否少计收入或虚增成本费用	企业所得税
应收账款周转率异常风险	应收账款周转率低，则可能存在账款已经收回，但未及时入账，造成虚假坏账损失	核实企业应收账款科目明细账，查看企业应收账款是否已收回	企业所得税
利息费用无合规票据入账风险	对比企业所得税申报的期间费用——财务费用中的利息收支和企业进项金融服务发票，利息列支大于发票数则提示风险	核实企业列支的利息是否足额取得发票，是否存在无合规票据入账风险	企业所得税
将应税的财政性资金作为不征税收入的风险	企业取得的各项补贴、补助、奖励等财政性资金不符合不征税收入的条件，却作为不征税收入申报	查看财政、科技部门给予补贴所下发的文件、资金管理办法，掌握企业补贴具体情况，判断是否符合不征税收入条件	企业所得税
工资薪金申报异常风险	对比企业申报的工资薪金附表列支数与个税申报收入数，若不一致则可能存在企业少申报个税或多列支费用风险	通过相同属期内企业应发放的工资与企业所得税年度汇算清缴表中列支的工资薪金以及个人所得税全员全额明细申报表中所有职工的收入之和三者之间交叉比对，《企业所得税年度纳税申报表》中申报的数额与《扣缴个人所得税报告表》中收入额合计数额应一致，对于不一致或差额过大的可能存在企业所得税、个人所得税少申报风险	个人所得税、企业所得税
明细申报自然人身份证号异常风险	对比企业施工项目所在地和机构所在地，若企业申报自然人身份证非两地所在省居民，提示风险	核实具体人员是否在此单位工作，同时查看工资发放记录	个人所得税
分解高管个人收入风险	对企业高管人员申报个税信息进行综合分析，是否存在少计收入少缴个税风险	查看企业工资发放记录、分红记录、差旅费、各类补贴发放，查看企业高管收入是否足额申报个税	个人所得税
企业固定资产未足额申报房产税风险	对比企业申报企业所得税折旧附表中房屋建筑物信息和房产税计税依据，固定资产折旧摊销表房屋建筑物信息中构成房屋的均应申报房产税，房产税计税依据低则提示风险	查看企业固定资产明细账，不动产权证书信息，核实企业房产税是否足额申报	房产税
房产税纳税不均衡风险	正常经营企业房产项目相对变化不大，若企业房产税申报离散系数较大，则提示风险	查看企业固定资产明细账，不动产权证书信息，核实企业房产项目是否正常变动，是否按规定缴纳房产税	房产税

续表

指标名称	风险描述	分析思路	涉及税种
未按规定登记房产信息申报风险	对比房管部门提供的不动产权证书信息，查看企业申报房产是否少于登记房产	查看企业固定资产明细账，不动产权证书信息，核实企业房产税是否足额申报	房产税
原值计税房产税明显偏低风险	规模较大企业自有房产相对较多，若按照房产原值计税房产税申报较少，则提示风险	查看企业固定资产明细账，不动产权证书信息，核实企业房产税是否足额申报	房产税
房产税零申报风险	正常经营企业无论自有或租用房产，一般均有房产税申报，若零申报，则提示风险	重点核实固定资产明细账，自有房产是否缴纳房产税，关注企业租用房产是否缴纳房产税	房产税
有房产税无土地税申报风险	企业有房产税申报记录，但无土地税申报记录，则提示风险	查看企业固定资产明细账，不动产权证书等信息，查看企业是否少缴城镇土地使用税	城镇土地使用税
契税与土地使用税比对风险	企业取得土地申报契税后，应按规定申报城镇土地使用税，若契税申报后，城镇土地使用税申报计税依据无变化，则提示风险	查看企业固定资产明细账，不动产权证书等信息，查看企业是否在取得不动产后未增加城镇土地使用税计税依据	城镇土地使用税
印花税税目数量偏少风险	企业申报印花税的征收品目少于3个，则提示风险	对比企业接收和开具发票信息，查看企业经营业务，签订合同是否足额申报印花税	印花税
集团内部或总分机构之间签订应税合同或具有合同性质的凭证未按规定贴花的风险	企业集团内部或总分机构之间签订应税合同或具有合同性质的凭证未按规定贴花	核查企业集团内部或总分机构的往来账，再核查具体的各种凭证（表、证、单、书、卡等）是否作为合同性质的凭证使用，是否按规定贴花	印花税

3. 专属指标

结合行业（领域、事项）生产经营、财务核算特点，设定行业（领域、事项）专属指标。

五、风险分析

税收风险分析工作的主要内容包括：税收风险分析发展规划与推进、税收风险分析计划与组织、计算机扫描模型体系建设、计算机扫描的实施、人机结合二次分析的组织实施、税收风险分析结果的形成与审核决策、税收风险分析开展过程中的协作管理（纳税人、税务机关层级间、第三方），以及针对上述工作内容开展过程的组织管理。重点是分析方式和分析方法。

1. 分析方式

风险分析方式分为计算机扫描识别和人机结合二次分析两个环节。主要步骤如下：

（1）对集成整合的标准化数据，加载行业分析指标模型，进行风险识别。

（2）对计算机扫描识别结果进行解读、确认。

（3）对不能实现计算机扫描的疑点进行扩展分析。

（4）对补充数据进行延伸分析。

（5）调整、确认风险疑点。

2. 分析方法

风险分析方法需要根据行业（领域、事项）的具体情况确定，呈现多维性。从分析类别上包括批量分析、一户式分析、企业集团分析；从分析思路上包括比对分析、异常分析、关联分析、逻辑分析、链条分析、税收能力分析、关键元素判别分析、业务循环分析；从分析入口（端口）上包括财务报表分析、申报表分析、表间分析、税种分析、发票分析、第三方数据分析、互联网数据分析。

六、风险应对

在风险应对过程中，税务部门一般采取风险提醒、纳税评估、税务审计、反避税调查、税务稽查等差异化应对手段。风险应对人员在应对前要掌握企业的财务状况和生产经营情况，对发现的疑点问题拟好约谈提纲，按照“Why—为什么要约谈（目的）；How—怎样约谈（过程）；What—什么事，约谈什么（内容）”的“WHW”的思路，制定工作预案。约谈时要按照问题重要性层层推进，掌握好节奏和技巧。在进行约谈询问时，按照拟定好的问话提纲，讲究谈话技巧和方法。在问话顺序上，应先一般人员、后管理人员、再到领导层人员，且对疑点涉及的相关人员应一次性进行询问，使他们措手不及，不能相互通气；同时对每个人员的约谈、询问情况应进行相互分析、相互验证，去伪取真。主要技巧有：

1. 开门见山，突破矛盾

直接向对方询问需要了解和核实的问题，要求对方直接给予说明，抓住被调查对象所提供的资料、证言、证据之间的矛盾之处，出其不意地用其矛攻其盾，在对方难以自圆其说的情况下，很可能会问出真情。此方法适合于账、证、物之间有不相符且有不真实之嫌的情况。

案例 在对某企业进行纳税评估时，发现其“分期收款发出商品”账户借方余额连续几个月均为2340万元。评估人员直接问其是否有“分期收款发出商品”、是否有《分期收款发出商品购销合同》、商品是否已全部发出等问题。被约谈人无法举证，只得承认了没有与购货方订立有关合同而货物已全部发出未计销售的事实。

案例 2019年1月，纳税评估人员通过征管软件提取了某汽车配件有限公司2018年度财务报表，通过审核，发现以下问题：该公司2018年资产负债表的“其他应付款”科目年初数为850万元，年末数为1250万元，年末数比年初数增长了47.06%。如此大的增幅不符合常理。企业解释：“其他应付款”余额长期存在，并呈增长之势，是因为公司流动资金紧张，原材料价格不断上涨，产品滞销，货款不能及时收回，为了保证运营，企业不得不借款，导致“其他应付款”余额过大。评估人员调阅了“其他应付款”的账目，明细账上确实反映的是向市区××公司的借款，但借款不止一笔，且有增无减，有借无还，几乎每月都在增加，公司也无法提供借款合同。为防止公司提供假账，评估人员有意识地约谈了门卫，并调取了出门记录，发现对市区××公司的产品出门记录，但公司的销售账上却没有反映。再次约谈，在证据面前，法人代表李某不得不道出实情。

2. 漫谈散聊，捕捉信息

对一些难以直接求证或线索不清晰的疑点问题，在约谈开始时可不做笔录，先与被约谈人拉拉家常，闲聊生产经营情况和经营的难处，拉近与被约谈人的距离，进行情感式交流，让其放松戒备。尽量多从被约谈人的叙述中捕捉一些有价值的信息，当捕捉到有价值的信息后再开始做笔录，使被约谈人无法抵赖。

案例 某汽车销售公司财务负责人李某和办税会计王某是精通财务管理的专业人士，约谈方案一改过去以宣传税法、进行纳税辅导为目的的方式。约谈人员和财务负责人李某、办税会计王某从公司的运作模式谈起，从公司的人事管理、考核机制说到公司的绩效评价，尽可能多地展开话题，尽量多地掌握第一手有用信息，貌似漫不经心、毫无重点，实是精心策划、有的放矢的交锋，掌握了该公司的层级关系、运作模式、核算体系后，最终发现公司通过销售不入账，直接按管理、销售、售后服务、美容装潢等部门分别发放奖金，全年少确认收入200余万元，少缴增值税、企业所得税和个人所得税。

3. 换位思考，堵其退路

对于疑点问题，先换位思考，评估人员要站在纳税人的角度把所有的可能性答案考虑全面，先找出对方是否存在可以解释的合理原因，在得到否定的答案后，再将疑点正面抛出，使对方无法自圆其说。

案例 某制刷厂主要从事收购猪毛、木材，生产毛刷业务。经资料分析，其存货余额达90万元，应付账款余额达80万元，可能存在虚增存货的行为。在约谈时，评估人员先问其收购时是否是采用现金收购？截至评估日还外欠多少收购材料款？还有没有其他性质的外欠款项？被评估人回答说：“我们收购时全都是一手交钱一手交货，别的方面也从不欠别人一分钱，倒是别人欠了我们不少的货款。”此时，再问其为什么应付账款余额这么大？由于事先堵住了其退路，最后被约谈人只得承认了虚开收购发票虚增存货、多抵扣进项税款的事实。

4. 攻其薄弱，先易后难

评估人员应找准突破口，优先约谈对税务知识了解少的人员，后约谈对税务知识熟悉的人员；因势利导，以情动人，优先约谈与自己熟悉和比较诚实的知情人；利用矛盾，各个击破，优先约谈与被评估人有矛盾的知情人，后约谈与被评估人关系亲密的人；分析心理，利用心态，优先约谈无责或轻责人，后约谈有责或重责人。

案例　某房地产开发有限公司进行高档别墅的开发与销售，销售主要集中在2018—2019年，2020年以后只有零星收入，但根据项目管理信息，发现仍有五栋别墅未形成销售，与当地的房地产销售状况不符，评估人员选择的第一个约谈对象为房屋销售员，通过约谈，销售员表示有五栋别墅对外出租，但企业财务报表中没有租赁收入。评估人员选择的第二个约谈对象为财务人员，带着疑问与企业财务人员进行约谈，直奔主题。财务人员无奈之下，承认五栋别墅产权实际已发生转移，作为利润分配给了投资方之一的某投资公司。

5. 把握时机，各个击破

约谈时可将企业的法人代表和会计及相关人员同时约到税务机关，先询问约谈直接操作人员，后约谈记账人员、决策人员，询问时让其他人在另外的房间等候，不让他们有单独接触的机会，防止串供。可利用他们惧怕对方禁不住询问，先承认违法事实的心理，各个击破。

案例　某摩托车经销单位因税负较低被纳入评估对象，评估人员事先通过缜密分析，认为目前购摩托车者在上牌照前均要根据购车发票金额缴纳车辆购置税，可能存在购车发票上的金额低于实际成交金额的情况。于是将该企业的法人代表和会计同时约到税务机关，先和法人代表约谈，让会计在另一房间等候，由于法人代表不知会计是否会承认，会计也不知法人代表是否已承认，最终两人均承认有未如实开具发票漏记销售收入的行为。

6. 宣传引导，政策攻心

对于疑点解释不清又百般抵赖、无理辩解的被约谈人，要对被约谈人讲清违反税收政策的后果，强调税法的严肃性，明确告知其违反税收政策的危害性，坦诚纳税评估的合理性，适当列举一些被公开查处的税收违法行为，充分发挥税收政策的威慑力，抓住被约谈人趋利避害的心理，教育和引导被约谈人主动终止税收违章、违法行为，从而放弃隐瞒税收违法、违章真相，坦白问题所在，自觉进行纳税调整，依法履行纳税义务，从而减轻因税收违法、违章带来的损失。

案例 税务机关对某个体饮食店经理约谈，开始经理说经营如何不好且亏损，百般抵赖。约谈人明确告知其违反政策的危害性，抓住被约谈人趋利避害的心理，教育和引导被约谈人主动终止税收违法、违章行为，自觉依法履行税法义务，争取宽大处理，从而减轻因税收违法、违章带来的损失。约谈后，该个体饮食店当月补缴了全年少缴的税金及滞纳金。

7. 虚实结合，游刃有余

对于一些疑点多、线索不清且纳税资料又不规范的疑点对象，约谈时要虚实结合，可先就某一个问题进行多次约谈，被约谈人应该会全力以赴来应对，那么对其他问题多是无暇顾及。评估人员可再就另外一个问题进行约谈，如此反复，使被约谈人不清楚哪里出了问题，更不清楚哪个问题该重点应付，从而不断地调整力量进行所谓的应对，其精力也将分散，这样被约谈人可能会处处被动，更容易暴露出其他问题。

案例 某企业因长期零、负申报且期末留抵税额较大，被列入评估对象。评估人员专门就售价问题先和企业会计进行约谈，会计当时无法说清原因。回去后立即向负责人汇报，他们认为评估人员提出的售价问题非常重要，于是专门组织财务人员研究对策，评估人员再次约谈时，会计对售价这块解释得比较合理。评估人员又针对单位能耗与产成品的配比关系进行约谈，企业又全力以赴应对。评估人员又针对工资的发放等问题找企业约谈，这样企业疲于应对各种约谈。最后，评估人员专门就收购发票的开具问题找企业约谈，这时企业已无法再集中人力、精力来自圆其说，交代了有不规范开具收购发票的行为，主动作进项税额转出。

第二节　一户式场景应用

一、房地产业

（一）行业概述

1. 行业概况

房地产业又称房地产开发、经营和管理业。是从事房地产综合开发、经营及管理、服务的综合性行业。包括房地产生产、流通和消费过程的各项经营和管理业务。房地产是房产和地产的合称。按照《国民经济行业分类》（GB/T 4754—2011）的规定，房地产业的行业属性及编号为：房地产业（门类行业 行业代码：K）——房地产业（大类行业 行业代码：70）——房地产开发经营（中类行业 行业代码：701）——房地产开发经营（小类行业 行业代码：7010）。

2. 行业特点

一是项目审批严格。在开发过程中，从征用土地、建设房屋到商品房销售，均严格按照规划、征地、设计、施工、验收、配套、销售、产权变更“八统一”的原则有计划地进行，每一环节都须经有关部门审批。

二是开发经营方式多样。房地产开发方式分为自行开发、合作建房、代建工程和提供劳务等；经营方式包括土地的开发与经营、房屋的开发与经营、公共设施的配套开发工程等。

三是开发产品固定。开发产品的位置固定不变，不可移动，使用周期长。按套销售，不得分割拆零销售，每套房产都有完整的档案资料。

四是建设周期长。开发产品从项目立项到交付使用，一般不少于一年，个别项目需数年才能完成，有的单位多个项目同时开发或先后滚动开发。

五是资金占用量大。投入和回笼资金集中，开发建设占用资金一般以借款为主，自有资金所占比重较小。

六是地域性强。房地产开发与地区经济的发展密不可分，经济发达的地区房地产开发业务比较兴旺，但是该行业的内在因素在不同的区域同样存在一定勾稽关系。

七是税收贡献率高。随着城市化建设进程和小城镇建设步伐的加快，房地产开发经营行业税收收入已成为地方财政收入的重要来源。

八是税收征管难度大。房地产开发经营行业税收管理涉及增值税、土地增值税、企业所得税等多个税种，财务核算复杂，周期长，成本费用项目分摊方法较多，销售和结算形式多样，征管难度大。

九是受国家宏观政策调控影响较大。房地产业的发展，既受宏观经济形势和产业政策的影响，也影响着整个国民经济的发展。所以历来是国家宏观调控首先指向的产业之一。

3. 业务流程

业务流程主要包括土地使用权取得、项目立项等五个阶段。每块土地在招、拍、挂之前，规划局（住房和规划建设管理局、地级市挂牌：住房和城乡建设局）就已经依据《城市规划法》和本市城市规划方案对该土地制作了《规划建设条件意见书》，并制作了附图。内容包括地点、地域范围、绿地率、容积率、公共配套设施及建筑物的高度、住宅类型、道路的宽度、坡度、截面等。

一是土地使用权取得阶段。房地产开发公司按照一定方式取得土地使用权，现场签订《土地成交确认书》，主要内容包括：宗地号、位置、土地出让面积、容积率、地上面积（商业、住宅）、地下面积（车库、仓储）以及社区服务用房和出让年限（商业40年、住宅70年），支付定金。与国土管理部门签订《国有建设用地土地使用权出让合同》，缴纳土地出让金、契税、耕地占用税和其他相关税费。签订土地出让合同后，取得市（县）人民政府《关于××公司使用国有土地的批复》。

房地产开发行业土地使用权的取得方式包括：招标、拍卖、挂牌、行政划拨（经济适用房、廉租房）及其他方式（联营、置换等）。

此外，还有一种取得土地使用权的方式：集体土地流转。经国土部门审批后，土地使用权人与村委签订《集体土地使用权流转合同书》，向国土局缴纳流转费，向村委缴纳补偿费，流转时间一般为50年，可以做为建设用地。

取得土地使用权的另一项重要工作是拆迁安置。依据国家和当地政府房地产拆迁管理条例、标准和细则，由政府主管部门、开发企业或委托专门的拆迁公司进行拆迁安置。安置办法可以是产权调换，也可以是货币补偿或两者结合。

二是项目立项阶段。开发公司聘请有资质单位做可行性研究报告、策划方案、环境评估报告、地质灾害性报告等，摸清土质构成、地基承载力、地下水埋深等情况，为规划设计、建筑设计及地基处理提供依据，依照规定申请并取得发展改革委（发展和改革局）发放的《关于××公司承建商业和住宅楼项目的核准意见》。

三是规划许可阶段。发展和改革局立项后，勘探和测绘部门就需要对开发的土地进行勘探和测绘，并形成详细地质勘探资料。再由住房和规划建设管理局委托有规划资格的单位对土地用途进行规划并提出设计规划方案，规划完成并取得《建设用地规划许可证》后方可进入项目总体设计规划。《建设用地规划许可证》是确定用地位置、面积、界限的法定凭证。房地产开发单位凭《××项目的核准意见》和《建设用地规划许可证》到国土资源局申请办理《国有土地使用权证》。

取得《国有土地使用权证》后进行项目的建筑设计，这是开发建设的蓝图。施工图纸要提请供电、电信、交通、人防、环保、消防、防雷、卫生、建管局的市政、材料、园林等部门对设计图纸进行审查，审查合格后，由住房和规划建设管理局提交规划设计方案，该方案是对本地块的开发指标进行详细确认。经市（县）人民政府批准后，取得《建设工程规划许可证》。下一步工作就是企业本身或委托设计单位或咨询公司估算建成该工程项目所需要的资金，可以编制工程预算、制作招标文件，进行工程招标。投标单位要对工程进行标价计算，提出报价（标价）、工期以及质量保证。工程招投标结束后，与中标单位签订建筑安装合同，取得住房和规划建设管理局发放的《建设工程施工许可证》，方可开始工程施工。

四是施工验收阶段。根据住建局的工程定位放线，组织进场进行前期工程。施工企业依据工程进度和合同约定时间提供工程量证明和付款申请，房地产开发企业对工程量进行审核拨付工程款。监理公司负责对整个工程的阶段性进行监管，监理是对建设者在工程项目实施过程中的技术活动和经济活动进行管理，对基础工程、主体、墙体等单项或阶段验收合格后出具证明。工程经环保、人防、消防、勘探、气象、档案、质监等部门综合验收合格，形成竣工决算报告，双方确认后到质监站进行工程竣工验收备案。竣工决算报告需要有资质的审计部门出具审计报告。每一单项工程都有竣工验收报告，全部完工后有竣工备案表（主要用途是：办理权属证明）。

五是销售及产权转移阶段。销售方式分两类：期房销售和现房销售。

根据《城市商品房预售管理办法》（建设部令第 40 号），预售需符合以下条件：①已交付全部土地使用权出让金，取得土地使用权；②持有建设工程规划许可证和施工许可证；③按可预售商品房计算，投入开发建设资金达到总投资的 25% 以上，确定施工进度和竣工日期；④取得《商品房预售许可证》。预售时，房管中心要根据设计图纸，估算总可售面积。预售许可证有期限限制。

现房销售除上述条件外，还需要以下条件：①已通过竣工验收；②配套设施和基础设施基本具备交付条件或确定交付日期；③物业管理方案已落实。取得房管部门颁发的《商品房销售许可证》后，进行商品房预售或销售。在工程验收合格、开发完毕后，房地产管理中心通过中介的测绘，国土资源局通过土地测绘中心的测绘，分别发放一个总的房产证和土地使用证。等购房者到这两个部门办理证件时，这两个部门分别从这两个大证上扣减相应的面积，先分房产证，再分土地使用证。但是，如果容积率出现变化，需要补缴土地出让金等，国土局最后审查。大证每栋楼一个。

如果开发项目竣工后，就是现房销售，预售许可证失效，根据测绘部门的实际测绘面积，需要换发《商品房销售许可证》，并办理大房产证。

4. 会计核算特点

房地产开发经营行业的经营特点决定了会计核算的特殊性。尤其成本核算环节较多，程序复杂、结转方法独特。下面对该行业成本核算的内容进行说明。

（1）房地产开发成本项目内容。

一是土地征用费及拆迁补偿费。指为取得土地开发使用权（或开发权）而发生的各项费用，主要包括土地买价或出让金、大市政配套费、契税、耕地占用税、土地使用费、土地闲置费、土地变更用途和超面积补交的地价及相关税费、拆迁补偿支出、安置及动迁支出、回迁房建造支出、农作物补偿费、危房补偿费等。

二是前期工程费。指项目开发前期发生的水文地质勘察、测绘、规划、设计、可行性研究、筹建、场地通平（开工前的水、电、路）等前期费用。

三是建筑安装工程费。指开发项目开发过程中发生的各项建筑安装费用。主要包括开发项目建筑工程费和开发项目安装工程费等。包括开发企业以出包方式支付给承包单位的建筑安装工程费和以自营方式发生的列入开发项目施工预算范畴内的各项费用。

四是基础设施建设费。指开发项目在开发过程中所发生的各项基础设施支出，主要包括开发项目内道路、供水、供电、供气、排污、排洪、通讯、照明等社区管网工程费和环境卫生、园林绿化等园林环境工程费。

五是公共配套设施费。指开发项目内发生的、独立的、非营利性的，且产权属于全体业主的，或无偿赠与地方政府、政府公用事业单位的公共配套设施支出。主要包括居委会、派出所、岗亭、电站、热力站、水厂、文体场馆、儿童乐园、自行车棚等。

六是开发间接费。指企业为直接组织和管理开发项目所发生的，且不能将其归属于特定成本对象的成本费用性支出。主要包括管理人员工资、职工福利费、折旧费、修理费、办公费、水电费、劳动保护费、工程管理费、周转房摊销以及项目营销设施建造费等。

（2）成本核算的一般程序。

一是对当期实际发生的各项支出，按其性质、经济用途及发生的地点、时间分别进行整理、归类，并将其区分为应计入成本对象的成本和应在当期税前扣除的期间费用。同时还应按规定对有关预提费用和待摊费用进行计量与确认。

二是对应计入成本对象中的各项实际支出、预提费用、待摊费用等合理地划分为直接成本、间接成本和共同成本，并按规定将其合理地归集、分配至已完工成本对象、在建成本对象和未建成本对象。

三是对前期已完工成本对象应负担的成本费用按已销开发产品、未销开发产品和固定资产进行分配，其中应由已销开发产品负担的部分，在当期纳税申报时进行扣除，未销开发产品应负担的成本费用待其实际销售时再予以扣除。

四是对本期已完工成本对象分类为开发产品和固定资产并对其计税成本进行结算。其中属于开发产品的，应按可售面积计算其单位工程成本，据此再计算已销开发产品计税成本和未销开发产品计税成本。对本期已销开发产品的计税成本，准予在当期扣除，未销开发产品计税成本待其实际销售时再予以扣除。

五是对本期未完工和尚未建造的成本对象应当负担的成本费用，应按成本项目分别建立明细台账，待开发产品完工后再予以结算。

成本核算程序如图 4－1 所示：

（3）成本结转方法。

企业开发、建造的开发产品应按制造成本法进行计量与核算。其中，应计入开发产品成本中的费用属于直接成本和能够分清成本对象的间接成本，直接计入成本对象；共同成本和不能分清负担对象的间接成本，应按受益的原则和配比的原则分配至各成本对象，具体分配方法可按以下规定选择其一：

①占地面积法。指按已动工开发成本对象占地面积占开发用地总面积的比例进行分配。其中，一次性开发的，按某一成本对象占地面积占全部成本对象占地总面积的比例进

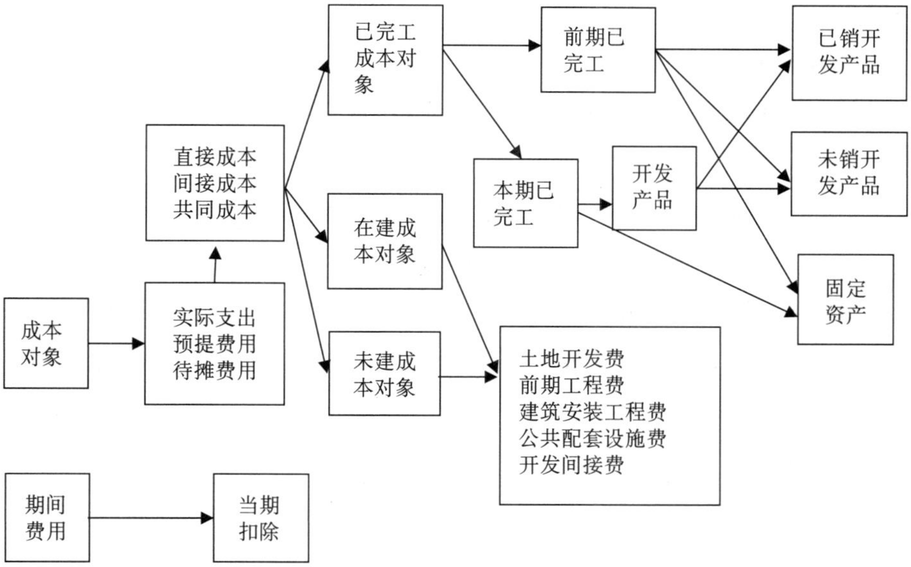

图 4－1　成本核算程序

行分配；分期开发的，首先按本期全部成本对象占地面积占开发用地总面积的比例进行分配，然后再按某一成本对象占地面积占期内全部成本对象占地总面积的比例进行分配。

期内全部成本对象应负担的占地面积为期内开发用地占地面积减去应由各期成本对象共同负担的占地面积。

②建筑面积法。指按已动工开发成本对象建筑面积占开发用地总建筑面积的比例进行分配。其中，一次性开发的，按某一成本对象建筑面积占全部成本对象建筑面积的比例进行分配；分期开发的，首先按期内成本对象建筑面积占开发用地计划建筑面积的比例进行分配，然后再按某一成本对象建筑面积占期内成本对象总建筑面积的比例进行分配。

③直接成本法。指按期内某一成本对象的直接开发成本占期内全部成本对象直接开发成本的比例进行分配。

④预算造价法。指按期内某一成本对象预算造价占期内全部成本对象预算造价的比例进行分配。

其他成本项目的分配法由企业自行确定。

5. 上下游企业相关情况介绍

与房地产业相关的产业有：

①建筑行业：建筑机械租赁、建筑工人、地暖安装行业。

②建材行业：水泥、玻璃、钢筋、塑钢窗、涂料、地砖、地板、卫浴五金、电线电缆、上下水管。

③金融业：银行、小额贷款公司。

6. 主要原材料与产品介绍

①原材料：用于开发土地、房屋、建筑物等开发产品的各种材料物资，如钢材、木材、砂石、水泥等。

②设备：用于房地产开发经营的各种设备，如电气设备、卫生设备、通风设备等。

③在产品：尚未完工的各种土地、房屋等开发产品（即在建工程）。

④产成品：各种已完成开发建设全过程并已验收合格，可以按合同规定交付使用或对外销售的各种开发产品，包括已开发完成的土地、房屋、配套设施、代建工程及分期收款开发产品、出租开发产品和周转房等。

（二）风险特征

房地产开发经营行业业务流程各环节涉及税费主要有：耕地占用税、契税、增值税、城市维护建设税、教育费附加、地方教育附加、水利建设基金、企业所得税、个人所得税、土地增值税、城镇土地使用税、房产税、印花税、车船税、环保税等。房地产开发经营行业税收管理涉及多个税种，财务核算复杂，周期长、成本费用项目分摊方法较多，销售和结算形式多样，征管难度大。

房地产开发经营行业业务流程各环节涉税信息如表4－2所示。

表4－2　房地产开发经营行业业务流程各环节涉税信息一览表

序号	环节	权利许可及其他有效证明	行政管理部门	涉及主要税种、税率
1	取得土地使用权	土地出让合同、转让协议、土地使用权证	国土资源管理部门	1. 契税：按购置土地付出的经济利益的3%~5%缴纳
				2. 印花税：按合同所载金额万分之五贴花。土地使用权证按件贴花五元
				3. 城镇土地使用税：按纳税人实际占用的土地面积和单位税额计算缴纳
				4. 耕地占用税：以实际占用的耕地面积为计税依据，按照规定的适用税额缴纳
2	规划许可和开发建设	项目立项备案、建设许可证、施工许可证、规划许可证、招投标书、建筑施工合同	发展和改革局、管理局（规划局）、建设招投标管理部门	1. 印花税：按工程施工合同金额的万分之三贴花；按勘探、设计合同金额的万分之五贴花
				2. 城镇土地使用税：按纳税人实际占用的土地面积和单位税额计算缴纳
				3. 环保税

续表

序号	环节	权利许可及其他有效证明	行政管理部门	涉及主要税种、税率
3	商品房预销售	商品房销售面积明细表、商品房预售许可证、国有土地使用权变更登记转让证明书、房屋所有权证书	房地产行政管理部门、国土资源行政管理部门	1. 增值税：按预收账款金额的3%预缴或按销售收入的5%或9%缴纳
				2. 城市维护建设税：按“销售不动产”增值税税额的7%（5%、1%）缴纳
				3. 教育费附加：按“销售不动产”增值税税额的3%缴纳
				4. 地方教育附加：按“销售不动产”增值税税额的2%缴纳
				5. 土地增值税：按预收账款金额预征或按销售收入计算。预征率由各市地税务机关确定
				6. 印花税：按商品房购销合同金额的万分之五缴纳
				7. 房产税：按房产计税余值的1.2%缴纳；按房屋（出租）租金收入的12%缴纳
				8. 企业所得税：企业销售未完工开发产品取得的收入，应先按预计计税毛利率分季（或月）计算出预计毛利额，计入当期应纳税所得额。开发产品完工后，企业应及时结算其计税成本并计算此前销售收入的实际毛利额，同时将其实际毛利额与其对应的预计毛利额之间的差额，计入当年度企业本项目与其他项目合并计算的应纳税所得额。 在年度纳税申报时，企业须出具对该项开发产品实际毛利额与预计毛利额之间差异调整情况的报告以及税务机关需要的其他相关资料。

房地产开发企业的税收风险主要体现在以下方面：预收款未及时申报预缴增值税及附加、土地增值税；成本费用合法、合理、合规性难以界定，成本费用（含资本化利息费用）的归集、分摊是否符合成本对象的确认原则难以判断；销售未完工开发产品及未完工产品转完工产品特定业务计算的纳税调整额难以准确计算等。

1. 进项税额扣除中的涉税风险

房地产业是一个资金密集型产业，涉及众多领域的增值税发票，而进项税额可以抵扣，但是在增值税抵扣时容易形成五方面风险：一是房地产业的建筑工人、拆迁补偿费用等无法取得增值税发票，不得抵扣。二是在开发阶段，从小规模纳税人购买的原材料，如石料、土、砂石等，以及自己生产的石灰、瓦、砖等，这些均不能进行增值税抵扣；采用

“甲供材”模式或者清包方式支付施工单位的费用（如设备费用、土建工程施工费、临时设施、三通一平的施工费）均不能进行抵扣；在开发阶段支付给政府部门的报批报建费不能抵扣，主要包括招投标管理费、拆迁管理费、散装水泥集资费、消防配套设施费、人防报建费、交易中心手续费、标底编制费、质检费、安检费等。三是期间费用中娱乐服务和居民日常服务、餐饮服务、贷款服务均不能抵扣进项税额。此外，在建筑期间的交际支出、出差支出等均不能抵扣。四是非正常损失，在材料等运输过程中的非正常损失不得抵扣；五是过渡期间营改增之前交易的材料，在营改增之后取得增值税发票不得抵扣。

2. 特殊业务未做视同销售处理的涉税风险

增值税核算中有诸多情况需要做视同销售处理，否则容易少缴纳增值税。一是将购买的货物、委托生产的货物、自产的货物用于赠送、分配、投资，将委托生产的货物、自产的货物用于个人消费或者集体福利，将代销货物用于出售，均视同销售处理。二是将固定资产作为入股资本需要缴纳增值税，视同销售；固定资产（自建房产）转化为投资性房地产，视同销售；但是在营改增前以固定资产进行利润分配是不需要缴纳营业税的。因此，一些视同销售的情况，如果不及时缴纳增值税，会产生税款滞纳金。

3. 转让自行开发房地产时地价款扣除的涉税风险

国家相关文件规定，房地产销售额的计算需要扣除当期允许扣除的土地价款，当期允许扣除的土地价款主要是当期销售房地产项目建筑面积与房地产项目可供销售建筑面积之比，再乘以支付的土地价款。但是现实中经常会以返还的形式进行扣除，因此在财政税票上的金额不能作为扣除土地价款的计算依据，而需要扣除返还的土地出让金。所以转让自行开发房地产时地税价款存在少缴纳增值税的风险。

4. 用预收款方式销售不动产未及时申报风险

房地产企业采用预收款方式销售不动产、转让土地使用权，将预收款挂在往来账上，或将部分款项开具收款收据，或直接冲减开发成本，未按规定确认或少确认收入而未申报纳税，预收款未及时申报、代收款项未按规定申报，均会产生税收风险。

5. 将开发产品转作自用未视同销售申报纳税风险

将开发产品转作自用或用于捐赠、赞助、职工福利、奖励、分配给股东或投资入股、以房抵偿债务、拍卖、换取其他单位和个人的非货币性资产等，未视同销售申报纳税。

6. 按揭销售、首付款实际收到时或余款在银行按揭贷款办理转账后未及时申报纳税风险

按揭销售、首付款实际收到时或余款在银行按揭贷款办理转账后未及时入账或将收到的按揭款项记入“短期借款”等科目，未及时申报纳税。

7. 开发的会所等产权转给物业未按时确认收入风险

开发的会所等产权转给物业未按开发产品进行税务处理，或者将未需要办理房产证的

停车位、地下室等公共配套设备对外出售未计收入申报纳税。

8. 以房抵欠账未按时确认收入风险

以房抵欠工程款、广告费、银行贷款本息或以拆迁补偿费抵顶购房款等业务，未计收入申报纳税。

9. 租金收入未计或少计收入未申报纳税风险

将未售出的房屋、商铺、车位出租，取得的租金收入未计或少计收入未申报纳税。

10. 虚增成本费用风险

以外地虚开材料采购发票，或到税负较低的地区申请代开发票或者使用假发票入账，虚增成本费用；多预提施工费用，虚增开发成本；或提前列支成本支出；将开发期间财务费用列入期间费用，多转当期成本。

（三）数据整备

1. 内部数据（见第一节）

2. 外部数据

（1）生产经营信息。

①企业专用收据和发票的开具、管理等信息。

②勘察合同、设计合同、建设工程施工合同、国有土地使用权证、各种许可证等。

③开发产品自用、出租相关信息。

④按揭保证金凭证、代理销售合同、拆迁安置合同、商品房销售合同等。

⑤楼盘销售明细表、销售平面图、钥匙发放登记表等。

⑥需要采集的会计核算项目信息。

（2）第三方信息采集。

国土局：土地使用权出让合同、土地出让金价格组成、土地性质等信息。

拆迁管理办公室：《房屋拆迁许可证》《房屋拆迁安置补偿协议》等。

住房和规划建设管理局（地级市另设规划局）：《规划设计条件图》《建设用地规划许可证》《建设工程规划许可证》中规定的开发项目名称、性质、占地面积，规划的建筑面积、容积率、公共配套设施情况等信息；《建筑工程施工许可证》中的建设单位、工程名称、工程地址、工程概算、施工单位、监理单位、开工日期等信息。

房产管理部门：《商品房预售许可证》、测绘报告、《商品房销售许可证》、分户产权登记信息等。

中介机构：审计师（会计师）事务所出具的预（决）算报告、审计报告。房产、土地测绘部门出具的测绘信息。

其他管理部门及市政企业：如自来水、煤气、电力、媒体收视安装等部门，可以获取开发项目的建设户数、已售户数、已交房业主入住情况等参考信息。

（四）风险异常判断

1. 基础指标（见第一节）

2. 通用指标（见第一节）

3. 属性指标

结合房地产企业生产经营、财务核算特点，设定房地产行业属性指标，如表4－3所示。

表4－3　　房地产行业属性指标相关信息表

指标名称	风险描述	应对指引	涉及税种
房地产企业未按规定结转完工收入，应交未交企业所得税风险	纳税人未在工程完工后及时结转收入，引起应交未交企业所得税风险	销售款长期（连续三年）不结转收入，将销售款挂在“预收账款”、“应付账款”等会计科目上，推迟缴纳企业所得税，造成税款未足额缴纳。对房地产开发产品销售收入，申报时长期挂在“销售未完工产品的收入”的原因，应重点核实开发项目是否符合完工结转三个条件之一。对仍不符合完工结转条件的，解除风险；对符合完工结转条件的，应责令其及时按规定进行收入、成本结转，追缴相对应企业所得税税款	企业所得税
企业所得税销售未完工产品收入申报与增值税（营业税）预缴申报收入不一致风险	房地产纳税人销售未完工产品（即预收账款），应先做增值税（营业税）预缴申报销售额，次年年度所得税申报时，做销售未完工产品的收入调增，两者金额应一致，若出现不一致的问题，则可能存在未按规定申报预缴增值税（营业税）、所得税等问题	房地产行业收到预收款的次月，需要预缴增值税、土地增值税，次年所得税汇算清缴时，按预计毛利率调增应纳税所得额缴纳企业所得税，增值税预缴申报计税依据与企业所得税未完工产品的收入二者应相等，如二者有差额，应通过核实企业“预收账款”、“应付账款”等往来科目，企业当年度销售控制表（或销售台账），并调阅相关购房合同、车库车位销售合同等，确定企业收入实现情况，认定少缴增值税或企业所得税风险	增值税、企业所得税
房地产销售商品收入与销售未完工产品转完工产品确认的销售收入不一致，少申报企业所得税风险	房地产增值税销售商品收入与企业所得税申报表中销售未完工产品转完工产品确认的销售收入不一致，引起少申报企业所得税风险	房地产行业预收款项时，按预计毛利率计算缴纳企业所得税，符合完工结转条件时在确认收入成本的同时，需要将以前年度按预计毛利率计算缴纳的企业所得税进行冲回。年度申报表销售收入应大于等于销售未完工产品转完工产品销售收入，如出现小于的情况，则存在少确认收入或多冲减以前年度按预计毛利率计算缴纳的企业所得税的风险。应对过程中应核实销售完工产品收入、销售未完工产品转完工产品确认的销售收入数据的真实性、准确性	企业所得税

续表

指标名称	风险描述	应对指引	涉及税种
预收账款未按规定预缴增值税风险	对比企业财务报表预收账款数据与预缴增值税数据，若预缴依据偏低则提示风险	核实企业预收账款明细账，核实是否足额预缴增值税	增值税
增值税抵减税额大于预缴税款风险	《增值税预缴税款表》预缴税款与增值税一般纳税人适用申报表附列资料（四）《税额抵减情况表》进行比较，存在抵减税额大于预缴税款，则提示风险	企业申报时抵减额与预缴税款不作校验比对，对分析出现当期预缴税额实际抵减额大于增值税预缴税款的，应进一步核实增值税预缴税款、实际抵减额数据的真实性、准确性，存在违规抵减的应补缴多抵减税款	增值税
其他应付款期末余额严重异常风险	其他应付款期末余额过大，进一步分析纳税人是否将应税收入计入此科目，存在少缴增值税、土地增值税、企业所得税、个人所得税风险	①结合“其他应付款”账户，如果存在企业向其他单位或个人借入资金问题，应要求纳税人提供借款合同及利息支出的发票，对未取得利息发票的企业不得税前列支，同时关注土地增值税清算利息扣除风险、支付个人利息未按规定代扣代缴个人所得税等税收风险。②通过查看账目明细，确定是否将收取的用于购房的拆迁补偿款、车位费、各类定金（订金、诚意金、意向金），应按预收账款核算违规记入“其他应付款”科目，存在未按规定预缴增值税、土地增值税的风险。③通过账龄分析，看大额其他应付款明细中是否存在收入“挂账”的问题，是否存在增值税（营业税）、企业所得税的税收风险	增值税、土地增值税、企业所得税、个人所得税
其他应收款期末余额严重异常风险	其他应收款长期挂账可能存在以下原因：①费用性质挂账，一种为实际费用已发生、但由于发票未到或发票遗失而挂账；另一种为应入未入费用，因企业效益差、无法消化而挂账。②股东借款性质挂账，股东出资后，将资金抽回，或出资后将资金借出用于其他项目。③企业向其他关联单位借款。隐瞒收入的挂账，其他应收款属于资产类账户，正常情况下余额应该在借方，因此当出现贷方余额时，可能存在隐瞒收入的情况	核实时，应当取得多个年度的其他应收款明细账，对异常的科目进行实质性测试，判定是否存在股东分红、借款、隐瞒收入等情况。对于股东分红，核实是否按规定代扣代缴个人所得税。对于企业向其他单位或个人借款，应当核实账面是否收取借款利息，未收取借款利息的应做视同销售处理，按银行同期贷款利率计算利息收入补缴增值税、企业所得税，已收取借款利息的进一步分析利率是否低于银行同期贷款利率，借款利率偏低的按同期贷款利率调整利息收入，补缴税款	增值税、企业所得税、个人所得税

续表

指标名称	风险描述	应对指引	涉及税种
房地产行业主营业务毛利率偏低风险	存在多列支成本，少缴土地增值税、企业所得税等风险	根据房地产业行业特点，将毛利率低于10%的企业列为疑点企业，核实时，首先调取《房地产销售合同》或《房地产预售合同》，根据国税发〔2009〕31号文内容，确认纳税人是否及时确认收入。其次，调取建筑安装合同，结合规划许可证根据国税发〔2009〕31号文规定判断是否合理列支成本，有无多列建安成本现象	增值税、企业所得税
货币资金异常风险分析	通过对货币资金异常的纳税人进行分析，确定其是否存在“现金池”业务或收入未入账等风险	货币资金理论上不应出现负数，出现此类情况，纳税人有可能取得收入款项不记账，资金不存入公司账户，实际支付成本费用时走公司账户，导致账面出现资金负数。建议通过业务往来账款项目，以资金流为突破口，深入分析纳税人是否存在隐瞒收入的情况	增值税、企业所得税
增值税与企业所得税申报收入不一致风险	房地产企业所得税申报表的营业收入与申报增值税收入进行差异比对，若差异额大于0，则存在少申报、延迟申报等风险	正常情况下，房地产开发企业开具增值税发票后，确认增值税应税收入，同时，会计口径利润表中也要确认营业收入，两者应一致。如果不一致，要核实企业是否存在未及时确认收入情况	增值税、企业所得税
房地产开发企业增值税与土地增值税预缴计税依据不一致风险	房地产企业增值税与土地增值税预缴计税依据不一致，则提示风险	同一时期，土地增值税预征的计税依据，一般应与增值税的计税依据一致，如不一致，则存在少缴增值税或者土地增值税的风险	增值税、土地增值税
土地面积减少未及时确认收入风险	土地面积减少未及时确认收入，存在少缴增值税、企业所得税风险	正常情况下，房地产开发企业已交房部分，应抵减对应的城镇土地使用税面积，如果城镇土地使用税面积已减少，而相应的已交房未及时确认收入，则存在少缴增值税、企业所得税风险	增值税、企业所得税、城镇土地使用税
已缴纳契税未及时缴纳城镇土地使用税风险	已缴纳土地交易契税，未及时缴纳对应的城镇土地使用税	正常情况下，房地产企业新取得的土地，应自土地出让（转让）合同约定的土地交付时间的次月确立发生纳税义务。其城镇土地使用税的计税依据，应与相对应的契税计税依据一致，如契税已缴纳，而相应的应税土地没有增加，则意味着企业很可能存在新增土地未缴纳城镇土地使用税的情况	城镇土地使用税

续表

指标名称	风险描述	应对指引	涉及税种
印花税、契税计税依据与增值税预缴计税依据不一致风险	如果产权转移书据印花税计税依据减去土地契税计税依据，大于增值税预缴计税依据，则存在少预缴增值税风险	正常情况下，房地产企业产权转移书据主要存在三种情况：一是购房合同；二是以出让或转让方式获得土地使用权；三是股权转让行为。在“金三”环境下，有本指标产生异常，应首先核实企业是否具有股权转让行为，如有，其差额恰好为股权转让行为所致，则排除风险	增值税
简易计税未按规定作进项税额转出风险	有简易计税项目，也有一般计税项目的房地产纳税人，其简易计税项目对应的进项税额不能抵扣，如进项税额转出为0，则存在多抵进项税额少缴增值税风险	简易计税项目与一般计税项目混抵的涉税风险，纳税人将简易计税项目耗用的材料和劳务用于一般计税项目进行抵扣，两者共同耗用的办公费用、广告费用等无法分摊的各类费用未按规定根据销售收入占比进行分摊，核实过程中，重点审核建筑类发票备注栏是否按规定注明项目名称和地址，项目名称为简易计税的不得抵扣，无备注的不得抵扣。并进一步对简易计税项目与一般计税项目单位成本与费用进行比对，简易计税项目远低于一般计税项目的，应根据建筑面积进行分摊	增值税
城市基础设施配套费未缴纳契税风险	城市基础设施配套费缴纳与国有土地使用权出让契税存在差异，则提示风险	从第三方（住房和城乡建设局）获取缴纳的城市基础设施配套费，与缴纳的契税进行比对	契税

（五）风险分析方法

指标1：房地产企业未按规定结转完工收入，应交未交企业所得税风险（长期不转收入风险）

（1）风险描述。纳税人未在工程完工后及时结转收入，引起应交未交企业所得税风险。

（2）适用税种：企业所得税。

（3）计算公式：

【销售未完工产品的收入】>0且【销售未完工产品转完工产品确认的销售收入】=0

（4）数据来源：

①【销售未完工产品的收入】提取所得税年度汇缴申报表，按年提取附表《A105010视同销售和房地产开发企业特定业务纳税调整明细表》第23行第1列；

②【销售未完工产品转完工产品确认的销售收入】提取所得税年度汇缴申报表，按年

提取附表《A105010 视同销售和房地产开发企业特定业务纳税调整明细表》第 27 行第 1 列。

（5）分析思路。销售款长期（连续三年）不结转收入，将销售款挂在“预收账款”、“应付账款”等会计科目上，推迟缴纳企业所得税，造成税款未足额缴纳。对房地产开发产品销售收入，申报时长期挂在“销售未完工产品的收入”的原因，应重点核实开发项目是否符合完工结转三个条件之一。对仍不符合完工结转条件的，解除风险；对符合完工结转条件的，应责令其及时按规定进行收入、成本结转，追缴相对应企业所得税税款。

指标 2：企业所得税销售未完工产品收入申报与增值税（营业税）预缴申报收入不一致风险

（1）风险描述。房地产纳税人销售未完工产品（即预收账款），应先做增值税（营业税）预缴申报销售额，次年年度所得税申报时，做销售未完工产品的收入调增，两者金额应一致，若出现不一致的问题，则可能存在未按规定申报预缴增值税（营业税）、所得税等问题。

（2）适用税种：企业所得税、增值税。

（3）计算公式：

【差额】 = 【预缴申报销售额】 - 【销售未完工产品的收入】

【预缴申报销售额】 = 【增值税预缴申报销售额】/（1 + 适用税率）

（4）数据来源：

①【销售未完工产品的收入】提取所得税年度汇缴申报表，按年提取附表《A105010 视同销售和房地产开发企业特定业务纳税调整明细表》第 23 行第 1 列；

②【增值税预缴申报销售额】按月提取《增值税预缴税款表》销售不动产金额第 2 行第 1 列，并按年计算合计数；

③【适用税率】所属期为 2018.01.01—2018.04.30 期间，《增值税预缴税款表》是否适用一般计税方法标志为【是】的按照 11% 计算，所属期自 2018.05.01 起是否适用一般计税方法标志为【是】的按照 10% 计算，所属期自 2019.04.01 起是否适用一般计税方法标志为【是】的按照 9% 计算；是否适用一般计税方法标志为【否】的全部按照 5% 计算。

（5）分析思路。房地产行业收到预收款的次月，需要预缴增值税、土地增值税，次年所得税汇算清缴时，按预计毛利率调增应纳税所得额缴纳企业所得税，增值税预缴申报计税依据与企业所得税未完工产品的收入二者应相等，如二者有差额，应通过核实企业“预收账款”、“应付账款”等往来科目，企业当年度销售控制表（或销售台账），并调阅相关购房合同、车库车位销售合同等，确定企业收入实现情况，认定少缴增值税或企业所得税风险。

指标3：房地产销售商品收入与销售未完工产品转完工产品确认的销售收入不一致，少申报企业所得税风险

（1）风险描述。房地产企业完工确认成本时，需确认对应的企业所得税年报附表A101010——【销售商品收入】，同时对以前年度申报的企业所得税年报附表A105010——【销售未完工产品的收入】予以调减，企业所得税年报附表A105010——【销售未完工产品转完工产品确认的销售收入】，其中【销售商品收入】应大于等于【销售未完工产品转完工产品确认的销售收入】，如果出现【销售商品收入】小于【销售未完工产品转完工产品确认的销售收入】的情况，则纳税人存在多调减以前年度申报的【销售未完工产品的收入】，少申报企业所得税的风险。

（2）适用税种：企业所得税。

（3）计算公式：

【差额】＝【销售商品收入】－【销售未完工产品转完工产品确认的销售收入】

（4）数据来源：

①【销售商品收入】提取所得税年度汇缴申报表，按年提取附表《A101010一般企业收入明细表》第1行第3列；

②【销售未完工产品转完工产品确认的销售收入】提取所得税年度汇缴申报表，按年提取附表《A105010视同销售和房地产开发企业特定业务纳税调整明细表》第27行第1列。

（5）分析思路。房地产行业预收款项时，按预计毛利率计算缴纳企业所得税，符合完工结转条件时在确认收入成本的同时，需要将以前年度按预计毛利率计算缴纳的企业所得税进行冲回。年度申报表销售收入应大于等于销售未完工产品转完工产品销售收入，如出现小于的情况，则存在少确认收入或多冲减以前年度按预计毛利率计算缴纳的企业所得税的风险。应对过程中应核实销售完工产品收入、销售未完工产品转完工产品确认的销售收入数据的真实性、准确性。

指标4：预收账款未按规定预缴增值税风险

（1）风险描述。房地产开发企业增值税预缴税款销售额与预收账款余额及当期结转收入不一致，存在预售收入不按规定预缴增值税的风险。

（2）适用税种：增值税。

（3）计算公式：

【差额】＝【当期预收账款】－【增值税预缴申报收入】

【当期预收账款】＝【预收账款期末余额】－【预收账款期初余额】＋【当期结转收入金额】

（4）数据来源：

①【预收账款期末余额】通过资产负债表，提取每年12月【预收账款期末余额】；

②【预收账款期初余额】通过资产负债表，提取每年1月【预收账款期初余额】；

③【当期结转收入金额】《增值税一般纳税人适用申报表附列资料（一）》，分月提取第4b行第11列数以及第9b行第11列数，并计算所属期累计数。

④【增值税预缴申报收入】按月提取《增值税预缴税款表》销售不动产金额第2行第1列，并计算所属期累计数。

（5）分析思路。房地产开发企业预缴税款对应销售额与预收账款存在着固定对应关系，且该行业基本是先预收款后转计收入的运行模式。在考虑“当期结转收入金额”按照含税价格计算的情况下，对预收账款和增值税预缴收入仍存在较大差额的，应通过核实企业“预收账款”、“应付账款”、“其他应付款”等往来科目，同时查阅企业当年度销售控制表（或销售台账）、相关购房合同、车库车位销售合同等，确定企业预收收入、当期结转收入申报真实性，认定少预缴增值税等问题。

指标5：增值税抵减税额大于预缴税款风险

（1）风险描述。《增值税预缴税款表》预缴税款与增值税一般纳税人适用申报表附列资料（四）《税额抵减情况表》进行比较，存在抵减税额大于预缴税款，则提示风险。

（2）适用税种：增值税。

（3）计算公式：

【差额】=【税额抵减当期发生额】-【增值税预缴税额】

（4）数据来源：

①【增值税预缴税额】《增值税预缴税款表》，按月提取销售不动产预征税额第2行第4列；

②【税额抵减当期发生额】《增值税一般纳税人适用申报表附列资料（四）》，分月提取销售不动产预征缴纳税款本期实际抵减额（第4行第4列数），并计算所属期累计数。

（5）分析思路。目前，企业申报时抵减额与预缴税款不作校验比对，对分析出现当期预缴税额实际抵减额大于增值税预缴税款的，应进一步核实增值税预缴税款、实际抵减额数据的真实性、准确性，存在违规抵减的应补缴多抵减税款。

指标6：其他应付款期末余额严重异常风险

（1）风险描述。其他应付款期末余额过大，进一步分析纳税人是否将应税收入计入此科目，存在少缴增值税、土地增值税、企业所得税、个人所得税风险。①隐匿收到的房款，少申报增值税、土地增值税等销售税金；②收到财政返还款或无需偿付的债务，少申报缴纳企业所得税；③借入资金，支付利息计入开发成本未取得发票，未代扣代缴个人所得税。

（2）适用税种：增值税、土地增值税、企业所得税、个人所得税。

（3）数据来源：

【其他应付款】通过资产负债表，从每年的 12 月报表中提取【其他应付款】期末金额。

（4）分析思路。①结合“其他应付款”账户，如果存在企业向其他单位或个人借入资金问题，应要求纳税人提供借款合同及利息支出的发票，对未取得利息发票的企业不得税前列支，同时关注土地增值税清算利息扣除风险、支付个人利息未按规定代扣代缴个人所得税等税收风险。②通过查看账目明细，确定是否将收取的用于购房的拆迁补偿款、车位费、各类定金（订金、诚意金、意向金），应按预收账款核算违规记入“其他应付款”科目，存在未按规定预缴增值税、土地增值税的风险。③通过账龄分析，看大额其他应付款明细中是否存在收入“挂账”的问题，是否存在增值税（营业税）、企业所得税的税收风险。

指标 7：其他应收款期末余额严重异常风险

（1）风险描述。其他应收款长期挂账可能存在以下原因：

①费用性质挂账，一种为实际费用已发生、但由于发票未到或发票遗失而挂账；另一种为应入未入费用，因企业效益差、无法消化而挂账。

②东借款性质挂账，股东出资后，将资金抽回，或出资后将资金借出用于其他项目。

③企业向其他关联单位借款。隐瞒收入的挂账，其他应收款属于资产类账户，正常情况下余额应该在借方，因此当出现贷方余额时，可能存在隐瞒收入的情况。

（2）适用税种：增值税、土地增值税、企业所得税、个人所得税。

（3）数据来源：

【其他应收款】通过资产负债表，从每年的 12 月报表中提取【其他应收款】期末金额。

（4）分析思路。判定是否存在股东分红、借款隐瞒收入等情况。对于股东分红，核实是否按规定代扣代缴个人所得税。对于企业向其他单位或个人借款，应当核实账面是否收取借款利息，未收取借款利息的应做视同销售处理，按银行同期贷款利率计算利息收入补缴增值税、企业所得税，已收取借款利息的进一步分析利率是否低于银行同期贷款利率，借款利率偏低的按同期贷款利率调整利息收入，补缴税款。

指标 8：房地产行业主营业务毛利率偏低风险

（1）风险描述。存在多列支成本，少缴土地增值税、企业所得税等风险。

（2）适用税种：土地增值税、企业所得税。

（3）计算公式：

【毛利率】=（【营业收入】-【营业成本】）/【营业收入】×100%

（4）数据来源：

①【营业收入】提取所得税年度汇缴申报表，所属期按年提取汇缴申报表主表营业收入金额（第1行第1列）；

②【营业成本】提取所得税年度汇缴申报表，所属期按年提取汇缴申报表主表营业成本金额（第2行第1列）。

（5）分析思路。根据房地产业行业特点，将毛利率低于10%的企业列为疑点企业，核实时，首先调取《房地产销售合同》或《房地产预售合同》，根据国税发〔2009〕31号文内容，确认纳税人是否及时确认收入。其次，调取建筑安装合同，结合规划许可证根据国税发〔2009〕31号文规定判断是否合理列支成本，有无多列建安成本现象。

指标9：货币资金异常风险分析

（1）风险描述。通过对货币资金异常的纳税人进行分析，确定其是否存在“现金池”业务或收入未入账等风险。

（2）适用税种：增值税、土地增值税、企业所得税。

（3）数据来源：

【货币资金】通过资产负债表，所属期按月提取货币资金期末金额。

（4）分析思路。货币资金理论上不应出现负数，出现此类情况，纳税人有可能取得收入款项不记账，资金不存入公司账户，实际支付成本费用时走公司账户，导致账面出现资金负数。建议通过业务往来账款项目，以资金流为突破口，深入分析纳税人是否存在隐瞒收入的情况。

指标10：增值税与企业所得税申报收入不一致风险

（1）风险描述。房地产企业所得税申报表的营业收入与申报增值税收入进行差异比对，若差异额大于0，则存在少申报、延迟申报等风险。

（2）适用税种：企业所得税、增值税。

（3）计算公式：

【差额】=【增值税申报收入】-【营业收入】

【增值税申报收入】=【按适用税率计税销售额】+【按简易办法计税销售额】+【免、抵、退办法出口销售额】+【免税销售额】

（4）数据来源：

①【按适用税率计税销售额】《增值税一般纳税人适用申报表》主表，所属期为范围内按月提取第1行第1列和第1行第3列金额，并计算合计数；

②【按简易办法计税销售额】《增值税一般纳税人适用申报表》主表，所属期按月提取第5行第1列和第5行第3列金额，并计算合计数；

③【免、抵、退办法出口销售额】《增值税一般纳税人适用申报表》主表，所属期按月提取第 7 行第 1 列金额，并计算合计数；

④【免税销售额】《增值税一般纳税人适用申报表》主表，所属期按月提取第 8 行第 1 列金额，并计算合计数；

⑤【营业收入】提取所得税年度汇缴申报表，按年提取附表《A101010 一般企业收入明细表》第 1 行第 1 列。

（5）分析思路。正常情况下，房地产开发企业开具增值税发票后，确认增值税应税收入，同时，会计口径利润表中也要确认营业收入，两者应一致。如果不一致，要核实企业是否存在未及时确认收入情况。

指标 11：房地产开发企业增值税与土地增值税预缴计税依据不一致风险

（1）风险描述。房地产企业增值税与土地增值税预缴计税依据不一致的风险（分段计算）。

（2）适用税种：土地增值税、增值税。

（3）计算公式：

【差额】＝【不含税销售额】－【土地增值税应税收入合计】

【不含税销售额】＝【2016 年 5—11 月增值税不含税销售额】＋【2016 年 12 月之后增值税不含税销售额】

【2016 年 5—11 月增值税不含税销售额】＝【含增值税销售额】/（1＋适用税率）

【2016 年 12 月之后增值税不含税销售额】＝【含增值税销售额】－【预征税额】

（4）数据来源：

①【含增值税销售额】按月提取《增值税预缴税款表》销售不动产金额第 2 行第 1 列，再计算销售额累计数；

②【预征税额】在所属期按月提取《增值税预缴税款表》预征税额第 2 行第 4 列，并计算累计数；

③【土地增值税应税收入合计】在所属期按月提取《土地增值税纳税申报表（一）（从事房地产开发的纳税人预征适用）》应税收入第 1 列各行金额之和，并计算累计数。

④【适用税率】所属期 2016. 05—2016. 11 期间，是否适用一般计税方法标志为【是】按照 11% 计算，是否适用一般计税方法标志为【否】按照 5% 计算。

（5）分析思路：

①2016 年 11 月土地增值税预征方法变更，2016 年 11 月 8 日前，土地增值税计税依据为增值税不含税销售额，之后则为预收款扣除增值税预缴税款余额，该指标需分段核实。同一时期，土地增值税预征的计税依据，一般应与增值税的计税依据一致，如不一致，则存在少缴增值税或者土地增值税的风险。

②免征土地增值税的几种情况如下：一是经济适用房，二是无产权的车库、车位、阁楼，三是列入省级重点项目的棚户区改造项目。注意区分棚户区改造项目和经济适用房。

③剔除免征土地增值税因素，如出现计税依据不一致，则通过核实企业预收账款明细账，企业当年度销售控制表（或销售台账），并调阅相关购房合同、车库车位销售合同等，确定企业预收账款实现情况，认定税款少缴风险。

④如增值税计税依据经核属实，大于土地增值税的计税依据，则认定企业存在少缴土地增值税的问题；如土地增值税计税依据经核属实，大于增值税的计税依据，则认定企业存在少缴增值税的问题；如增值税计税依据经核属实，小于土地增值税的计税依据，则企业可能存在计算错误、调节前期土地增值税预缴不足等问题，需溯及核实。

指标 12：土地面积减少未及时确认收入风险

（1）风险描述。土地面积减少未及时确认收入，存在少缴增值税、企业所得税风险。

（2）适用税种：增值税、城镇土地使用税、企业所得税。

（3）计算公式：

【土地面积变动额】=【占用土地面积】-【应税土地面积】

【土地面积变动年度】，根据【土地面积变动额】不等于 0 的数据，提取【有效期起】所属年度。

【增值税申报收入】=【一般计税销售收入】+【简易计税销售收入】

（4）数据来源：

①【占用土地面积】和【应税土地面积】《土地税源信息采集表》，剔除【土地取得方式】为“划拨”的信息，有效期起介于所属期间，逐笔提取【占用土地面积】【应税土地面积】【有效期起】；

②【一般计税销售收入】《增值税一般纳税人适用申报表附列资料（一）》，分月提取第 4b 行第 11 列数，并根据所属期按年计算合计数；

③【简易计税销售收入】《增值税一般纳税人适用申报表附列资料（一）》，分月提取第 9b 行第 11 列数，并根据所属期按年计算合计数。

（5）疑点判断。任何一年出现同一年【土地面积变动额】< >0 且【增值税申报收入】=0 的纳税人。

（6）分析思路：

①正常情况下，房地产开发企业已交房部分抵减对应的城镇土地使用税面积，如城镇土地使用税面积已减少，而相应的已交房未及时确认收入，则存在少缴增值税、企业所得税风险。

②在核实阶段，应查看企业交房部分的套数、面积、金额，与企业确认的销售收入、

减少土地面积进行比对，如果交房部分对应的收入未及时确认销售收入，则存在少缴增值税、企业所得税风险。如果未交房而减少应税土地面积，则存在少缴城镇土地使用税风险。

指标 13：已缴纳契税未及时缴纳土地使用税风险

（1）风险描述。已缴纳土地交易契税，未及时缴纳对应的城镇土地使用税。

（2）适用税种：城镇土地使用税。

（3）计算公式：

【差额】=【契税新增土地面积】-【已登记土地税源信息的土地面积】

【时间差异】=【土地税源信息有效期起月份最小值】-【契税申报签订合同日期月份】

（4）数据来源：

①【契税新增土地面积】契税纳税申报表，所属期筛选【权属转移对象】为“土地”，提取权属转移面积，计算累计数；

②【已登记土地税源信息的土地面积】《土地税源信息采集表》，根据【契税新增土地面积】逐笔提取对应【占用土地面积】相等的土地税源信息记录，并计算已匹配的累计数；

（5）分析思路：

①正常情况下，房地产企业新取得的土地，应自土地出让（转让）合同约定的土地交付时间的次月确立发生纳税义务。其土地使用税的计税依据，应与相对应的契税计税依据一致，如契税已缴纳，而相应的应税土地没有增加，则意味着企业很可能存在新增土地未缴纳城镇土地使用税的情况。

②在核实阶段，应提取企业土地出让或转让合同，如条件允许，应将合同与国土部门获取的第三方数据进行比对，以确定真实性。同时，应核对房地产已交房部分，抵减的城镇土地使用税，经上述方法核实后，申报额仍有差额的（申报额小于应缴额），则确定该企业新增部分土地未按规定申报缴纳相应的城镇土地使用税。如申报额大于应缴额，则应该对企业已缴城镇土地使用税进行溯及处理，以确定城镇土地使用税最终纳税义务情况。

③对于已在《土地税源信息采集表》进行登记的土地，进一步核实土地取得日期与土地税源信息登记日期是否一致，登记日期远大于取得日期的存在迟缴、少缴城镇土地使用税的风险。

指标 14：印花税、契税计税依据与增值税预缴计税依据不一致风险

（1）风险描述。如果产权转移书据印花税计税依据减去土地契税计税依据，大于增值税预缴计税依据，则存在少预缴增值税风险。

（2）适用税种：增值税。

（3）计算公式：

【差额】=【产权转移书据印花税计税依据】-【土地契税申报成交价格】-【增值税预缴申报销售额】

（4）数据来源：

①【产权转移书据印花税计税依据】《印花税纳税申报（报告）表》，所属期筛选【应税凭证】为“产权转移书据”，提取【计税金额或件数】金额，并按年计算合计数；

②【土地契税申报成交价格】《契税纳税申报表》，所属期筛选【权属转移对象】为“土地”，提取【成交价格】，并按年计算合计数；

③【增值税预缴申报销售额】按月提取《增值税预缴税款表》销售不动产金额第 2 行第 1 列，并按年计算合计数；

（5）分析思路：

①正常情况下，房地产企业产权转移书据主要存在三种情况：一是购房合同；二是以出让或转让方式获得土地使用权；三是股权转让行为。如果本指标产生异常，应首先核实企业是否具有股权转让行为，如有，其差额恰好为股权转让行为所致，则排除风险。

②如果股权转让行为经核实后，仍有差额，则通过核实企业主营业务收入明细账，企业当年度销售控制表（或销售台账），并调阅相关购房合同、车库车位销售合同等，确定企业收入实现情况，认定少缴增值税风险。

指标 15：房地产业纳税人简易计税项目差额计税风险

（1）风险描述。房地产业一般纳税人按简易计税办法申报增值税，错误地适用按一般计税方法扣除对应的土地成本差额计税。通过监控采用简易计税办法差额扣税申报金额大于零的纳税人，防范纳税人少申报增值税的税收风险。

（2）适用税种：增值税。

（3）计算公式：

【服务、不动产和无形资产扣除项目本期实际扣除金额】>0

（4）数据来源：

【服务、不动产和无形资产扣除项目本期实际扣除金额】《增值税一般纳税人适用申报表附列资料（三）》，分月提取本期实际扣除金额第 9b 行第 12 列数，并计算所属期累计数。

（5）分析思路。选择适用一般计税方法的房地产开发企业，以取得的全部价款和价外费用，扣除受让土地时向政府部门支付的土地价款后的余额为销售额。按简易计税办法申报增值税，错误地适用按一般计税方法扣除对应的土地成本差额计税方法。一般纳税人采用简易计税办法有扣除申报金额的纳税人。首先，核实是否存在已缴纳营业税未开具营业税发票，通过差额征税补开增值税发票后，申报时将差额部分扣除的情况。属于补开营业税发票申报错误造成的，要求纳税人进行申报错误更正，并核实对应已缴纳的营业税是否真实。其次，排除以上因素仍存在扣除额的，进一步核实扣除金额的具体内容，综合判断是否存在少缴增值税的行为。

指标16：简易计税未按规定作进项税额转出风险

（1）风险描述。有简易计税项目也有一般计税项目的房地产纳税人，其简易计税项目对应的进项税额不能抵扣，如进项税额转出为0，则存在多抵进项税额少缴增值税风险。

（2）适用税种：增值税。

（3）数据来源：

①【简易计税销售额预缴】《增值税预缴税款表》，筛选是否适用一般计税方法标志为【否】的申报信息，按月提取销售不动产销售额第2行第1列，并分年度计算累计数；

②【当期进项税额】《增值税一般纳税人适用申报表附列资料（二）》，分月提取当期申报抵扣进项税额合计（第12行第3列），并分年度计算累计数；

③【当期进项税额转出】《增值税一般纳税人适用申报表附列资料（二）》，分月提取本期进项税额转出额（第13行第1列），并分年度计算累计数。

（4）分析思路。营改增后，房地产行业普遍存在新老项目共存的情况，老项目核算一般都是采取简易计税方式缴纳增值税，随之带来了简易计税项目与一般计税项目混抵的涉税风险，纳税人将简易计税项目耗用的材料和劳务用于一般计税项目进行抵扣，两者共同耗用的办公费用、广告费用等无法分摊的各类费用未按规定根据销售收入占比进行分摊，核实过程中，重点审核建筑类发票备注栏是否按规定注明项目名称和地址，项目名称为简易计税的不得抵扣，无备注的不得抵扣。并进一步对简易计税项目与一般计税项目单位成本与费用进行比对，简易计税项目远低于一般计税项目的，应根据建筑面积进行分摊。

（六）典型案例

税税关联　票税比对　表表配比
运用大数据精准锁定房地产企业风险问题
——山东××房地产开发有限公司典型案例

一、基本情况

山东××房地产开发有限公司成立于2005年1月，所属行业：房地产业。注册类型：有限责任公司。经营范围：房地产开发经营及物业管理，学前教育（凭资质证书经营）。注册资金6000万元，从业人数40人，会计核算方式为独立核算，执行企业会计制度，增值税一般纳税人。

二、风险分析

（一）数据采集

1. 基本信息采集

该公司近年共开发建设了10个项目，属于当地规模较大的房地产龙头企业。通过政府部门网站、企业日常报备资料等采集了建设项目信息，对企业总体建设情况进行画像（见表4－4）。

表4－4　建设项目及规模采集表

项目名称	土地取得时间	小区名称	开工时间	占地面积（m^2）	总建筑面积（m^2）
×××园	2013.3.26	×××园	2013/8/28	16639.1	41002.00
××A区	2015.8.7	××A区	2016/1/29	27822.7	69556.76
××B区	2013.7.31	××B区	2014/4/30	37444.6	101951.86
××C区	2013.7.31	××C区	2014/5/1	31170.6	73200.00
时代广场	2013.7.8	时代广场	2014/4/15	22975.1	48248.00
××大厦	2013.7.8	××大厦	2014/12/11	6019.2	23626.00
××酒店	2015.1.8	××酒店	2015/11/1	8905.3	30054.00
××幼儿园	2016.8.5	××幼儿园	2013/9/1	6992.5	8623.48
影剧院	2016.3.23	影剧院	2013/12/1	7812	14601.22
美食城	2014.9.19	美食城	2015/11/1	10378.3	24255.01

2. 申报信息采集（见表4－5）

表4－5　申报信息采集表　单位：万元

税种	项目	2016年	2017年	2018年	合计
营业税	销售额	3285	0	0	3285
增值税	预缴申报销售额	14332	21211	19582	55125
	申报收入	8768	160	780	9708
	服务、不动产和无形资产扣除项目本期实际扣除金额	635	0	0	635
所得税	销售未完工产品的收入	20798	26309	17018	64125
	申报收入	30180	1447	891	32518
土地增值税	预缴申报土地增值税应税收入	12220	16519	0	28739
印花税	租金合同计税依据	0	0	842	842
	借款合同计税依据	0	0	0	0
契税	计税依据	90509	3255	4680	98444
	土地权属转移面积	0	0	0	0
房产税	从租计征申报租金收入	0	9	10	19

3. 财务报表信息采集（见表4－6）

表4－6 财务报表信息采集表 单位：万元

项目/所属期	营业收入	营业成本	预收账款期初余额	预收账款期末余额	其他应付款期末余额	其他应收款期末余额	长期借款期末余额
2016年	30180	27493	99890	99065	22729	11706	21599
2017年	1447	545	99065	127074	32455	24072	16599
2018年	891	37	127074	145560	17570	26442	9671

4. 发票信息采集（见表4－7）

表4－7 租赁服务发票开具采集表 单位：元

序号	开具日期	购货方	开具内容	不含税金额	税额
1	2018.11.13	××财产保险股份有限公司××中心支公司	商业营业用房经营租赁服务	70476	3524
2	2018.12.04	×县公安局	商业营业用房经营租赁服务	819048	40952
3	2018.12.27	××××实业有限公司	商业营业用房经营租赁服务	864000	43200
4	2018.12.27	××××实业有限公司	商业营业用房经营租赁服务	864000	43200
5	2018.12.27	××××实业有限公司	商业营业用房经营租赁服务	864000	43200
6	2018.12.27	××××实业有限公司	商业营业用房经营租赁服务	864000	43200
7	2018.12.27	××××实业有限公司	商业营业用房经营租赁服务	864000	43200
8	2018.12.27	××××实业有限公司	商业营业用房经营租赁服务	864000	43200
9	2018.12.27	××××实业有限公司	商业营业用房经营租赁服务	864000	43200
10	2018.12.27	××××实业有限公司	商业营业用房经营租赁服务	864000	43200
合计				7801524	390076

5. 第三方部门信息采集

采集企业土地出让金、拆迁补偿费及城市配套费等相关数据，为企业契税分析提供信息支撑（见表4－8和表4－9）。

表4－8 国有土地使用证信息采集表 单位：万元

项目名称	土地出让金
××××园	2310
××A区	6175
××B区	8100
××C区	6626

续表

项目名称	土地出让金
时代广场	4920
××大厦	792
××酒店	2260
××幼儿园	1026
影剧院	1835
美食城	2530

表4－9　　拆迁补偿费及城市配套费信息采集表　　单位：万元

项目名称	土地拆迁成本		
	拆迁补偿费	市政建设配套费	支付时间
××大厦	0	274	2016. 9
××世纪南区	587	0	2016. 1
××文苑	0	843	2017. 2
××文苑东区	1141	0	—
××文苑西区	488	0	—
××公司	0	1019	2018. 1. 18
×庄地块地上物补偿	43	0	2018. 2
××文苑	0	548	2018. 5
××龙园	0	2	2018. 7
合计	2259	2686	—

6. 互联网信息采集（见表4－10和表4－11）

表4－10　　地块公示信息

序号	发布日期	地块位置	土地面积（公顷）	土地用途	发布机关
1	2019/4/23	××街与××路交叉口西南角	2. 6392	城镇住宅用地	××自然资源和规划局
2	2016/11/16	××街西段北侧、××沟东侧	3. 83944	中低价位、中小套型普通商品住房用地	××国土资源局
3	2015/5/19	××街东段南侧	2. 57296	批发零售用地	××国土资源局
4	2013/4/23	××街南侧、××路西侧、××路东侧	3. 11706	—	××国土资源局
5	2013/3/27	××街南侧、××路西侧、××街北侧	3. 74446	—	××国土资源局

续表

序号	发布日期	地块位置	土地面积（公顷）	土地用途	发布机关
6	2013/3/18	××街东段北侧	2.29751	中低价位、中小套型普通商品住房用地	××国土资源局
7	2010/11/22	××街西首北侧、××路以北	1.68105	其他普通商品住房用地	××国土资源局
8	2010/10/22	××街与××路交叉口西北角	2.40205	其他普通商品住房用地	××国土资源局

表4－11　××公安局××广场警务工作站房屋租赁项目成交公告

标包	货物服务名称	供应商名称	地址	成交结果
1	××广场警务工作站房屋租赁	××房地产开发有限公司	山东××街西首路北	86万元

（二）审核分析

1. 增值税风险分析

根据采集数据，对2016—2018年预收账款发生额进行了测算，根据测算结果，与增值税预缴情况、企业销售未完工产品的收入进行比对，如图4－2所示，该企业2016年5月至2018年12月增值税预缴申报收入与测算预收账款发生额、企业销售未完工产品的收入差距悬殊；预缴增值税申报收入与简易计税申报收入差距悬殊。初步判定，该企业存在未按规定预缴增值税、预收账款长期挂账，延迟结转增值税收入的风险。

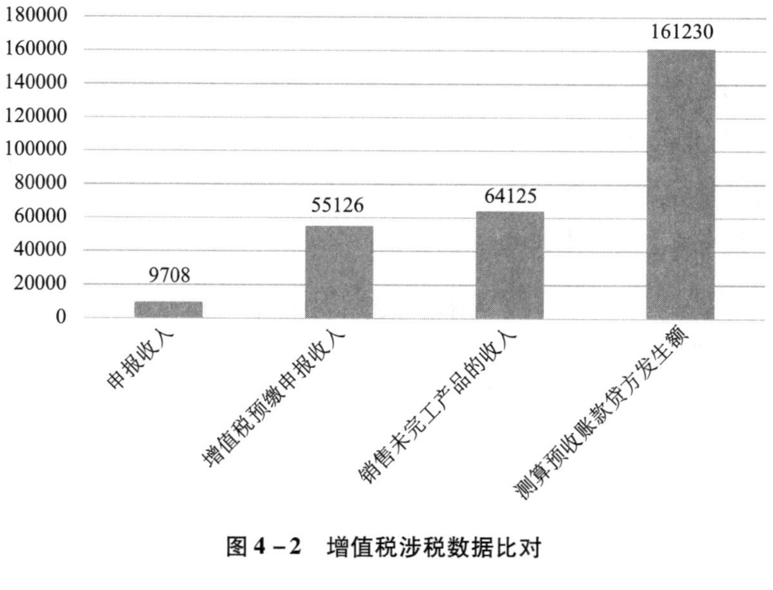

图4－2　增值税涉税数据比对

2016年7月，企业申报服务、不动产和无形资产扣除项目本期实际扣除金额635万元，存在增值税违规扣除的风险。

2. 土地增值税风险分析

根据国家税务总局公告2016年第70号规定，通过增值税预缴税款申报数据，测算2016年5月至2018年12月土地增值税应申报预缴计税依据为54654万元，而企业土地增值税已申报应税收入36247万元，差额18407万元。因此，存在未按规定预缴土地增值税的风险。

3. 企业所得税风险分析

根据数据显示，2017年度按简易计税办法申报增值税计税销售额3099.62万元，当年企业所得税营业收入0，差额3099.62万元。增值税与企业所得税申报收入不一致，存在少申报企业所得税的风险。

此外，通过查询企业所得税年度报表明细表，发现该公司2018年全年全部按5%计算未完工产品销售收入，根据2018年第18号公告规定，自2018年8月1日开始县级毛利率由10%调整为5%，可能存在未按规定毛利率分段计算未完工产品收入的风险。

4. 房产税风险分析

通过采集的发票信息计算，该公司2018年11—12月开具租金发票10份，不含税金额合计780万元。而申报系统中房产税从租计征申报租金收入仅为9.5万元，差额770.5万元，初步测算应补缴房产税税额约92万元。

5. 契税风险分析

申报系统数据显示，公司2016—2017年度缴纳土地出让金契税，但缴纳契税的计税依据中未发现与取得土地有关的城市建设配套费、拆迁补偿费等契税的缴纳记录，评估人员根据前期采集的第三方信息，初步判断企业可能存在城市建设配套费、拆迁补偿费未缴纳契税的问题。

6. 土地使用税风险分析

2016—2018年契税申报表土地权属转移面积合计100052.15平方米，已登记面积90217.5平方米，未登记面积9834.65平方米，可能存在已缴纳契税未及时缴纳土地使用税风险。

7. 其他税费风险分析（见表4－12）

表4－12　　税种计税依据比对分析表　　单位：万元

年度＼项目	印花税测算计税依据	契税计税依据	增值税预缴计税依据	差额
2017	31999	3255	22381	6363
2018	24163	4680	19582	－99
合计	56162	7935	41963	6264

根据印花税、契税计税依据与增值税预缴计税依据之间的逻辑关系进行配比分析，可能存在未按规定缴纳印花税的风险。

此外，该企业2016—2018年长期借款科目余额较大且逐年变动，而企业借款合同印花税计税依据为0，需要核实长期借款是否为金融机构借款及印花税缴纳情况。

经过对往来款项的分析，发现该企业2016—2018年“其他应收款”余额逐年递增，2018年12月达到2.64亿元，“其他应付款”3年间变化较大，先增后减，2018年12月余额为1.75亿元，可能存在迟作收入、漏记收入的风险。

三、风险判断及处理

（一）增值税

1. 简易计税老项目完工未及时结转收入申报增值税。根据《营业税改征增值税试点实施办法》（财税〔2016〕36号）第四十五条第一项“（一）纳税人发生应税行为并收讫销售款项或者取得索取销售款项凭据的当天；……”，以及国家税务总局关于发布《房地产开发企业销售自行开发的房地产项目增值税征收管理暂行办法》的公告（国家税务总局公告2016年第18号）第十五条“一般纳税人销售自行开发的房地产项目适用简易计税方法计税的，应按照《试点实施办法》第四十五条规定的纳税义务发生时间，以当期销售额和5%的征收率计算当期应纳税额，抵减已预缴税款后，向主管国税机关申报纳税。……”之规定，2016年5月至2019年5月，按简易计税的老项目完工应结转收入，应补缴差额2%的增值税857.28万元，补缴附加税费90万元。

2. 代建酬金未申报缴纳增值税。根据《营业税改征增值税试点实施办法》（财税〔2016〕36号）第九条“应税行为的具体范围，按照本办法所附的《销售服务、无形资产、不动产注释》执行。”以及第十五条第一项“（一）纳税人发生应税行为，除本条第（二）项、第（三）项、第（四）项规定外，税率为6%。”之规定，该公司取得的代建项目酬金418.91万元（含税）2019年应补缴增值税23.71万元。

3. 转让土地使用权未申报缴纳增值税。根据《财政部 国家税务总局关于进一步明确全面推开营改增试点有关劳务派遣服务、收费公路通行费抵扣等政策的通知》（财税〔2016〕47号）第三条第二项“纳税人转让2016年4月30日前取得的土地使用权，可以选择适用简易计税方法，以取得的全部价款和价外费用减去取得该土地使用权的原价后的余额为销售额，按照5%的征收率计算缴纳增值税。”之规定，该公司转让给农行土地使用权，需补缴增值税3.99万元。

4. 租金收入未申报缴纳增值税。根据国家税务总局关于发布《纳税人提供不动产经营租赁服务增值税征收管理暂行办法》的公告（2016年第16号）第三条“一般纳税人出租不动产，按照以下规定缴纳增值税：（一）一般纳税人出租其2016年4月30日前取得的不动产，可以选择适用简易计税方法，按照5%的征收率计算应纳税额。（二）一般纳税人出租其2016年5月1日后取得的不动产，适用一般计税方法计税。”之规定，2016—2018年房产租金收入应补缴增值税133.88万元。

（二）企业所得税

1. 简易计税老项目完工未及时结转收入申报企业所得税。根据《中华人民共和国企业所得税法》第五条“企业每一纳税年度的收入总额，减除不征税收入、免税收入、各项扣除以及允许弥补的以前年度亏损后的余额，为应纳税所得额。”以及国家税务总局关于印发《房地产开发经营业务企业所得税处理办法》的通知（国税发〔2009〕31号）第三十五条“开发产品完工以后，企业可在完工年度企业所得税汇算清缴前选择确定计税成本核算的终止日，不得滞后。……”之规定，该公司2016—2018年度老项目分年度对应结转收入，减除相应成本费用后共计应补缴企业所得税428.64万元。

2. 2018年销售未完工产品收入未计算申报预计毛利额。根据国家税务总局关于印发《房地产开发经营业务企业所得税处理办法》的通知（国税发〔2009〕31号）第九条“企业销售未完工开发产品取得的收入，应先按预计计税毛利率分季（或月）计算出预计毛利额，计入当期应纳税所得额。”之规定，该公司2018年按5%计算未完工产品预计毛利额，1—7月应按毛利率10%计算，应补缴企业所得税180.55万元。

3. 租金收入未申报缴纳企业所得税。根据《国家税务总局关于贯彻落实企业所得税法若干税收问题的通知》（国税函〔2010〕79号）第一条“一、关于租金收入确认问题。根据《实施条例》第十九条的规定，企业提供固定资产、包装物或者其他有形资产的使用权取得的租金收入，应按交易合同或协议规定的承租人应付租金的日期确认收入的实现。其中，如果交易合同或协议中规定租赁期限跨年度，且租金提前一次性支付的，根据《实施条例》第九条规定的收入与费用配比原则，出租人可对上述已确认的收入，在租赁期内，分期均匀计入相关年度收入。”之规定，应补企业所得税381万元。

4. 转让土地使用权未申报缴纳企业所得税。根据《中华人民共和国企业所得税法》第五条“企业每一纳税年度的收入总额，减除不征税收入、免税收入、各项扣除以及允许弥补的以前年度亏损后的余额，为应纳税所得额。”之规定，该公司转让给农行土地使用权，应补缴企业所得税28.9万元。

（三）房产税

根据《房产税暂行条例》及实施细则规定，该公司2016—2018年取得的房产租金收入应补房产税316万元。

（四）契税

根据《财政部 国家税务总局关于国有土地使用权出让等有关契税问题的通知》（财税〔2004〕134号）规定，该企业2016—2018年开发成本中列支拆迁补偿费、城市配套费，合计应补缴契税164.5元。

（五）土地使用税

根据《土地使用税暂行条例》及实施细则规定，以及《财政部 国家税务总局关于房产税、城镇土地使用税有关问题的通知》(财税〔2009〕128号)第四条的规定，减半征收土地使用税26.67万元。

(六)印花税

根据《印花税实施条例》及实施细则规定，商品房销售合同2018年应补缴产权转移书据印花税3.4万元，应补缴借款合同印花税0.25万元，应补缴财产租赁合同印花税2.47万元。

(七)附加税费

根据《中华人民共和国城市维护建设税暂行条例》第三条“城市维护建设税的计税依据为实际缴纳的三税税额”。根据国务院《征收教育费附加的暂行规定》第三条，“以各单位和个人实际缴纳的增值税、营业税、消费税的税额为计税依据，教育费附加率为3%”之规定，应补缴城建税50.7万元，补缴附加费55.81万元。

二、建筑业

(一)行业概述

1. 行业概况

建筑是指使用建筑材料建造建筑物、构筑物并对其进行修缮、装饰以及安装各种设备的劳务活动。建筑行业是国民经济的一个重要物质生产部门，担负着投资建设的重要任务，它是实现固定资产扩大再生产的支柱行业，是一个地区经济发展的龙头产业，也是地方税收收入的重要来源。根据《国民经济行业分类》(GB/T 4754—2017)，建筑行业可分为：房屋和土木工程建筑行业、建筑安装行业、建筑装饰业、其他建筑行业等。

根据营改增试点实施办法，建筑服务是指各类建筑物、构建物及其附属设施的建造、修缮、装饰，线路、管道、设备、设施等的安装以及其他工程作业的业务活动，包括工程服务、安装服务、修缮服务、装饰服务和其他建筑服务。

2. 行业特点

建筑业的主要经营方式是建设单位与建筑安装企业通过不同形式建立承发包关系，签订施工合同，按合同要求组织施工。最常见的承包方式分为包工包料、包工半包料及包工不包料；另外，还存在转包、挂靠等多种经营模式，被挂靠企业收取一定比例的管理费。与其他行业相比，建筑行业有其鲜明的特征。主要特点如下：

(1)建筑行业市场准入需要一定条件。承建项目要论证，建筑施工企业要具备与项目要求相应的资质等级，有取得资格证书的专业技术人员，通过投标取得项目施工许可。市场准入门槛较高。

(2)产品生产的品种复杂。建筑企业生产的最终产品其类型、规模、结构、型号、规格等级不相同，要求对不同用途和不同标准的产品单独设计、单独施工、单独定价。建筑企业必须根据这一特点，编制施工图和预算、施工组织设计计划、建筑材料供应计划、劳动力使用计划、施工机械配量计划和资金筹措及使用计划等，周密策划建设产品生产的人、财、物需要量，并按计划、预算、定额、程序对整个施工过程实行监督与控制。

（3）生产的单件性。由于建筑物或构筑物的功能要求不同，所处的自然条件和社会经济条件各异，每个工程都各有独特的工程设计和施工组织设计，产品价格也必须个别确定并单独进行成本核算。

（4）建设工程承揽方式可以是独立承包，也可以共同承包。总承包单位可以将承包工程中的部分工程发包给具有相应资质条件的分包单位，并承担合同约定的连带责任。

（5）施工生产流动性大。生产人员和机具，甚至整个施工机构都要随施工对象坐落位置的变化而迁徙流动，转移地点。承建的工程固定不动，需要按照指定的位置组织施工，组织流动施工特征鲜明。

（6）内部管理规范化程度不同。现在建筑企业发展模式集体化，经营机制市场化，企业管理集约化，一般建筑安装企业实行公司、工区（工程处、分公司）和施工队（项目经理部）三级组织管理模式，规模较小的建筑安装企业实行公司和项目部两级组织管理模式。组织结构普遍分为总公司→分公司（指挥部）→项目部（工程队）三级管理制；或实行公司→项目部（工程队）二级管理制。

（7）建筑项目生产周期长。每一单件产品需要较长的时间，较大工程常以年计，施工准备也需要较长时间。

（8）有部分参考数据。在建筑安装行业，人工费和钢筋、混凝土、地面砖、墙面砖等主要材料的消耗均有定额，其依据是各省、市建设行政管理部门制定印发的《建筑工程量计算规则》《建筑工程消耗量定额》《建筑工程消耗量定额价目表》《建筑工程费用项目组成及计算规则》等文件。

根据行业协会相关数据，在建筑安装工程成本中，人工费约占15%，材料费占60%～65%，机械费用、其他直接费用和间接费用占20%～25%。在材料费中，钢筋的消耗定额可通过查阅发包方向规划部门提交的工程结构施工图中有关项目的配筋图获得，其参考值是七层以下的普通住宅每平方米需钢筋30～35公斤，小高层每平方米需钢筋50～60公斤（见表4－13）。

3. 生产经营流程

一般情况下，投资单位的工程从立项到开始招标，具有建设资质的建筑公司公开投标，竞标成功后，与投资方签订正式施工合同。并且在住建部门办理施工合同备案、施工许可等手续，由质监站统一到工地核实放线开工。施工过程中，由监理单位负责全程监督

表 4－13　　　　　　　　　　建筑业主要指标相关信息表

参考数据名称	区间值或参照值	适用情况
单位建筑面积主要建筑材料单耗	32～35 公斤	七层以下的普通住宅（框架结构）
	36～50 公斤	小高层（框架结构）
	55～70 公斤	12 层及以上高层（框架结构）
	0.26～0.28 方	七层以下的普通住宅（框架结构）
	0.32～0.38 方	小高层（框架结构）
	0.46～0.58 方	12 层及以上高层（框架结构）
	55～60 公斤	七层以下的普通住宅（框架结构、外购混凝土）
	155～170 公斤	七层以下的普通住宅（框架结构、现场搅拌混凝土）
	65～70 公斤	小高层（框架结构、外购混凝土）
	70～76 公斤	12 层及以上高层（框架结构、外购混凝土）
成本拨款率	55%～95%	包工包料、包工半包料、包工不包料
材料占建筑安装工程成本比	60%～65%	包工包料
	50%～55%	包工半包料
人工费用占建筑安装成本比	15%～20%	包工包料
	25%～30%	包工半包料
	70%～85%	包工不包料
机械费用、其他直接费用、间接费用占建筑安装成本比	20%～25%	包工包料
	15%～20%	包工半包料
	15%～30%	包工不包料
3 年以上未核销应收账款占单位工程决算收入比	5%～40%	账外核算
		以物抵债
资质挂靠费率	1%～2%	挂靠施工
毛利率	10%～15%	查账征收
期间费用率	2%～5%	
所得税实际负担率	2.5%～2.64%	
	0.5%～3.0%	查账征收
项目实现税收进度	60%～95%	包工包料、包工半包料、包工不包料
形象进度付款额度	60%～95%	包工包料、包工半包料、包工不包料

工程质量。工程结束，投资方验收合格后，由审计公司出决算报告，双方进行决算。工程项目从筹划到建成投产必须遵循的工作环节及各环节的先后顺序，一般分为决策、设计、准备、施工、竣工验收五个阶段。

（1）决策阶段。建设单位向建设行政管理部门提交项目建议书，进行可行性研究报告，组建成筹建机构，编制工程概算。

（2）设计文件阶段。建设单位通过招标投标或直接委托设计单位编制图纸和说明书，编制工程预算。

（3）建设准备阶段。进行征地拆迁和三通一平，工程地质勘察，组织准备、材料订货，准备施工图纸，组织施工招标投标，择优选定施工单位。采用招标方式确定施工单位的，应向施工单位发放《中标通知书》。

（4）建设实施阶段。施工单位根据设计图纸进行建筑安装施工。

（5）竣工验收，交付使用。工程交工验收，编制竣工决算，处理剩余物资和资金，结束全部基本建设工作。其中，竣工决算综合反映建设成果和财务情况。

同时，建筑企业在承接各项工程作业时，一般把项目部作为基本实施单位，生产经营流程也围绕项目部展开，主要包括“项目考察、公司投标、成立项目部、编制成本计划（预算）、项目实施、项目完工（决算）、项目部解散”七个节点。

4. 财务核算特点

建筑企业在经营管理上的特点，决定了其在财务核算上有不同于其他行业的特点，特别是在成本核算和收入确认上，和产品销售企业有很大的不同。主要特点如下：

（1）分级核算。由于施工现场不断变换，而且较为分散，为避免集中核算造成财务核算与施工生产相脱节，规模大的建筑安装企业一般采用建筑总公司 + 事业部制区域公司 + 项目部三级核算体制，规模小的建筑安装企业一般采用建筑总公司 + 项目部两级核算体制。在分级核算方式下，收入由公司统一核算，成本费用由公司、工区和项目部按照规定的内容和方式分别核算，在公司进行归集。

项目部虽然不是单独的纳税主体，但财务核算类似于一个成本核算中心，独自核算各项目的施工成本，包括项目人工费、材料费、机械费、间接费用、其他费用等，各项目部与建筑企业所有的资金及业务往来通过“内部往来”核算。“内部往来”不属于科目，而是一种业务，具有资产类科目和负债类科目双重性质，其余额在建筑企业会计报表中并入“其他应收款”，或转入“本年利润”体现。

（2）按项目确认收入，归集成本。由于建筑产品具有多样性，施工生产具有单件性，不同产品之间差异大，可比性差，不能根据一定时期内所发生的全部施工生产费用和完成的工程量归集计算各项工程的单位成本，因此建筑安装企业必须按照每项工程分别归集施工生产费用，单独计算每项工程的收入。

在目前的建筑行业中，财务核算一般是按工程项目核算，一个工程一个核算账户。科目有“工程施工”和“工程结算”。工程施工相当于生产企业的“生产成本”科目，主要核算各项目成本及毛利，下面设置“合同成本”和“毛利”两个二级明细科目。所得税收入按工程完工进度确认，而增值税收入，合同约定付款时间的按照合同约定付款时间确认，合同未约定付款时间的，为服务完成的当天确认（依据《营业税改征增值税试点实施办法》第四十五条）。建筑成本包括直接成本和间接成本。直接成本包括人工费、材料费、机械使用费、其他直接费用；期间费用包括管理费用、财务费用、销售费用等。

（3）分阶段进行工程成本核算与工程价款核算。建筑安装企业一般按完成的工程量分期计算工程成本，并与建设单位进行工程价款的中间结算。对于跨年度施工的工程，一般采用完工百分比法分别计量和确认各年度的工程价款结算收入和工程施工费用，以确定各年度的经营成果。

建筑业按工程项目进度采取分期收付款的方式，分期收款通过“预收账款”核算、付款通过“预付账款”核算，按实际取得预收款以及合同约定的价款的当期开具增值税发票，会计上应按照工程进度即完工百分比核算收入和成本，当工程竣工并验收后，应根据验收报告确定最终工程结算价格、收入等，以工程结算总额减去已开具发票金额，结算应开具的发票金额，往往工程的尾款、陈欠较多。

5. 涉税难点

建筑业由于企业数量多，生产规模大小不等，经营方式多元化，施工地点流动变化，建设周期长短不一等特点，造成税务监管难度较大。主要体现在以下方面：

（1）工程项目控管难度大。由于建筑项目生产周期长、工程项目流动分散，建筑企业的各主管部门配合不到位，而且税务机关与住建、规划、审计等部门尚未建立起一套可行的配合、协调机制，相关信息资源也未共享，对建设工程的情况不能及时沟通等原因，给税收管理带来诸多不便。税务机关对建设工程项目立项、中标情况不明，工程开工、进度情况难以掌握。

（2）收入确认监管难。税法规定建筑企业要按照完工进度及时确认收入，但由于建筑企业要缴纳各种名目繁多的保证金，施工合同付款条件苛刻，垫资压力大，工程决算进度慢，拖欠工程款现象严重，不能拖欠农民工工资等原因。导致实际工作中每一个建筑企业都不同程度地存在未按完工进度确认收入的现象，有些项目甚至竣工多年也未确认收入。对工程进度款以外的收入，例如回收的工程“三费”、甲方奖励款、赔偿款、延期付款利息等不确认收入，该结转的不结转，挂在往来科目或者不记账隐瞒收入。

营改增后增值税纳税义务正确的发生时间为：先开具发票的，为开具发票的当天；没有特殊规定的为纳税人发生应税行为并收讫销售款项或者取得索取销售款项凭据的当天。企业所得税收入确认时间按照工程进度确认。而企业在惯有的模式下，往往是收到预收款时两税一起做收入，因收到工程款与实际工程完工进度相比滞后太多，造成企业不能按时确认收入和结转成本，少计增值税和所得税。

建筑企业项目大量存在挂靠或承包的特点，导致财务核算多数很不规范，往往以收到建设单位的工程款作为营业收入，以支付挂靠或承包项目的款项作为营业支出，收入未按税法和会计要求及时予以确认，账面成本与实际发生成本、工程决算不符，出现账面收入和成本与实际收入和成本大相径庭的情况，长期以来，这种行为未得到遏制，成为业内常态。

（3）成本费用监管难。由于建筑企业大多实行项目经理承包制，每个项目部实行独立核算，项目经理为获取最大利益，随意列支成本费用，导致成本费用较高，尤其是虚列各种名目开支如人工费、广告费、业务招待费、借款利息等费用现象严重。部分单位和个人没有施工资质，借用有相关资质的施工企业名义承揽工程，特别是具有一、二类建筑资质企业挂靠现象特别严重。挂靠单位为了最大化收益，会采取各种不合规的办法，如通过购进材料等不索要发票，多列支成本费用少缴税来提高自身收益。由于建筑施工工地多在野外，部分材料供应，尤其砂石等地方材料由当地村民垄断，难以正常取得发票，导致建筑企业买票、找票、取得虚开票现象严重。

建筑企业营改增后老项目采用简易征收方法，新项目采用一般计税方法，包工包料工程实行一般计税方法，包工部分包料、清包工工程也可实行简易征收，由于简易征收项目不需要增值税专用发票抵扣进项税额，容易导致简易征收项目取得的值税专用发票用于一般计税方法项目中抵扣，无论是企业财务人员还是税务机关的管理人员，都很难准确把握取得的增值税专用发票在简易计税方法和一般计税方法项目中的串用抵扣问题。

建筑行业占比较大的是人、材、机三项费用，其中人工占比约20%左右，而这部分无法取得进项税额抵扣，所以在取得人工费发票时，往往会要求人工化整为零开具普通发票。将一项工程分割开具的方法规避了增值税的缴纳，而日常开具发票时手续简化又无从查证业务的真实性，在管理中应结合企业账务实际重点审核临界点代开发票的问题。

（4）跨区域经营监管难。跨地区经营是建筑行业的重要特征，当前增值税采取的是向机构所在地和项目所在地机关申报纳税，建筑作业流动性大，施工复杂，机构所在地无法确切掌握其异地施工进度、财务状况等情况，难以监管到位。同时项目施工所在地的税务机关管理的主动性被削弱，自营改增以来，由原来营业税在项目所在地税务机关代开发票改为企业在机构所在地领票自开，加之当前税控系统项目管理功能尚不完善，加大了两地税务机关的管理难度。

（二）风险特征

建筑行业生产的特殊性主要表现在项目的单件性、流动性和长期性，行业特点加大了税务机关对其的管理难度。建筑行业涉税风险特征主要如下：

1. 未按规定确认应税收入

（1）未按照纳税义务发生时间确认销售额。根据《财政部 国家税务总局关于建筑服务等营改增试点政策的通知》（财税〔2017〕58号文）规定，从2017年7月1日起，建筑业的纳税义务发生时间由收款时变为发生应税行为并收讫销售款项或者取得索取销售款项凭据的当天；先开具发票的，为开具发票的当天。部分纳税人未按合同约定的收款时间确认增值税应税收入，收取工程款项后挂“预收账款”、“应付账款”、“短期借款”、“应收账款”等科目，造成税款延迟申报缴纳。

（2）收取临时设施费、劳保基金、施工机构迁移费、材料差价款、抢工费、全优工程奖和提前竣工奖等，未按规定确认收入。

（3）部分纳税人提供建筑业劳务的同时销售自产货物的行为，未能按照现行增值税政策规定分别核算应税劳务的营业额，未按照规定申报纳税。

（4）部分纳税人未按企业所得税法实施条例的规定，在年度终了按形象进度结转收入。如BT项目，建设周期长、环节多，存在较高的延迟纳税的风险。

2. 隐匿应税收入

（1）以自建自用建筑物名义向关联企业提供建筑劳务，未确认应税收入。

（2）以开发产品、厂房、土地使用权、材料物资等抵偿债务，以及赶工奖、垫资收入的利息等价外费用未计收入。

（3）收取的机械作业收入、材料转让收入、固定资产转让收入等未结转收入。

（4）合同决算环节发包方提供的水电费等成本费用直接冲减收入，差额开票申报纳税。

（5）出租收入、资质管理费等收入项目，未按照规定或错用税目税率申报纳税。

（6）处置抵债资产、边角废料销售收入未做销售。

3. 未按规定结转成本费用

（1）工程成本结转采取暂估成本，对未能及时取得正式发票的工程成本，企业会计处理往往存在暂估成本的做法，具体处理时与税法强调的合法性、真实性原则相悖。

（2）将直接费用和间接费用提前转入工程成本。

（3）擅自缩短临时设施的摊销期，虚增临时设施摊销成本。

（4）虚列耗用材料的单价、数量，将尚未耗用的材料、未取得合理扣税凭证的材料、不属于材料成本、不能税前扣除的其他费用以及取得虚开发票或虚构购进材料业务列入成本，虚增工程成本。

（5）虚列临时性、季节性施工人员工资，虚增人工费用成本。

（6）增值税一般计税与简易计税未按规定分别核算，发票混抵，将简易计税项目取得的专票计入一般计税项目，未按照规定做进项税额转出。

4. 增值税预缴税款处理不正确

建筑企业预缴分为异地预缴和预收款预缴，区分一般计税方法和简易计税方法，采用的预缴率不同，建筑企业存在未按规定的预缴时间、预缴方式以及预缴率缴纳税款，错误填报或未填报增值税预缴税款表及申报表的问题。

建筑企业采用一般计税方法，全额计税，可以凭取得的增值税专用发票抵扣进项税额，不可以再扣除分包款；采用简易计税方法，可扣除支付的分包款但不允许抵扣进项税额，实际中存在采用一般计税方法建筑企业扣除分包款以及采用简易计税方法的企业抵扣进项税额的问题。建筑企业存在为了扩大分包款金额，销售自产货物且负责安装全开成安装服务发票的问题。

5. 未按规定进行进项税额转出

（1）营改增后进项发票的取得不合规，存在取得虚开发票的风险。例如，企业从享受即征即退增值税优惠政策的水泥生产企业和富余票较多的钢材等建筑主材批发企业取得虚开的发票，造成多抵扣进项税。

（2）有简易计税的、集体福利个人消费的，进项税额未准确划分。

（3）与贷款服务相关的各种手续费抵扣进项税额。

（4）存在非正常损失不得抵扣的情况。

6. 企业所得税行业税负不均衡

（1）个别查账征收企业所得税负担率偏低，甚至零税负。

（2）季度预缴税款随意预计税款（如按整数预缴），造成预缴税款的入库不均衡。

7. 未按规定代征和扣缴税款

（1）对外支付的劳务报酬，以代开的发票作为支付依据，未代扣代缴个人所得税。

（2）将高级管理人员、施工人员的工资人为肢解，个人所得税扣缴比例偏低、税收贡献率较低。

8. 发票管理、使用相对混乱

（1）实行“项目经理”管理模式，按项目经理的工程承包款确认工程成本，而不是按工程项目结算书审定的价款或内部结算书作为工程成本，成本票据难以规范。

（2）发票取得不合法，如沙、石、土等大多无法取得发票，采取虚列工资表或以低税负票替代较高税负的发票，造成成本项目上的串混，人为降低税负；发票内容填写不完整、涂改及字迹潦草等，特别是开具发票的日期不填写，引起纳税义务发生时间的确认问题，从而造成滞后申报、占压税款等情况。

（3）向发包方提供虚开的发票，发包方据此虚增固定资产价值或虚增税前扣除额。

9. 税务管理存在薄弱环节

根据国家税务总局公告2017年第11号，市内建筑企业跨区县施工不应预缴税款。但在实际执行过程中，从2017年5月1日起，仍存在市内跨区县预缴增值税的情况。

（三）数据整备

1. 内部数据（见第一节）

2. 外部数据

（1）第三方数据。通过住建、国土等部门，采集建筑企业施工许可证、中标信息等数据。建筑主要监管部门如下：

①建设部门（建设厅、建管局等）：办理施工许可手续、按规定申报。

②安质监站：积极配合安质监站对施工现场的检查和考评，及时整改施工中存在的安全、质量问题，及时做好工程的竣工备案工作。

③技监部门：办理塔吊等特种设备的告知手续，接受技监部门的监督检查，及时整改监督检查中发现的问题。

④市政配套：配合业主办理市政供水供电的手续，主动做好市政供水电接驳。

⑤公安部门：建立综合治理小组，对涉及施工现场的治安、环卫、消防等问题按有关规定进行管理，确保不因上述方面的问题影响工程的顺利进行。

⑥劳动部门：按规定做好劳动保护工作。

⑦环保部门：遵守环保部门规定，治理好扬尘、噪声等问题，接受环保部门的监督，积极配合环保部门对施工现场的考核和检查。

⑧卫生防疫部门：遵守卫生防疫有关规定，及时协调办理各项卫生防疫检查工作。

⑨人防办：人防工程施工完毕后，要及时协调人防部门进行人防验收工作。

⑩市（区）实验室：按规定做好相关材料的送样检测检验及见证取样工作。

（2）互联网数据。通过千里马招标网、中国招标网、全国建筑市场监管公共服务平台等互联网平台，获取企业施工工程信息等数据。

（3）生产经营数据。通过企业资料举证，获取企业分支机构情况表，企业承包项目施工进度明细表，企业成本费用列支明细表，企业其他应收款、其他应付款明细表等生产经营明细数据。通过实地调查，获取工程项目规模、进度合同等生产经营原始数据。

（四）异常判断

1. 基础指标（见第一节）

2. 通用指标（见第一节）

3. 专属指标

结合建筑企业生产经营、财务核算特点，设定建筑业行业专属指标，如表 4 – 14 所示。

表 4 – 14　　建筑行业属性指标相关信息表

指标名称	风险描述	分析思路	涉及税种
简易计税未按规定作进项税额转出风险	进项税额转出比例低于简易计税占总销售额比例，提示风险	核实同时存在一般计税方法和简易计税方法的企业，是否存在将用于简易计税项目的进项发票抵扣后未转出，是否存在同时用于一般计税项目和简易计税项目未按比例划分应抵扣和应转出的进项税额，是否存在先用于一般计税项目后转用于简易计税项目应转出未转出的进项税额	增值税

续表

指标名称	风险描述	分析思路	涉及税种
市内跨区县预缴增值税风险	按照国家税务总局公告2017年第11号，市内建筑企业跨区县施工不应预缴税款	核实企业是否市内跨区县经营业务在当地预缴增值税	增值税
正常申报与预缴申报不一致风险	对比企业在外地预缴总金额与申报扣除金额是否一致，若不一致则可能存在少预缴多扣除的风险	核实企业预缴申报台账信息，核实是否存在少预缴多扣除的风险	增值税
预收账款未按规定缴纳增值税风险	对比企业财务报表预收账款数据与预缴增值税数据，若预缴依据偏低，则提示风险	核实企业预收账款明细账，核实是否足额预缴增值税	增值税
兼营行为少申报增值税风险	对比企业所得税申报销售商品收入是否大于企业增值税申报销售商品收入，若是则可能存在适用低税率少缴增值税风险	核实企业营业收入项目，查看合同及资金流，核实是否为销售商品	增值税
违规转包分包风险	按照建筑法规定，主体部分不得分包或转包，比对企业工程款进销项发票金额，提示风险	按照建筑法相关规定，主体部分不得分包或转包。查看企业中标及分包合同，核实企业是否存在违规分包转包的问题	增值税
动产租赁适用税率错误风险	提取建筑行业纳税人开具销项发票信息，以税收编码和税率不符为预警值，提示风险	核实企业租赁项目是否为有形动产，核实企业租赁业务是否配备操作人员，操作人员工资是否发放，五险、个税是否足额缴纳，若为有形动产且不配备人员，需按照税率差补缴增值税	增值税
违规开具零税率发票风险	提取建筑行业纳税人资产负债表及开具销项发票信息，企业补开0税率发票金额合计若大于企业2016年4月预收账款期末余额，则提示风险	建筑业开具“已申报缴纳营业税未开票补开票”发票金额，若超过2016年4月预收账款期末余额，则可能混淆新旧项目开具发票，少缴增值税，需重点核实留存备查资料	增值税
未按合同进度确认收入	对比企业中标信息、工程施工信息、企业填报信息，对比是否按照纳税义务发生时间确认增值税收入	核实企业签订的施工合同，必要时进行实地核实，确认工程是否达到纳税义务发生时间，是否应当确认收入	增值税
建筑业一般计税项目差额征税风险	建筑业一般纳税人简易计税项目，取得分包款发票后可以冲减计税依据实行差额征收；一般计税项目取得分包款发票后，需要认证抵扣而不执行差额征收。该指标通过分析“服务、不动产和无形资产扣除项目本期实际扣除金额”申报数据，筛选一般计税项目违规执行差额征税的涉税风险	建筑企业一般计税项目取得分包款发票后，需要认证抵扣而不执行差额征收。通过查看《增值税纳税申报表附列资料（一）》第4B栏第12列“服务、不动产和无形资产扣除项目本期实际扣除金额”申报数据，此处应为0，如果此处有数据，则存在违规抵扣增值税风险	增值税

续表

指标名称	风险描述	分析思路	涉及税种
报验户未预缴增值税风险	报验户应按规定在建筑服务发生地主管税务机关预缴增值税、企业所得税，存在未及时预缴或不缴、少缴增值税、企业所得税的风险	重点核实企业是否确有施工保验，是否未按规定预缴增值税、企业所得税	增值税、企业所得税
整数预缴企业所得税风险	多次整数预缴企业所得税，则可能存在虚假申报，提示风险	重点核实企业营业收入账目，查看企业是否按照规定确认收入预缴企业所得税	企业所得税
违规列支风险	有一般计税项目申报收入，但未取得地材发票或地材发票金额占比明显偏低，提示风险	核实企业成本账目支出的真实性，重点核实三流情况	企业所得税
未按施工进度确认收入风险	建筑企业年末应根据施工进度调整企业所得税收入，若企业未填报按权责发生制纳税调整明细表，则提示风险	对比企业施工信息、合同信息等，必要时进行实地核实，核实企业是否按照形象进度确认收入	企业所得税
人工成本占比异常风险	企业申报工资薪金＋取得劳务费发票数据，视为总人工成本，分析其占企业总成本费用比例	包工包料人工成本为20%～30%；包工半包料人工成本为30%～40%；包工不包料人工成本为70%～80%。查看企业签订的建筑安装合同，核实人工成本支出的合理性、真实性	企业所得税
暂估入账的原材料、工程物资成本、劳务成本，税前未做纳税调整风险	企业支付了工程款、原材料采购款和劳务款未及时取得发票，成本按合同或预算暂估入账，在汇算清缴前未取得发票，未按规定进行纳税调整	核查企业“应付账款”、“工程施工”科目，审查工程款、购货款和劳务款有无采取暂估入账，企业所得税汇算清缴未按规定进行纳税调整的情形	企业所得税
境外施工项目收入核算不准确的风险	建筑企业境外工程项目所得未进行纳税申报，或并入境内项目一并申报，可能存在的税收风险：一是未按时依法申报境外所得，少缴、延迟缴纳企业所得税；二是境外亏损延期申报，延长了亏损弥补期；三是不分国别核算，用境内所得弥补境外亏损，少缴企业所得税	查看企业所得税年度纳税申报“境外所得税收抵免明细表”等附表，填报项目金额是否为零；核对商务部门“走出去”企业登记数据、“走出去”企业税收管理台账，掌握企业境外承包工程开工时间和工程进度情况	企业所得税
支付劳务报酬未按规定代扣个税风险	对比企业取得的劳务费发票和个税扣缴申报记录，若劳务报酬扣缴依据低于劳务费发票金额，则提示风险	对比金额差距，核实企业签订的劳务合同和资金转账记录，核实企业是否未足额履行代扣代缴义务	个人所得税

续表

指标名称	风险描述	分析思路	涉及税种
项目负责人个税风险	重点分析项目负责人个税申报情况	核实工资表、补贴发放、资金流水等情况，重点核实项目负责人个税是否足额申报	个人所得税
建安合同未足额申报印花税风险	对比企业三年建安费增值税申报收入与印花税计税依据是否一致，若印花税依据低，则提示风险	查看企业签订的建安施工合同，核实企业是否少缴印花税	印花税
不应跨区域预缴增值税致少缴城建税风险	市内跨区县经营不应预缴增值税，而两地城建税税率可能不一致会导致企业少缴城建税	重点核实企业市内跨区县经营是否预缴增值税，两地城建税税率是否一致，是否导致少缴城建税	城建税及附加税
房屋等抵债未计收入的风险	工程竣工验收后，施工企业收到甲方冲抵工程款的房屋建筑物等固定资产，直接冲减往来款项，未做收入，存在少缴增值税、企业所得税、城镇土地使用税、房产税、契税、印花税的风险	审查工程合同中约定的工程款实际收款情况，通过企业“应收账款”、“其他应收款”、“固定资产”等科目，结合相关凭证，查看未收工程款如何进行处理。比对企业所得税年度申报表附表“房屋建筑物”与房产登记的房屋原值，看企业是否有少计房产税的情形。查看“管理费用”“应交税费”科目及其二级明细科目并审查工程合同	增值税、企业所得税、印花税、城镇土地使用税、房产税、契税

（五）风险分析方法

指标1：增值税一般纳税人低税负

（1）风险描述。增值税一般纳税人低税负预警对象是状态为开业的增值税一般纳税人，预警内容包括税额为0和税负低于行业税负预警线两部分，低税负预警筛选可能存在不计少计销售收入、申报不实或虚抵进项的风险。

（2）数据来源。数据主要取自增值税一般纳税人申报信息。

（3）计算口径。

销售额：按适用税率征税销售额、按简易征收办法征税销售额、免税销售额之和；应纳增值税额：按增值税申报表主表第24栏应纳税额额合计；税负率 = 应纳增值税额/应税销售额 ×100%。按“税额为0”和“税负低于行业税负预警线”所列顺序确定异常户数优先级。

（4）分析思路。通过账务审核分析落实是否存在少计不计收入问题。

①分析“预收账款”、“主营业务收入”、“应交税费”等科目，审核是否将收到的预收账款及时申报增值税，有无延迟申报或不申报的问题。

②分析“盈余公积”、“本年利润”、“利润分配”等所有者权益类项目，审核有无将应税收入直接计入所有者权益的情况。

③分析应付账款、其他应付款、营业外收入、营业外支出、原材料、银行存款和现金账，审核是否存在价外收费挂账不做收入、销售多余建材不做收入问题。

④分析银行存款、现金、营业外收入、营业外支出账，审核企业由于工程质量问题向建设单位支付的罚款以及因延误工期造成的损失，是否违反规定冲减工程收入。

为进一步落实纳税人通过不入账方式少计不计收入问题，在审核账务不能解除风险情况下，应结合纳税人建造合同、三方信息等建筑业必备资料进行审核。

①核实施工单位工程量及预算造价。将利润表主营业务收入与增值税纳税申报表及有关发票、收款单据、工程决算书等进行核对，查看有无漏项或故意隐瞒的问题，根据合同规定的完工进度，有无少转或不及时结转工程结算收入问题。

②核实收入确认时间。审核纳税人有无推迟确认纳税义务发生的时间。审核时，应将“建造合同收入”、“应付账款”、“预收账款”等与建筑安装工程合同对照审核，必要时，应到施工现场，实地核查工程进度，审核纳税人有无不按工程合同规定的价款结算办法确认收入实现时间，延迟缴纳税款的现象。

③核实是否发生价外收费未做收入。审核《建设工程施工合同》以及变更和附加协议的奖励赔偿等条款与会计账簿，审核企业是否存在向建设单位收取抢工费、全优工程奖、提前竣工奖以及临时设施费、机构迁移费等，未进行纳税申报的问题。

④以提供劳务换取非货币资产是否按规定确认收入。

⑤有无将已完工工程的收入继续挂在往来账户上，而不结转工程结算收入。

⑥通过出租合同审核，查看施工单位设备是否有出租情况，取得租赁收入是否未进行纳税申报。

⑦通过《建筑工程消耗量定额》《建筑工程消耗量定额价目表》，审核施工单位完工后，是否结余余料或残料，从而判断变价收入是否进行纳税申报。

指标2：存货扣税比

（1）风险描述。存货扣税比，是指企业在一定会计期间内所认证抵扣的存货类进项税额与其当期存货增加额的比率。它反映纳税人取得抵扣凭证的充分度以及生产附加值的高低。现行政策规定，建筑行业取得进项税税率构成中，建筑材料钢材、管桩、门窗、装饰材料等购进税率为13%、商砼、砖瓦购进目前一般可取得3%抵扣、考虑到营改增后建筑业对抵扣进项的需求，有可能催生劳务派遣方式取得建筑人工进项6%（简易计税5%）发票，绿化施工工程有可能取得或自行开具9%税率（抵扣率）的增值税发票（农副产品收购凭证），综合测算建筑行业存货扣税比上限为9%（待进一步实践测算）。

按半年筛选存货扣税比高于9%的企业，该类企业很可能存在虚增进项税额、未按规定转出进项税额，或者存在发生视同销售或非货币性交易未计收入、期末存货数据不实等问题。

（2）数据来源：

①进项税额，分月取增值税一般纳税人申报表主表第12行“进项税额”第1列“本月数”；

②进项税额转出，分月取增值税一般纳税人申报表主表第14行“进项税额转出”第1列“本月数”；

③一般计税销售额，分月取《增值税纳税申报表》主表第1行“按适用税率征税销售额”第1列“本月数”；

④期初存货余额，取上年末资产负债表“存货/年末余额”；期末存货余额，同样取测算截止期“年末余额”栏；

⑤主营业务收入，取测算期利润表（05版）第一行“主营业务收入/本年累计数”（07版利润表取第一行“营业收入/本期金额”）；主营业务成本，同样取利润表（05版）第二行“主营业务成本/本年累计数”（07版利润表取第二行“营业成本/本期金额”）。

（3）计算口径。为便于表述，把“增值税进项税额－进项税额转出－固定资产扣税额－无形资产扣税额”表述为“存货类进项税额”。同时，为了从主营业务收入中剔除掉简易征收和免税销售额，同时把视同销售以及销售原材料的存货出库成本吸纳进来，引入“一般计税销售额占比”概念：

一般计税销售额占比＝一般计税销售额÷主营业务收入×100%

①一般计税销售额占比小于或等于100%时（小于100%，表明有简易征收或免税收入）：

存货扣税比＝存货类进项税额÷［（期末存货余额－期初存货余额＋当期主营业务成本）×应税销售额占比］×100%

②当一般计税销售额占比大于100%时（表明有视同销售或销售建材类材料收入）：

存货扣税比＝存货类进项税额÷［（期末存货余额－期初存货余额＋当期主营业务成本）×一般计税销售额占比］×100%

（4）分析思路：

①对于资产负债表中“存货”栏，本年期初存货余额与上年期末存货余额不衔接一致（一般是减少）的，应核查企业存货的真实性及其去向，落实是否存在人为“甩库”情况。

②对于虚增进项税或未按规定转出进项税问题，应首先通过查看纳税人预警期内“应交税费——应交增值税明细账”摘要栏，看数额较大进项税额是否都与企业正常经营活动有关联；落实转出进项税额所涉及的会计事项，审核转出是否正确、充分等。

③存货出库未计税的风险应对，按照企业资产负债表中“存货”项目所对应会计科目要素，重点审核建筑业开发产品、开发成本或建材类明细账的较大数额贷方（或红字借

方）出库数，看其对应借方会计科目是否都按规定计入“主营业务成本”、“开发产品”、“其他业务成本”等正常对应科目，看是否存在以货抵债、以货投资、以货分红、福利分配以及用于非应税项目或者非正常损失未按规定转出进项税额等问题。

指标3：建筑安装企业混淆适用税率风险

（1）风险描述。建筑安装企业同时存在生产销售货物业务，企业可能存在混淆混合销售适用税率的情况；也有可能企业对货物销售和安装服务分开核算，但是在合同中，故意压低货物销售金额而提高安装服务的金额，从而达到少缴税款的目的。

（2）风险分析。通过筛选行业同时存在“制造业”、“商业”和“建筑业”的纳税人。在上述纳税人中，通过增值税发票电子底账系统提取货物生产销售业务和建筑安装业务受票人一致的纳税人清单，提取货物生产销售业务和建筑安装业务受票人不一致的纳税人清单，分别计算销售价格。

①筛选受票人一致的货物销售平均单价低于受票人不一致货物销售平均单价20%的纳税人名单，作为疑点纳税人预警。

②营改增前行业属于17%税率，营改增后申报收入全部为9%税率，且申报收入大于100万元的。

（3）分析思路：

①针对情况一，要求企业提供合同，查看合同中货物销售额，与企业同类产品同期销售价格进行比较，看是否明显偏低。

②针对情况二，通过查看合同和相关账务资料，核实企业是否存在将货物销售并入安装服务，仅按照9%开票的行为。

指标4：增值税申报销售额与预收款比对异常

（1）风险描述。建筑业纳税人申报销售额由按完工进度确认收入部分和预收款组成，通过增值税申报销售额与预收款比对，防范建筑业预收款不按规定申报增值税的风险。

（2）数据来源。获取评估期间利润表“营业收入”本期数各月之和。

获取资产负债表的预收账款评估期间始、末期末余额，测算评估期间资产负债表“预收账款”期末余额差额。

获取“增值税纳税申报表附列资料（一）”第4行第11列一般计税价税合计数。

获取“增值税纳税申报表附列资料（一）”第9b行第11列简易计税价税合计数。

（3）计算口径：

测算应申报增值税收入＝资产负债表“预收账款”期末余额－期初余额＋利润表“营业收入”本期数各月之和；

实际申报增值税收入＝一般计税价税合计＋简易计税价税合计

对应申报增值税收入与实际申报增值税收入进行比较，实际申报增值税收入小于测算应申报增值税收入且差额 10 万元以上的纳税人，作为疑点纳税人预警。

（4）分析思路。通过查看“预收账款”账簿明细，与“主营业务收入”账簿明细核对，核实企业工程款是否按规定申报。

指标 5：建筑业差额扣除额与取得的增值税发票金额比对异常

（1）风险描述。建筑业差额扣除申报不实造成少计或迟计增值税，虚增成本多列扣除金额。

（2）数据来源。从分包方取得的发票金额：从增值税发票电子底账系统或发票管理系统提取评估期购货方企业货物或应税劳务、服务名称代码为建筑服务代码的增值税发票金额；本期实际扣除金额：《增值税一般纳税人申报表》（附表 3）3% 征收率第 6 行第 3 列本期发生额累加之和。

（3）分析思路。查看企业本期取得的增值税专用发票和普通发票，将增值税发票电子底账系统本期取得发票金额与企业申报数据进行对比，查找差异原因。

指标 6：建筑工程企业购进建筑材料占比过高

（1）风险描述。建筑工程企业建筑材料耗用与其销售收入存在着相对固定的对应关系，单位收入耗用建筑材料大致相同。通过对建筑材料与收入比较分析，能有效防范建筑工程企业利用虚开建筑材料专用发票虚抵进项税额，少缴增值税；利用简易计税项目取得的建筑材料专用发票用于一般计税方法项目进项抵扣。

（2）数据来源：

①通过建筑施工合同确定工程项目是全包、半包、清包还是甲供工程，然后进一步确定建筑材料的抵扣比例。

②根据附表（一）第 4 栏第 9 列和第 12 栏第 9 列计算评估期内一般计税和简易计税方法下的累计销售收入，从而得出评估期内建筑工程企业申报的销售收入。

③根据增值税发票信息将评估期内购进的品名包含“钢材”、“混凝土”、“水泥”、“砌块”、“门窗”等货物或应税劳务、服务代码进行归集，从而得出“评估期内建筑材料的购进金额”。

（3）计算口径。计算“评估期内建筑材料的购进金额”与“评估期内建筑工程企业申报销售收入”的比值。

异常判断：当期全包建筑工程企业购进建筑材料发票金额占企业当期申报销售收入比例大于 60%。通过建筑工程造价指标汇总分析，测算建筑工程企业建筑材料占收入的比例，如果评估所属期内建筑工程企业购进建筑材料进项发票金额大于企业当期申报销售收入 60%，可能存在虚开虚抵进项税额、混抵进项税额问题。

指标 7：企业所得税贡献率偏低

（1）风险描述。所得税贡献率即工程结算收入所得税负担率。通过企业贡献率与行业贡献率的对比，筛选出建筑行业纳税人所得税贡献差异率小于 2% 的为企业所得税贡献率偏低，可能存在不计或少计主营业务收入、多列成本费用、扩大税前扣除范围等风险。

（2）数据来源：

①“应纳所得税额”取自《中华人民共和国所得税年度纳税申报表（A 类）》（A100000 表）第 31 行实际应纳所得税额。

②“营业收入”取自《中华人民共和国所得税年度纳税申报表（A 类）》（A100000 表）第 1 行营业收入。

（3）计算口径：

企业所得税分行业贡献率 = ∑应纳所得税额 ÷ ∑营业收入 ×100%

企业所得税贡献率 = 企业应纳所得税额 ÷ 企业收入总额 ×100%

所得税贡献差异率 =（企业所得税贡献率 − 行业所得税贡献率）÷ 行业所得税贡献率 ×100%

（4）分析思路：

①审核工程施工账、库存材料账、往来账、银行存款账、现金账及原始凭证，结合分包合同，梳理还原物流、资金流，落实纳税人有无串通承包方虚构业务虚增成本风险。

②结合施工工程等项目数据，审核监理月报、工程计量单、已完工工程的审计报告等资料，根据注明的已完工工程量、未完工程量以及预算成本、实际发生的成本，计算确定本期已完工程实际成本，核实有无将未完工程成本结转到已完工工程成本的问题；审核跨年度施工工程是否按照权责发生原则、相关性原则、配比原则，按项目、分年度归集收入和成本费用。

③根据企业提供和掌握的行业劳动定额、材料消耗定额、机械设备费用定额等标准，审核实际消耗与消耗定额的差距，核实有无虚列材料成本的情况。

④审核支付的人工费占工程成本的比例，通过劳资部门的职工名册、参加养老保险、失业保险人员名单及考勤记录，确定企业职工真实人数，与支付工资明细表核对，审核是否存在虚列人员工资问题。

对人工费比例偏高的，进一步采集审核工资表，看领取人签字是否频繁出现相同笔迹。企业提供用工合同及相关人员的身份证，对相关人员进行调查，核实笔迹和领取金额，核实是否存在虚列人工费问题。

⑤审核“专项储备”科目发生额及贷方余额，结合申报资料落实有无提取建筑业安全生产费用未按规定进行纳税调整。

⑥审核企业是否将资金用于投资者个人消费性支出或财产性支出。

⑦审核利息支出。

第一，企业向金融机构以外的无关联的单位、自然人借款支出是否取得相应的发票，是否高出国家规定的金融机构贷款利率，高出部分是否进行了纳税调整。

第二，企业为购置建造固定资产、无形资产或者开发期间发生的利息支出是否资本化。

第三，从关联方接受的债权性投资和权益性投资的比例是否超过标准，不超过标准是否超过金融机构同类同期利率。审查企业成立章程、合同等，确认企业间是否存在关联关系；核查借款合同，确认双方是否存在关联关系。

第四，公司将银行借款无偿转借他人，是否按银行同期贷款利率核定其转借收入。

指标8：取得增值税普通发票异常

（1）风险描述。针对取得代开普通发票异常行为进行监控分析，对可能存在的未按规定取得的发票，或企业所得税纳税人违规列支成本费用行为进行预警。反映可能存在取得代开普通发票实际业务不符问题；企业所得税纳税人可能存在违规列支成本费用，少缴企业所得税税款问题。

（2）风险分析。通过系统查询购方为目标公司的普通发票信息，对一般纳税人建筑企业取得普通发票单季度金额占所有发票金额10%以上的进行筛选预警。

（3）分析思路：

①根据纳税人取得的异常发票涉及的购进业务资金流和物流，审核物流（施工服务）资、金流是否一致。

②对取得异常发票为固定业户的，通过风险管理系统对纳税人取得发票进行发票开具链条分析，通过上游企业发票取得的分析，判断落实异常发票业务的真实性。

③对取得的代开分包发票或材料购进发票异常的，在本地的通过代开发票所在办税服务厅审核发票代开者预留信息，与纳税人账务核算信息比对，进一步落实异常发票业务真实性。

（六）典型案例

某建设集团有限公司税收风险分析应对案例

建筑行业作为区域经济的龙头行业，在国民经济中有着举足轻重的地位。建筑行业生产的特殊性主要表现在项目的单件性、流动性和长期性，行业特点加大了税务机关对其的管理难度。自2016年5月起，建筑行业全面实施营改增税制改革，为加强该行业税收管理提供了契机。针对建筑企业账面核算不实、明亏实盈等比较突出的问题，在企业汇算清缴期结束后，对资质较高、规模较大、外出施工项目较多的“某建设集团有限公司”开展了联合风险管理，以期通过评析一户摸清行业基本状况，为加强该行业的税收管理打下坚实的基础。

一、企业基本情况

某建设集团有限公司创建于1958年，经过半个多世纪的发展，现已成为一家以建筑安装施工、市政基础设施建设为主营业务，融房地产开发、投资等多元化经营为一体的现代企业集团。注册资本40.09亿元，员工2200余人。

公司具有建筑工程施工总承包特级资质，市政公用工程、机电工程2个施工总承包壹级资质，钢结构工程、建筑装修装饰工程、建筑机电安装工程、地基基础工程、消防设施工程、建筑幕墙工程、防水防腐保温工程、特种工程8个专业承包壹级资质，桥梁工程、隧道工程、古建筑工程、城市及道路照明工程等4个专业承包贰级资质。

公司具有对外承包工程及劳务合作经营权，先后参加了蒙古、塞内加尔、泰国、越南、阿富汗等9个国家的工程建设。截至2016年年底，公司在建工程项目110多个。2014年完成产值48.3亿元，纳税总额2.01亿元，2015年完成产值54.6亿元，纳税总额2.12亿元，2016年完成产值56.7亿元，纳税总额2.23亿元。

二、风险分析

通过分析，发现企业可能存在下列风险疑点：

该企业下设幼儿园、职工医院、市政分公司、第一分公司、海外建设公司等19家内设机构，置业公司、物业管理公司、装饰公司、混凝土公司等13家子公司，企业有可能存在关联企业之间业务往来未按照独立企业交易原则核算的税收风险。

企业“无形资产”账载金额10.09亿元，通过第三方查询，企业有多块土地使用权储备，在房地产市场火热的今天，有可能存在企业转让土地收益未及时确认收益，少缴相关税费的风险。

企业在建施工项目110多个，有可能存在未按税法规定按工程进度确认收入的税收风险。

该企业在建工程项目较多，而企业员工仅有2200人，肯定大量存在工程分包、转包的现象，对企业收取的分包、转包费有可能存在未及时入账，少缴相关税费的风险。

有可能存在列支成本费用不真实，所附票据不符合规定的风险。

企业2016年账载海外施工收入金额仅为578万元，有可能存在境外所得未按时依法申报造成少缴、延迟缴纳企业所得税的风险。

三、风险判断及处理

（一）增值税

1. 未按税法规定确认工程施工收入

风险描述：经查看企业账簿、凭证、合同和在建工程项目“工程进度（月度）结算单”，发现该企业存在未严格按照税收法律、法规规定确认工程施工收入的税收风险。如：某快速路项目部合同价款3.34亿元，该项目已于2016年3月完工，企业账簿确认工程施工收入 3.11 亿元，少确认收入 0.23 亿元；正在建设的“某路东延线”项目部截至 2016 年 12 月，根据“工程进度（月度）结算单”显示，累计完成工程进度 1.88 亿元，而企业按开票金额确认工程施工收入 1.56 亿元，少确认收入 0.32 亿元。

政策依据：《中华人民共和国增值税暂行条例》（国务院令第 691 号修订）第十九条。

2. “营改增”后收取分包管理费未按规定计提增值税

风险描述：企业在 2016 年 5 月 1 日实行“营改增”后，收取分包工程管理费直接冲减“工程施工”成本，未按规定计提增值税。如一分公司 2016 年 5—12 月共分 6 笔收取分包工程管理费 836464.39 元，未计提增值税。

政策依据：《关于全面推开营业税改征增值税试点的通知》（财税〔2016〕36 号）附件 1 第三十七条。

3. 处理使用过固定资产未按规定计提增值税

风险描述：该企业机关 2016 年 1 月凭证显示该企业处置车辆收取现金 5.7 万元，5 月凭证显示，处置车辆抵分红款 6 万元，未按规定计提增值税。

政策依据：《财政部 国家税务总局关于全国实施增值税转型改革若干问题的通知》（财税〔2008〕170 号）、《国家税务总局关于部分货物适用增值税低税率和简易办法征收增值税政策的通知》（财税〔2009〕9 号）、《财政部 国家税务总局关于简并增值税征收率政策的通知》（财税〔2014〕57 号）。

4. 转让土地使用权未及时确认收益

风险描述：该企业于 2014 年 8 月与“某城市开发建设投资有限公司”签订了连片改造合作协议，企业以 116 亩土地交由对方开发，置换商业写字楼及临街商铺 65000 平方米。机关 2016 年 12 月凭证显示，连片改造安置商业写字楼暂估入账 2.68 亿元，减少“无形资产——土地使用权”1.21 亿元，增加“资本公积——其他资本公积”1.47 亿元，未确认转让相关土地使用权收益。

政策依据：《关于全面推开营业税改征增值税试点的通知》（财税〔2016〕36 号）附件一第一条、第十五条。

5. 处置边角废料未计收入，少缴增值税

风险描述：通过核查企业“某快速路项目部”和“某路东延线项目部”账簿、凭证，均未发现企业有处理边角废料收入，经询问项目负责人，承认有处理边角废料收入未入账的问题，大致金额 4.5 万元。

政策依据：《中华人民共和国增值税暂行条例》（国务院令第 691 号修订）第一条、《中华人民共和国增值税暂行条例实施细则》（财税〔2008〕50 号）第三条。

（二）企业所得税

1. 未按税法规定确认工程施工收入

风险描述：经查看企业账簿、凭证、合同和在建工程项目“工程进度（月度）结算单”，发现该企业存在未严格按照税收法律、法规规定确认工程施工收入的税收风险。如：某快速路项目部合同价款3.34亿元，该项目已于2016年3月完工，企业账簿确认工程施工收入3.11亿元，少确认收入0.23亿元；正在建设的“某路东延线”项目部截至2016年12月，根据“工程进度（月度）结算单”显示，累计完成工程进度1.88亿元，而企业按开票金额确认工程施工收入1.56亿元，少确认收入0.32亿元。

政策依据：《中华人民共和国企业所得税法实施条例》（国务院令第512号）第二十三条。

2. 境外施工项目收入核算不准确，未及时进行纳税申报

风险描述：经核对该企业在商务部门“走出去”企业登记数据和《“走出去”企业税收管理台账》，了解到企业2016年在泰国、越南境外承包工程进度收入应为4827万元，有4249万元未申报收入。

政策依据：《中华人民共和国税收征收管理法》第二十五条。

3. 转让土地使用权未及时确认收益

风险描述：该企业于2014年8月与“某城市开发建设投资有限公司”签订了连片改造合作协议，企业以116亩土地交由对方开发，置换商业写字楼及临街商铺65000平方米。机关2016年12月凭证显示，连片改造安置商业写字楼暂估入账2.68亿元，减少“无形资产——土地使用权”1.21亿元，增加“资本公积——其他资本公积”1.47亿元，未确认转让相关土地使用权收益。

政策依据：《中华人民共和国企业所得税法》（主席令第63号）第四条。

4. 处置边角废料未计收入，少缴企业所得税

风险描述：通过核查企业“某快速路项目部”和“某路东延线项目部”账簿、凭证，均未发现企业有处理边角废料收入，经询问项目负责人，承认有处理边角废料收入未入账的问题，大致金额4.5万元。

政策依据：《中华人民共和国企业所得税法》（主席令第63号）第六条。

5. 税前列支未实际支付款项的风险

风险描述：该企业下属第一分公司2016年5月凭证显示，企业按照工程进度和实际发生量结转个人劳务成本192.7万元，但后附发票金额为90万元，差额2.7万元，没有及时冲减劳务成本。

政策依据：《中华人民共和国企业所得税法》（主席令第63号）第八条。

6. 列支与生产经营无关支出

风险描述：该企业机关2016年1月凭证显示，“职工福利费”列支退休职工春节福利费26.36万元。

政策依据：《中华人民共和国企业所得税法》（主席令第63号）第十条、《中华人民共和国企业所得税法实施条例》（国务院令第512号）第二十七条。

7. 工程施工成本中列支业务招待费，税前未做纳税调整

风险描述：该企业在工程施工成本中列支烟、酒3.8万元等属于业务招待费性质的支出，未在税前作纳税调整。

政策依据：《中华人民共和国企业所得税法实施条例》（国务院令第512号）第四十三条。

8. 职工工会经费的税前扣除不符合规定

风险描述：该企业2016年计提工会经费期末贷方余额92.3万元，在次年汇算清缴期前，一直未拨缴，未作纳税调整。

政策依据：《中华人民共和国企业所得税法实施条例》（国务院令第512号）第四十一条、《国家税务总局关于工会经费企业所得税税前扣除凭据问题的公告》（国家税务总局公告2010年第24号）、国家税务总局关于税务机关代收工会经费企业所得税税前扣除凭据问题的公告》（国家税务总局公告2011年第30号）

（三）个人所得税

指标名称：离退休人员从原任职单位取得的退休工资或养老金以外各类补贴、奖金、实物，未按规定代扣代缴个人所得税。

风险描述：2016年1月、2月凭证显示，该企业支付离退休人员慰问费、春节福利费共57.6万元，未按规定代扣代缴个人所得税。

政策依据：《国家税务总局关于离退休人员取得单位发放离退休工资以外奖金补贴征收个人所得税的批复》（国税函〔2008〕723号）第二条。

（四）土地增值税、契税、印花税等

指标名称：转让土地使用权未及时确认收益。

风险描述：该企业于2014年8月与“某城市开发建设投资有限公司”签订了连片改造合作协议，企业以116亩土地交由对方开发，置换商业写字楼及临街商铺65000平方米。机关2016年12月凭证显示，连片改造安置商业写字楼暂估入账2.68亿元，减少“无形资产——土地使用权”1.21亿元，增加“资本公积——其他资本公积”1.47亿元，未确认转让相关土地使用权收益，存在少缴增值税、企业所得税、城建税及教育费附加、土地增值税、契税、印花税等风险。

政策依据：《中华人民共和国城市维护建设税暂行条例》（国发〔1985〕19号）第三条、《国务院关于修改〈征收教育费附加的暂行规定〉的决定》（国务院令第448号）第三条、《中华人民共和国土地增值税暂行条例》第二条、《中华人民共和国印花税暂行条例》。

三、金融业

（一）银行业行业概述

1. 行业概况

银行业，在我国是指中国人民银行，监管机构，自律组织，以及在中华人民共和国境内设立的商业银行、城市信用合作社、农村信用合作社等吸收公众存款的金融机构、非银行金融机构以及政策性银行。

银行是经营货币的企业，它的存在方便了社会资金的筹措与融通，它是金融机构中非常重要的一员。银行的业务，一方面，它以吸收存款的方式，把社会上闲置的货币资金和小额货币节余集中起来，然后以贷款的形式借给需要补充货币的人去使用；充当贷款人和借款人的中介。另一方面，银行为商品生产者和商人办理货币的收付、结算等业务，它又充当支付中介。总之，银行起信用中介作用。

商业银行的基本职能包括：信用中介、支付中介、信用创造、金融服务。本书主要以商业银行为代表进行介绍。

2. 行业特点

商业银行由国家特许成立，发放银行经营许可证的部门是国务院银行业监督管理机构，首先由申请人提出申请，然后由有关部门予以审查。

商业银行是银行的一种类型，是通过存款、贷款、汇兑、储蓄等业务，承担信用中介的金融机构。主要的业务范围是吸收公众存款、发放贷款以及办理票据贴现等。商业银行具有以下特点：

（1）商业银行是企业，拥有法人地位，具有企业的一般特征，如：必须具备业务经营所需的自有资本，并达到管理部门所规定的最低资本要求；必须照章纳税；实行自主经营、自担风险、自负盈亏、自我约束；以获取利润为经营目的和发展动力。

（2）商业银行是金融企业。商业银行的经营对象不是普通商品，而是货币、资金，商业银行业务活动的范围不是生产流通领域，而是货币信用领域，商业银行不是直接从事商品生产和流通的企业，而是为从事商品生产和流通的企业提供金融服务的企业。

（3）商业银行是特殊的银行。商业银行作为特殊银行，首先，在经营性质和经营目标上，商业银行与中央银行和政策性金融机构不同。商业银行以营利为目的，在经营过程中讲求营利性、安全性和流动性，不受政府行政干预。其次，商业银行与各类专业银行和非银行金融机构也不同。商业银行的业务范围广泛，功能齐全、综合性强，尤其是商业银行能够经营活期存款业务，它可以借助于支票及转账结算制度创造存款货币，使其具有信用创造的功能。

（4）一般的商业银行没有货币的发行权，商业银行的传统业务主要集中在经营存款和贷款业务。

3. 生产经营流程

银行业提供的货币银行服务，主要业务为负债业务、资产业务、中间业务。主要经营流程如下：

（1）负债业务。是商业银行通过对外负债方式筹措日常工作所需资金的活动，是商业银行资产业务和中间业务的基础，主要由自有资本、存款和借款构成。

自有资金是指商业银行拥有所有权的资本金。主要包括股本金、储备资本以及未分配利润。其中，股本金是银行成立时发行股票所筹集的股份资本；储备资本即公积金，主要是税后利润提成而形成的，用于弥补经营亏损的准备金；未分配利润是指经营利润尚未按财务制度规定提取公积金或者分利处置的部分。

存款业务的流程是开户、存款、取款。存款按存质可划分为活期存款、定期存款、储蓄存款和通知存款等；按长短可划分为短期、中期、长期存款；按存款的经济来源可划分为工商业、农业、财政性、同业存款等。

借款负债业务的流程是通过票据的再抵押、再贴现、再贷款方法从中央银行借入临时性借款和通过同业拆借市场向其他银行借入短期资金。

同业拆借的拆入和拆出是银行与其他金融机构之间的临时性借款，用于支持银行资金周转、弥补银行暂时的头寸短缺，期限较短（不超过一年），无担保，该业务需要在全国银行间同业拆借中心的电子交易系统、中国人民银行分支机构的拆借备案系统、中国人民银行认可的其他交易系统等全国统一同业拆借网络中进行。

发行债券是金融企业通过发行长期次级债券、混合资本债券、金融债券等各类债券来借入资金。

（2）资产业务。是商业银行将其吸收的资金贷放或投资出去赚取收益的活动。商业银行的资产业务一般由以下构成，其中以贷款和投资最为重要。

储备资产是银行为应付存款提取而保存的各种形式的支付准备金的总称。储备资产包括库存现金、交存中央银行的存款准备金、存放在同业的存款、托收未达款项和托收中现金以及坏账准备金等。

贷款业务是银行与借款人签订借款合同，将货币资金支付给借款人，借款人按合同约定的利率和期限还本付息。包括信用和担保贷款、票据贴现、保理业务、贸易融资等。

信用贷款（包括外汇转贷）是借款人无需提供担保，凭借良好的信誉，得到银行发放的贷款。担保贷款是借款人需要以某些特定的财产或信用作为还款保证的贷款。

票据贴现是指票据持有人将持有的未到期票据转让给银行，由银行按票面值和贴现利率扣除贴现日至票据到期日的利息后，将票面余额支付给票据持有人，待票据到期后，金融机构按票面价值向出票人兑取现款。

保理业务是卖方（国内供应商）将其与买方（债务人）订立的销售合同所产生的应收账款转让给商业银行，由商业银行向其提供应收账款催收、应收账款管理、坏账担保或保理融资中一项或多项服务。

贸易融资，是指银行对进口商或出口商提供的与进出口贸易结算相关的短期融资或信用便利。比如，出口押汇业务是出口商将境外开具的信用证向银行抵押，银行以信用证开具的数额扣除利息后，将余款转入出口商账户。

投资业务是在全国银行间同业市场与其他成员以合同或协议的方式，按一定的价格买入证券，到期日再按合同或协议规定的价格卖出该批证券，以获取买入价与卖出价的差价收入或持有至到期（保本或非保本）取得收入。主要投资于国家债券、地方政府债券、中央银行票据、铁路债券、金融债券、企业债券、同业存单、资产支持证券等。

（3）中间业务。是指商业银行代理客户办理收款、付款和其他委托事项而收取手续费的业务。是不需动用自己的资金，依托业务、技术、机构、信誉和人才等优势，以中间人的身份代理客户承办收付和其他委托事项，提供各种金融服务并据以收取手续费的业务。包括支付结算类中间业务、代理类中间业务、银行卡业务、担保类中间业务、承诺类中间业务和交易类中间业务、基金托管类业务、咨询顾问类业务、其他。

支付结算类中间业务是银行通过银行汇票、商业汇票、银行本票、支票为结算工具，以汇兑、托收承付、委托收款、信用证的结算方式，为客户办理因债权债务关系引起的与货币支付、资金划拨有关的业务活动。

代理类中间业务是银行接受客户委托、代为办理客户指定的经济事务、款项收付事宜、代办理保险、发行债券、资金清算、委托贷款等金融服务。

银行卡业务是银行通过向社会发行具有消费信用、转账结算、存取现金等全部或部分功能的借记卡和信用卡，为持卡人办理存取款、转账支付等业务活动。

担保类中间业务是银行为客户债务清偿能力提供担保并承担客户违约风险的业务活动。当申请人不能及时完成其应尽的义务时，银行必须代为履行付款职责。担保类中间业务主要有银行承兑汇票、备用信用证、银行保函。

交易类中间业务是银行为满足客户保值或自身风险管理等方面的需要，利用各种金融工具进行的资金交易活动，主要包括远期合约、期货合约、掉期合约（互换合约）、期权合约等金融衍生交易业务。

其他中间业务主要包括基金托管业务、咨询顾问类业务、保险箱业务。

基金托管业务是指有托管资格的银行接受基金管理公司委托，安全保管所托管基金的全部资产并办理清算划拨、会计核算、基金估值等托管业务。按照基金净值的一定比例提取基金托管费。

咨询顾问类业务是指商业银行依靠自身在信息、人才、信誉等方面的优势，收集和整理有关信息，并通过对这些信息以及银行和客户资金运动的记录和分析，形成系统的资料和方案，提供给客户，以满足其业务经营管理或发展的需要。

保险箱业务是指银行设置保险箱，接受单位或个人的委托，在约定的期限内代为保管其各种贵重物品和单证业务等活动。

4. 会计核算特点

我国银行业会计核算遵循《企业会计准则》的规定，实行统一核算，统一调度资金，分级管理的财务管理制度。从总行到各级分行会计核算的范围并不相同。各级分支机构虽然是独立核算单位、自负盈亏并有一定的财务自主权，但对外投资、集中支付等业务集中在总行核算。

会计科目采用代码表示，表内科目采用复式借贷记账，表外科目采用单式收付记账，部分表外科目也采用借贷复式记账。 由于银行业务的特殊性，银行会计核算与其他行业相比具有以下几个方面的特征：

（1）可以反映宏观和微观经济的双重性：即银行会计既反映微观经济活动，又反映宏观经济活动。

（2）其业务处理和会计核算具有统一性：即银行会计在处理各项经济业务的同时也应进行记载、核算和监督。

（3）其监督和服务具有兼容性：即银行会计既要发挥监督作用，也要执行服务职能。

（4）会计数据资料的提供具有及时性：即银行会计必须采用特定的核算形式，从制度上保证向外提供核算资料的及时性。

（5）会计数据的处理和传输具有先进性：即银行会计可以通过会计电算化等方式实现银行会计数据处理和传输的网络化。

（6）会计科目设置与财务报表格式具有特殊性：银行是特殊企业，与其他企业相比，银行在会计科目的设置上增加了资产负债表共同类科目和表外科目。财务报表格式根据《企业会计准则第 30 号——财务报表列报》应用指南的规定，确定本企业适用的财务报表格式和附注。《企业会计准则第 31 号——现金流量表》应用指南明确“现金流量表格式分别按一般企业、商业银行、保险公司、证券公司等企业类型予以规定。

5. 涉税难点

商业银行涉及的税种全、税收政策多、业务和产品复杂、交易量巨大、高度依赖信息系统。目前的税务管理方式对商业银行的税收风险管理难以形成全面、准确判断。主要表现在以下几个方面：

（1）营改增前后税收政策变化大。营改增前后金融业税收政策变化较大，有的业务收入在营业税政策下是需要征收营业税的，而营改增后税收政策是暂不征收增值税。比如表外应收未收利息收入。对商业银行的投资业务、资产管理产品业务国家税务总局出台了新的增值税政策，税务人员由于接触银行业务少，对营改增后新的金融业税收政策理解不透彻，造成征管不到位。

（2）银行业务和产品的专业性较强。银行在吸收存款、发放一般贷款传统业务的基础上，还开展国内、国际贸易融资和投资业务，业务复杂、品种多、专业性强。另外，商业银行特别是股份制银行和地方性银行，为了提升在金融市场的竞争力，不断开发创新金融产品，新产品新业务创新快，税务人员对银行专业性的业务了解甚少，知识的更新滞后于银行新业务的发展。

（3）税收数据不完整，风险分析难度大。商业银行的业务数据体现在业务状况报表上，报送给税务机关的财务报表不包含业务状况表，资产负债表和利润表的数据无法满足税收大数据的税收风险分析应用。国有商业银行和全国性的股份制银行规模庞大、跨地区经营、业务和信息系统复杂、数据量巨大，银行业务系统中没有对相关涉税事项进行单独核算，不能从信息系统中抓取相关数据，目前很难通过人工手段准确确定税务调整金额。

（4）银行具有独特的信息系统，银行业务上实行条线管理，各条线分工细致权限严格，财务核算系统与一般企业不同，银行大量的会计凭证由信息系统生成，只强调整体借贷平衡，有大量多借多贷会计凭证，税务管理难以通过会计凭证追踪和了解企业实际经济业务，给税收征管带来很大困难。

（二）风险特征

商业银行业务复杂，金融产品品种多，业务条线管理相对独立，各部门分工明细彼此保密，涉及的业务流程及环节多，涉及税费种类多，主要有：契税、增值税、城市维护建设税、教育费附加、地方教育附加、企业所得税、个人所得税、土地增值税、城镇土地使用税、房产税、印花税、车船税等。由于商业银行是信息系统自动会计核算，实行代码制，计划财务科不统一核算，财务核算复杂，投资的金融产品既有交易频繁的，又有持有周期长的，征管难度较大。银行业涉税风险特征主要如下：

1. 用于免税、简易征收计税项目的进项税额未足额转出风险

商业银行的简易办法计税销售额和免税销售额巨大，特别是农村信用社、村镇银行、农村资金互助社、由银行业机构全资发起设立的贷款公司、法人机构在县（县级市、区、旗）及县以下地区的农村合作银行、农村商业银行以及纳入“三农金融事业部”改革试点银行的县域支行按税收政策适用简易计税的利息收入占比较高。商业银行实行条线管理，应税业务、简易计税业务、免税业务通常在一个业务部门发生，无法准确划分，用于免税、简易征收计税项目的进项税额转出不足。

2. 取得的利息收入未全额计税存在差额纳税风险

（1）福费廷转卖业务是贷款服务，取得利息收入应全额计税申报缴纳增值税，转让时

存在仅对持有期间利息缴税，少缴增值税的风险。

（2）同业代付业务中的委托银行，未按照借款合同约定的利息收入全额计税申报缴纳增值税，存在扣除支付代付行的利息，少缴增值税的风险。

（3）商业银行 POS 收单业务发生的手续费收入应按照国家税务总局公告 2017 年第 11 号第六条规定开具增值税专用发票，并核算应税销售额。存在不按规定开具发增值税专用发票，少计应税销售额的问题。

（4）商业银行 ATM 他行取现业务应按照与客户签订合同约定的手续费收入申报缴纳增值税，部分商业银行会替客户垫付一定比例的手续费或免收客户手续费，存在少缴增值税风险。

3. 扩大享受税收免税优惠政策风险

（1）银行未按照财税〔2017〕44 号等相关文件规定，确认农户小额贷款的范围，享受农户小额贷款的利息收入不符合对于“农户”和“小额贷款”的界定，存在扩大享受金融机构农户小额贷款的利息收入优惠政策的风险。

（2）存放境外同业款项利息收入计入金融机构内部往来，未申报缴纳增值税。

4. 少缴纳增值税、消费税风险

（1）银行提供贷款服务按期计收利息的，结息日当日计收的全部利息收入，均应计入结息日所属期的销售额，按照现行规定计算缴纳增值税。但是在会计核算上要冲减利息收入转入表外核算，存在少缴增值税的风险。

（2）一级银行、二级银行和支行代理总行发行理财产品，取得总行拨付的理财中间业务收入，应全额计税申报缴纳增值税。存在将理财中间收入作为内部分润收入，计入内部往来收入少缴增值税的风险。

（3）商业银行委托代销金银业务，存在未按视同销售征收增值税，少申报缴纳消费税风险。

5. 递延收益存在延迟缴纳增值税风险

商业银行将取得的贸易融资业务、分期业务等手续费收入、福费廷业务的利息收入未一次性计入应税收入，计入递延收益分期结转收入，存在延迟纳税风险。

6. 少缴企业所得税风险

（1）商业银行国债持有至到期取得的利息收入免征企业所得税。客户购买国债未持有至到期提前向银行兑取，银行取得的“客户持有期间 × 票面利率与分档利率之差”收入不应享受免税待遇，存在少缴纳企业所得税风险。

（2）银行对于不属于税法规定的准予提取贷款损失准备的贷款资产范围的资产，可能计提贷款损失准备并在税前扣除，扩大计提贷款损失准备基数存在少缴纳企业所得税风险。

（3）银行针对涉农贷款和中小企业贷款按照“关注类、次级类、可疑类、损失类”

各自对应计提比例计提准予税前扣除贷款损失准备，存在同时对“正常类”比照一般贷款按照1%计提贷款损失准备并税前扣除，叠加享受税前扣除政策少缴纳企业所得税的风险。

7. 取得抵债资产的风险

（1）取得环节：抵债资产金额大于贷款本金等于（小于）应收未收利息时，对于收回的（未税）应收未收利息要按照资产抵入日确认利息收入缴纳增值税、企业所得税，存在抵债资产不办理过户手续不入账，不确认收入，不申报缴纳增值税、产权转移书据合同印花税、企业所得税、契税等风险。

（2）持有环节：取得抵债的房屋，主要是通过法院裁定执行抵债，在持有期间自用未按照房产原值申报缴纳房产税或者按照小于法院判决书的抵债价值入账申报缴纳房产税。房屋出租取得租金收入，存在租金明显偏低，少申报从价计征房产税、财产租赁合同印花税、增值税、企业所得税风险。

取得抵债的土地使用权，在持有期间未申报缴纳城镇土地使用税或者无土地使用证，土地不确定实际面积，银行自行估算土地面积申报，少缴城镇土地使用税。

（3）处置环节：处置抵债取得的房屋、土地使用权，处置价格明显偏低，存在少缴增值税、土地增值税、产权转移印花税的风险。银行在处置房屋、土地使用权时，为了“求快图省”存在土地增值税核定征收的风险。

8. 印花税缴纳不足

商业银行业务复杂，办公楼和商业网点购买、租赁装修频繁，涉及印花税税目较多，普遍存在申报缴纳不足的风险。建筑安装合同、财产租赁合同、购销合同、财产保险合同、加工承揽合同申报不足或不申报印花税问题突出，借款合同也存在申报缴纳不足的风险。

9. 代扣代缴个人所得税风险

（1）商业银行的行业特点决定了其需要稳定和发展客户，在业务宣传、广告、年会、座谈会、庆典及其他活动中，向本单位以外的个人无偿赠送礼品（不包含与具体业务直接相关的营销礼品和积分兑换）较多，存在向客户赠送礼品未按规定代扣代缴个人所得税或者代扣代缴个人所得税不足的风险。

（2）商业银行向员工发放的通讯费补贴未按规定代扣代缴个人所得税。

（3）以加油费、修理费、办公费等发票报销形式发放奖金补贴，少代扣代缴个人所得税。

（三）数据整备

1. 内部数据（见第一节）

2. 外部数据

（1）互联网数据。包括通过中国基金业协会互联网平台、全国银行间同业拆借中心、中国票据交易系统获取银行的债券买卖、票据贴现与转贴现、理财、信托等业务交易信息数据，淘宝司法网络拍卖网的信息数据，金融企业上市公司的公告信息等。

（2）第三方数据。通过住房和规划建设管理、国土资源等部门，采集自建办公楼、购买商业网点、抵债土地及房屋建筑物等不动产交易信息数据。

（3）其他外部数据：审计师（会计师）事务所出具的财务审计报告、企业所得税汇算清缴报告信息、法院的执行裁定信息。

3. 生产经营数据

（1）通过银行业务状况表、利润表、经营业务电子台账等数据，获取银行各分支机构情况表，企业一般贷款业务、贴现业务、贸易融资业务、代理结算业务、投资业务明细表，银行成本费用列支明细表，银行抵债资产明细表，银行其他应收款、其他应付款明细表等生产经营明细数据。

（2）通过实地调查，获取固定资产、在建工程项目合同等生产经营原始数据。

（四）异常判断

1. 基础指标（见第一节）

2. 通用指标（见第一节）

3. 属性指标

结合银行业生产经营、财务核算特点，设定银行业行业属性指标，如表 4 – 15 所示。

表 4 – 15　　银行业属性指标相关信息表

指标名称	风险描述	分析思路	涉及税种
未分配利润异动涉及分红是否足额扣缴个税风险	根据未分配利润与净利润、盈余公积的勾稽关系，核实分配股息、红利个人所得税代扣代缴情况	无法取得自然人股东持股金额，首先分析未分配利润变动原因，排除以前年度损益调整因素后，涉及分红的，应根据分配方案和自然人股东比例核实个税扣缴情况	个人所得税
有免税、简易计税项目一般纳税人进项税额转出异常的风险	企业存在免税、简易计税项目收入，可能存在不转、少转进项税额或者将增值税应税收入计入免税收入少缴增值税的问题	核实汇总缴纳增值税的省级一级分行是否少填报或未填报免税销售额，是否准确计算出按简易办法计税销售额和免税销售额比例转出进项税额	增值税
金融商品转让未申报增值税的风险	存在交易性金融资产和可供出售金融资产金额减少情况，但是未查询到增值税——金融商品转让品目的申报记录，可能存在少申报转让金融商品增值税风险	核实企业金融商品转让的计税流程，交易性金融资产、可供出售金融资产属于金融商品转让的，是否按规定申报增值税	增值税

续表

指标名称	风险描述	分析思路	涉及税种
投资性房地产出租未缴纳增值税、房产税的风险	有投资性房地产，但在申报明细中未查询到增值税——不动产经营租赁申报记录，可能存在租金收入未申报缴纳增值税、房产税问题	核实投资性房地产科目核算具体内容，查看出租合同或协议，确定租金收入，审查是否申报相应增值税和房产税。存在转让行为的，增值税、土地增值税等相关税收是否申报缴纳	增值税、房产税
投资收益负数少缴增值税、企业所得税的风险	投资收益为负数，存在金融商品转让出现负数抵减贷款利息收入、直接收费金融服务收入等少缴增值税、不按公允价值转让造成企业所得税的风险	①一般纳税人转让金融商品，按盈亏相抵后的余额为销售额，盈亏相抵后在年末时仍出现负差的不得转入下一个会计年度。②关注年末余额负数是否与利息收入等应税收入合并，造成少交增值税。③转让价款是否按公允价值确定，是否存在关联交易、转移利润问题	增值税、企业所得税
资管产品管理人运营资管产品未按全额缴纳增值税风险	根据财税〔2017〕56 号文，自 2018 年 1 月 1 日起资管产品管理人运营资管产品取得收入全额暂按 3% 税率征收增值税，由于运营资管产品取得的收入不是资管产品管理人的收入，不计入营业收入，容易造成差额申报增值税	核实资管产品台账、合同，确认取得收入、支出利息情况，是否仅按差额确认收入并申报增值税，需将支出利息部分补缴增值税。核实营业收入大于增值税申报额的部分具体核算哪些内容，造成差异的原因，确定是否漏缴	增值税
农村商业银行、村镇银行、农村资金互助社，未按规定选择适用简易计税方法计算缴纳增值税的风险	地级市所辖城区农村商业银行、村镇银行、农村资金互助社等提供金融服务收入，未按规定选择适用简易计税方法按照 3% 的征收率计算缴纳增值税	按照《关于进一步明确全面推开营改增试点金融业有关政策的通知》（财税〔2016〕46 号）的规定，核实是否存在未按规定适用 3% 的征收率	增值税

（五）风险分析方法

指标 1：未分配利润异动涉及分红是否足额扣缴个税风险

（1）风险描述。根据未分配利润与净利润、盈余公积的勾稽关系，核实分配股息、红利个人所得税代扣代缴情况。

（2）数据来源。①分析范围为所提供的企业名单，主要是银行；②资产负债表中盈余公积、未分配利润期初、期末金额；③利润表中净利润本期、上期金额；④按年取值；⑤同期个人所得税——股息红利入库金额在结果中显示。

（3）计算公式：

个税扣缴表股息红利科目收入额/（期初未分配利润＋本期净利润－盈余公积期末余额＋盈余公积期初余额－期末未分配利润）≤50%。

（4）分析思路。商业银行改制后，自然人股东比例得到提升，分红成为常态，且现金分红、送股、盈余公积转股均需扣税，但税控系统无法取得自然人股东持股金额，因此应分析未分配利润变动原因，排除以前年度损益调整因素后，涉及分红的，应根据分配方案和自然人股东比例核实个税扣缴情况。

指标2：有免税、简易计税项目一般纳税人进项税额转出异常风险

（1）风险描述。企业存在免税、简易计税项目收入，可能存在不转、少转进项税额或者将增值税应税收入计入免税收入少缴增值税的问题。

（2）数据来源：

①按适用税率计税销售额：《增值税纳税申报表（一般纳税人适用）》主表第1行"按适用税率计税销售额"本月数期间内合计；②按简易征收办法计税销售额：《增值税纳税申报表（一般纳税人适用）》主表第5行"按简易征收办法计税销售额"本月数期间内合计；③免税销售额：《增值税纳税申报表（一般纳税人适用）》主表第8行"免税销售额"本月数期间内合计；④全部销售额合计：按适用税率计税销售额＋按简易征收办法计税销售额＋免税销售额；⑤进项税额：《增值税纳税申报表（一般纳税人适用）》主表第12行"进项税额"本月数期间内合计；⑥进项税额转出：《增值税纳税申报表（一般纳税人适用）》主表第14行"进项税额转出"本月数期间内合计；⑦固定资产（动产）进项税额：《固定资产进项税额抵扣情况表》第3行第1列"当期申报抵扣的固定资产进项税额"合计数各月累加之和（2017年12月31日前）；取自商品代码为附表［固定资产（动产）商品代码表］所列内容的发票税额累加之和（2018年1月1日后）；⑧固定资产（不动产）进项税额：《增值税纳税申报表附表五（不动产分期抵扣计算表）》中第3列本期可抵扣不动产进项税额合计数各月累加之和。

（3）计算公式：

测算应转出进项税额＝（进项税额－固定资产抵扣进项税额）×｛（按简易征收办法计税销售额＋免税销售额）－［附表三第一列第5行（5%征收率的项目）/1.05＋第6行（3%征收率的项目）/1.03］＋第8行（免税的项目）｝÷｛全部销售额合计－［附表三第一列第1行/1.13＋第2行/1.09－第3行（6%税率的项目－不含金融商品转让）/1.06＋第4行（6%税率的金融商品转让项目）/1.06＋第5行（5%征收率的项目）/1.05＋第6行（3%征收率的项目）/1.03＋第8行（免税的项目）］｝

差额＝进项税额转出－测算应转出进项税额，将差额100000元以上的企业列为疑点企业。

（4）分析思路。核实汇总缴纳增值税的省级一级分行是否少填报或未填报免税销售额，是否准确计算出按简易办法计税销售额和免税销售额比例转出进项税额。

指标3：金融商品转让未缴纳增值税风险

（1）风险描述。存在交易性金融资产和可供出售金融资产金额减少情况，但是未查询到增值税——金融商品转让品目的申报记录，可能存在少申报转让金融商品增值税风险。

（2）数据来源。资产负债表中交易性金融资产、可供出售金融资产期初、期末余额，利润表中投资收益数据，“增值税纳税申报表附表三第四行6%税率的金融商品转让项目”第一列。

（3）计算公式：

资产负债表中交易性金融资产和可供出售金融资产期初余额－期末余额>0，且12月利润表中投资收益本年金额>0，“增值税纳税申报表附表三第四行6%税率的金融商品转让项目”第一列年度合计数=0。

（4）分析思路。核实企业金融商品转让的计税流程，交易性金融资产、可供出售金融资产属于金融商品转让的，是否按规定申报增值税。

指标4：投资性房地产出租未缴纳增值税、房产税风险

（1）风险描述。有投资性房地产，但在申报明细中未查询到增值税——不动产经营租赁申报记录，可能存在租金收入未申报缴纳增值税、房产税问题。

（2）数据来源。资产负债表中“投资性房地产”期初、期末余额，增值税申报表“增值税——不动产经营租赁”、房产税申报表“房产税从租计征”数据。

（3）计算公式：

所属期资产负债表中“投资性房地产”科目期初余额或期末余额>0，且增值税申报表“增值税——不动产经营租赁”品目年度合计数=0。

（4）分析思路。核实投资性房地产科目核算具体内容，查看出租合同或协议，确定租金收入，审查是否申报相应增值税和房产税。存在转让行为的，增值税、土地增值税等相关税收是否申报缴纳。

指标5：投资收益负数少缴增值税、企业所得税风险

（1）风险描述。投资收益为负数，存在金融商品转让出现负数抵减贷款利息收入、直接收费金融服务收入等少缴增值税、不按公允价值转让造成企业所得税的风险。

（2）数据来源。所属期12月利润表“投资收益”本期金额。

（3）计算公式：

12月利润表“投资收益”本期金额<0，按年取值。

（4）分析思路：

①一般纳税人转让金融商品，按盈亏相抵后的余额为销售额，盈亏相抵后在年末时仍

出现负差的不得转入下一个会计年度。②关注年末余额负数是否与利息收入等应税收入合并，造成少交增值税。③转让价款是否按公允价值确定，是否存在关联交易、转移利润问题。

指标6：资管产品管理人运营资管产品未按全额缴纳增值税；已计入营业收入但未申报增值税部分也可能存在漏缴风险

（1）风险描述。根据财税〔2017〕56号文件，自2018年1月1日起，资管产品管理人运营资管产品取得收入全额暂按3%税率征收增值税，由于运营资管产品取得的收入不是资管产品管理人的收入，不计入营业收入，容易造成差额申报增值税。

（2）数据来源。所属期利润表中营业收入，按年取增值税纳税申报表“按适用税率计税销售额本年累计数、按简易征收办法计税销售额本年累计数、免税销售额本年累计数”合计数。且按简易征收办法计税销售额本年累计数 >0。

（3）计算公式：

按年计算，查找数据，在按简易征收办法计税销售额本年累计数 >0 的前提下，增值税纳税申报表“按适用税率计税销售额本年累计数 + 按简易征收办法计税销售额本年累计数 + 免税销售额本年累计数”合计数 – 利润表营业收入≤0。

（4）分析思路。核实资管产品台账、合同，确认取得收入、支出利息情况，是否仅按差额确认收入并申报增值税，需将支出利息部分补缴增值税。核实营业收入大于增值税申报额的部分具体核算哪些内容，造成差异的原因，确定是否漏缴 。

指标7：农村商业银行、村镇银行未按规定适用简易计税方法征收增值税风险

（1）风险描述。地级市所辖城区农村商业银行、村镇银行、农村资金互助社等提供金融服务收入，未按规定选择适用简易计税方法按照3%的征收率计算缴纳增值税，存在扩大税收优惠的风险。

（2）数据来源：

《增值税纳税申报表（一般纳税人适用）》主表第1行“按适用税率计税销售额”本年累计数合计为0，第5行“按简易征收办法计税销售额”本年累计数合计。

（3）计算公式：

增值税计税销售额取自《增值税纳税申报表附表一（本期销售情况明细表）》中“未开具发票销售额”12月份累计销售额。

（4）分析思路。

《关于进一步明确全面推开营改增试点金融业有关政策的通知》（财税〔2016〕46号）第三条中规定：关于县（县级市、区、旗），不包括直辖市和地级市所辖城区。

这里所指的城区暂按地级市市政府所在区把握。核实农商银行等法人机构在地级市市政府所在区是否按3%简易计税。

（六）典型案例

案例一：

A国有商业银行股份有限公司税收风险分析案例

根据财税〔2017〕56号文，自2018年1月1日起，对于银行理财产品，银行作为资管产品管理人运营资管产品过程中发生的增值税应税行为，暂适用简易计税方法，按照3%的征收率缴纳增值税。银行作为资管产品的管理人对通过发行理财产品募集的资金进行独立管理，在运营过程中产生的投资收益，是属于投资者（即理财产品购买人）的，而不属于银行的收入。但是，银行作为管理人取得的应税收入应按照税法规定以简易计税方式计算并申报缴纳增值税。银行因提供相关服务而收取的管理费、销售费、托管费等，应作为企业收入计入相关收入科目，并按照6%税率计算缴纳增值税。管理人应分别核算资管产品运营业务和其他业务的销售额和增值税应纳税额。未分别核算的，资管产品运营业务不得适用3%征收率简易计税。

一、企业基本情况

A国有商业银行股份有限公司省分行成立于199×年×月，注册资本3000亿元（总行）。登记注册类型是股份有限公司，机构类型为总机构。经营范围是：存款服务、综合贷款服务、外汇理财、人民币理财、代客境外理财、银行卡、汇款及外汇结算、保管箱租赁、缴费服务、代发薪服务、出国金融服务、电子银行服务、私人银行、融资业务、国内支付结算、国际结算、基金相关业务、企业理财服务、金融机构服务等。

二、风险分析

（一）用于免税、简易征收计税项目的进项税额未足额转出风险

该企业2021年度增值税申报表，按简易办法计税销售额10.21亿元，免税销售额10.95亿元，按适用税率计税销售额258.42亿元。简易计税和免税销售额占全部销售额比=（简易+免税）/（简易+免税+适用税率销售额），根据该公式测算简易和免税销售占比2021年为7.56%、2020年为10.5%、2019年为32.7%。企业提供“2019—2021各年度进项税额转出计算表”中简易、免税销售额占全部销售额比例远小于申报表测算比例。测算企业“当期无法划分的全部进项税额”2019年为1.02亿元、2020年为1.25亿元、2021年为1.70亿元，用“申报表测算简易和免税占比×企业当期无法划分进项-已申报进项税额转出”测算出2019年应再转出进项税0.2824亿元，2020年应再转出进项税0.1010亿元，2021年应再转出进项税0.0582亿元，合计0.4416亿元。

（二）逾期应收利息转出，冲减当期应税收入，少计销项税额

该行贷款转非应计时，将已计提入账的利息收入和应收未收贷款利息按照应收未收贷款利息金额予以冲销，冲销已确认的增值税销项税额，少缴增值税2573万元。

（三）银行作为管理人对资管产品未按简易计税3%征收率计算缴纳增值税，少缴增

值税

该银行将募集的理财资金进行管理，与目标客户办理“资产收益权理财”业务并按照约定收益率获取投资收益。对资产运营环节获取的投资收益 1.10 亿元，应作为管理人按简易计税方式 3% 征收率缴纳增值税，少缴增值税 320.39 万元。

（四）福费廷业务取得的利息收入在转卖时差额纳税少缴增值税

该银行国内信用证议付、福费廷转卖业务，取得的利息收入未全额计入利息收入，福费廷业务取得利息收入 2019 年 283.48 万元，2020 年 443.11 万元，合计 726.59 万元，未缴纳增值税，应补缴增值税 82.26 万元。

（五）抵债资产房产税和土地使用税少缴的风险

自 2019—2021 年，按季申报缴纳的房产税和土地使用税与业务状况表“抵债资产”科目金额比对，“在建工程”科目存在长期挂账资产，未申报或少申报缴纳房产税 86.87 万元、土地使用税 27.86 万元。

（六）在建工程未及时转固定资产，少申报缴纳房产税

由于工程结算问题，房产价值一直无法确定，长期挂在建工程，未及时结转固定资产，少缴房产税 587 万元。

（七）印花税未足额申报缴纳

该银行借款合同、财产租赁合同、建筑安装合同、购销合同未足额申报印花税。

（八）未代扣代缴个人所得税

2019—2021 年向客户赠送礼品金额 763.30 万元，未代扣代缴个人所得税。

三、风险应对

通过数据分析发现的疑点问题，结合与该银行相关人员约谈情况，确定重点分析方向，进一步深入核查。

（一）增值税

1. 用于免税、简易征收计税项目的进项税额未足额转出风险

风险描述：通过对银行 2019—2021 年增值税纳税申报表主表和进项抵扣结构明细表相关栏次数据测算，“进项税转出额/进项税总额”远小于“免税和适用简易征收销售额/全部销售额”，其可能存在用于免税、简易计税项目的进项税未足额转出，少缴纳增值税风险。

计算口径：无法划分的进项税额取数口径采用增值税纳税申报表《进项抵扣结构明细表》中全部进项税额扣除“有形动产租赁、建筑安装服务进项、不动产租赁服务、受让土地使用权、取得无形资产”的进项。

政策依据：《财政部 国家税务总局关于全面推开营业税改征增值税试点的通知》（财税〔2016〕36 号）附件 1：《营业税改征增值税试点实施办法》第二十九条 适用一般计税

方法的纳税人，兼营简易计税方法计税项目、免征增值税项目而无法划分不得抵扣的进项税额，按照下列公式计算不得抵扣的进项税额：

不得抵扣的进项税额 = 当期无法划分的全部进项税额 ×（当期简易计税方法计税项目销售额 + 免征增值税项目销售额）÷当期全部销售额

主管税务机关可以按照上述公式依据年度数据对不得抵扣的进项税额进行清算。

2. 逾期应收利息转出，冲减当期应税收入，少计销项税额

风险描述：逾期90天以上的贷款利息转入表外核算时，不得冲减销项税额，实际收到利息时，转入表内收入，再缴纳增值税，查看“表外业务状况表”的应收未收利息科目与申报的利息收入进行核对。

政策依据：《国家税务总局关于金融企业贷款利息收入确认问题的公告》（国家税务总局公告2010年第23号）二、金融企业已确认为利息收入的应收利息，逾期90天仍未收回，且会计上已冲减了当期利息收入的，准予抵扣当期应纳税所得额。《财政部 国家税务总局关于全面推开营业税改征增值税试点的通知》（财税〔2016〕36号）附件3《营业税改征增值税试点过渡政策的规定》四、金融企业发放贷款后，自结息日起90天内发生的应收未收利息按现行规定缴纳增值税，自结息日起90天后发生的应收未收利息暂不缴纳增值税，待实际收到利息时按规定缴纳增值税。

3. 银行作为管理人对资管产品未按简易计税3%征收率计算缴纳增值税，少缴增值税

风险描述：自2018年1月1日起，银行运营理财产品作为资管产品管理人取得的应税收入应按照简易计税3%征收率缴纳增值税，查询理财资金及取得的收益金额，核实未申报缴纳的增值税。

政策依据：财税〔2017〕56号，资管产品管理人运营资管产品过程中发生的增值税应税行为，暂适用简易计税方法，按照3%的征收率缴纳增值税。资管产品管理人，包括银行、信托公司、公募基金管理公司及其子公司、证券公司及其子公司、期货公司及其子公司、私募基金管理人、保险资产管理公司、专业保险资产管理机构、养老保险公司。资管产品，包括银行理财产品、资金信托（包括集合资金信托、单一资金信托）、财产权信托、公开募集证券投资基金、特定客户资产管理计划、集合资产管理计划、定向资产管理计划、私募投资基金、债权投资计划、股权投资计划、股债结合型投资计划、资产支持计划、组合类保险资产管理产品、养老保障管理产品。财政部和国家税务总局规定的其他资管产品管理人及资管产品。

4. 福费廷业务取得的利息收入在转卖时差额纳税少缴增值税

风险描述：福费廷初始确认时，利息收入记入“递延收益”科目，福费廷转卖时，递延尚未确认的利息在“系统内福费廷卖出利息支出”科目借方核算，冲减“递延收益”科目。2019—2021年国内信用证福费廷买卖票据和包买让渡业务“借方发生额”285亿

元，只有2019年国内福费廷利息收入533159.73元计税，存在少缴增值税的情况。

政策依据：《财政部 国家税务总局关于全面推开营业税改征增值税试点的通知》（财税〔2016〕36号）附件1。

（二）房产税、土地使用税

1. 抵债资产房产税和土地使用税少缴的风险

风险描述：该银行取得抵债资产本年增加4693.65万元，抵债资产主要为房屋建筑物，但是在会计科目余额表中未进行核算，核实不动产租赁合同，查看房产税、土地使用税申报表发现未申报缴纳房产税、土地使用税。

政策依据：《中华人民共和国房产税暂行条例》 第三条第一款 房产税依照房产原值一次减除10%~30%后的余值计算缴纳。具体减除幅度，由省、自治区、直辖市人民政府规定。 第四条 房产税的税率，依照房产余值计算缴纳的，税率为1.2%；依照房产租金收入计算缴纳的，税率为12%。《中华人民共和国城镇土地使用税暂行条例》第三条、《国家税务局关于检发〈关于土地使用税若干具体问题的解释和暂行规定〉的通知》（国税地字〔1988〕15号）第六条。

2. 在建工程未及时转固定资产，少申报缴纳房产税

风险描述：查阅在建工程明细账，核对建账时间、完工交付时间、装修价值，确认房产税的计税依据和纳税义务发生时间，发现2019—2021年9处房产装修未及时结转固定资产金额6222万元，存在少缴房产税的情况。

政策依据：《国家税务总局关于进一步明确房屋附属设备和配套设施计征房产税有关问题的通知》（国税发〔2005〕173号）。

（三）印花税风险描述

风险描述：2019—2021年购进计算机设备、交通运输设备、安全防卫设备，购销合同印花税已缴纳2.72万元，应补缴税款85.21万元。

在建工程借方发生额2019—2021年合计增加73535.22万元，应缴纳印花税22.06万元，2019—2021年已经缴纳16.48万元，应补缴建筑安装合同印花税5.58万元。

查看相关租赁发票发现存在支付承租房产、设备、机器等资产租金费用，租赁费共103540.86万元，计算应缴印花税103.54万元，已缴纳0.58元，应补缴102.96万元。

查看贷款合同及台账，核对计算各年合计应补缴借款合同印花税611.31万元。

政策依据：《中华人民共和国印花税暂行条例》第二条、《中华人民共和国印花税暂行条例施行细则》第四条。

（四）个人所得税

风险描述：查阅该银行的费用明细账、会计凭证、取得的增值税进项发票，发现购进大量的宣传礼品，经与相关人员约谈，了解到向大客户及在业务宣传、广告活动中随机向

客户赠送礼品763.30万元，未按偶然所得代扣代缴个人所得税。

政策依据：《关于个人取得有关收入适用个人所得税应税所得项目的公告》（财政部税务总局公告2019年第74号）第三条。

四、处理结果

根据对该银行2019—2021年的核查，发现企业存在增值税风险点4个，应补缴增值税2976.09万元；房产税和土地使用税风险点2个，应补房产税673.87万元，土地使用税27.86万元；印花税风险点4个，应补税款804.10万元，个人所得税应补税款152.60万元。对上述风险点企业应补缴税款合计4634.52万元。

案例二：

B商业银行股份有限公司税收风险分析应对案例

本案例主要涉及营业税、增值税风险，其他税种暂不考虑。自2016年5月1日营改增之后，金融行业逾期90天表外应收未收利息、票据贴现和转贴现的增值税政策较之前营业税政策完全不同。依据《营业税暂行条例》第十二条和《营业税暂行条例实施细则》第二十四条规定，表外应收未收利息应全额申报缴纳营业税；依据财税〔2016〕36号文件附件3《营业税改征增值税试点过渡政策的规定》和财税〔2016〕140号文第三条规定，金融企业发放贷款后，自结息日起90天内发生的应收未收利息按现行规定缴纳增值税，自结息日起90天后发生的应收未收利息暂不缴纳增值税，待实际收到利息时按规定缴纳增值税。

票据贴现和转贴现业务在财税〔2017〕58号文件施行前，金融机构票据贴现取得的利息收入全额征收营业税或增值税，取得的转贴现利息收入免征营业税或增值税。自2018年1月1日起，金融机构开展贴现、转贴现业务，以其实际持有票据期间取得的利息收入作为贷款服务销售额计算缴纳增值税。此前贴现机构已就贴现利息收入全额缴纳增值税的票据，转贴现机构转贴现利息收入继续免征增值税。

一、企业基本情况

B股份有限公司是一家地方性股份商业银行，注册资本20亿元。主要经营经批准的商业银行业务，经营范围包括：吸收人民币存款；发放短期、中期和长期贷款；办理结算、票据贴现；发行金融债券；代理发行、代理兑付、承销政府债券；买卖政府债券；同业拆借；提供信用证服务及担保；代理收付款项；提供保险箱服务；外汇存款、贷款、汇款、借款、担保；结汇、售汇；外币兑换；国际结算；同业外币拆借；自营和代客外汇买卖；发行和代理发行以及买卖和代理买卖股票以外的外币有价证券；资信调查、资询鉴证业务。

相关年度表内、表外业务状况表显示：分析期间该银行经营的主要涉税业务是存放境内外同业资金业务、贴现和转贴现业务、买入返售金融资产业务、发放中长短期对公对私贷款业务、贸易融资其中有海外代付和福费廷业务、持有至到期债券业务，可供出售金融资产投资业务、应收账款类投资业务、中间业务、抵债资产等业务。发生的部分业务数据如下：

（1）2015 年记入“贷款利息收入”科目 2516233716.74 元，其中：小微企业贷款利息收入 973285281.03 元，透支利息收入 110711835.19 元，贴现利息收入 164112893.91 元，转贴现款项利息收入 441304258.58 元，商业助学贷款利息收入 8800.01 元，其他利息收入 1268114906.60 元。佣金及手续费收入 229866563.09 元，汇兑损益 19604926.82 元，投资收益 777337703.09 元，出纳长款收入 1901 元。

业务明细台账显示该银行海外代付业务与境内企业签订借款合同，与境外代付银行签订付款协议，按照借款合同和代付款协议的约定 2015 年 1 月至 2016 年 4 月应收利息收入 35175267.80 元，支付海外代付银行利息 24270934.78 元。2016 年 5 月至 2018 年应收利息收入 58625446.33 元，支付海外代付银行利息 36061687.90 元。

（2）该银行软件系统按照《企业会计准则》将逾期 90 天后应收未收利息冲减当期利息收入，申报时手工调回已减利息。2015 年表外应收未收利息贷方期末余额 51521981.06 元，已核销债权的应收未收利息贷方期末余额 83092025.11 元；截至 2016 年 4 月，逾期 90 天后表外应收未收利息贷方余额 768532644.05 元，已核销债权的应收未收利息贷方余额 105483578.29 元，2017 年逾期 90 天后表外应收未收利息贷方余额 110631809.12 元，已核销债权的应收未收利息贷方余额 28466928.87 元。

（3）2015 年 1 月至 2016 年 4 月取得存放境外同业款项利息收入 203000 元；2016 年 5 月至 2018 年 12 月年取得存放境外同业款项利息收入 425000 元。2017—2018 年金融资产利息收入 1078990414.78 元，其中：应收款项类资产利息收入（非保本）395464974.37 元，可供出售金融资产利息收入 106482288.22 元（含国债 3644213.46 元），持有至到期投资利息收入（保本）577043152.19 元（含国债 50540787.26 元，政策性债券 30017490.24 元，金融债券 69134007.00 元）。

（4）2016 年计税贴现利息收入 285983027.00 元，转贴现利息支出 56972100.18 元；2017 年贴现利息收入 190038610.89 元，转贴现利息支出 467219034.62 元。2018 年取得转贴现利息收入 4618633 元。

二、风险分析

调取了该银行 2015—2018 年的增值税纳税申报表、企业所得税纳税申报表、营业税申报表、表内和表外业务状况表、电子业务明细台账、凭证、合同、审计报告、发票等资料，并与有关人员进行了约谈，结合银行的行业特点、业务特点，对主要业务的涉税疑点进行分析，并逐项核实。

（一）营业税改增值税之前表外应收未收利息未缴营业税风险

截至 2016 年 4 月 30 日，该银行逾期 90 天后表外应收未收利息贷方余额 768532644.05 元，已核销债权的应收未收利息贷方余额 105785381.59 元；2015 年表外应收未收利息贷方期末余额 51521981.06 元，已核销债权的应收未收利息贷方期末余额 83092025.11 元。

（二）票据贴现取得的利息收入未按规定申报缴纳增值税风险

该银行 2015 年 1 月至 2016 年 4 月 30 日，取得票据直贴现利息收入 305417152.49 元，计税贴现利息收入 164112893.91 元；2016 年 5 月至 2017 年 12 月取得票据直贴现利息收入 357257645.51 元，计税贴现利息收入 190038610.89 元；2018 年取得转贴现利息收入 46186330 元。

（三）存放境外同业款项利息收入未申报纳税风险

该银行将存放境外同业款项利息收入记入“金融同业往来利息收入”科目，享受免税政策，2015 年 1 月至 2016 年 4 月取得存放境外同业款项利息收入 203000 元；2016 年 5 月至 2018 年 12 月年取得存放境外同业款项利息收入 425000 元。

（四）海外代付业务利息收入未全额申报纳税、支付境外利息未代扣代缴风险

2015 年 1 月至 2016 年 4 月应收海外代付业务贸易融资利息收入 35175267.80 元，支付海外代付银行利息 24270934.78 元。2016 年 5 月至 2018 年 12 月应收海外代付业务贸易融资利息收入 58625446.33 元，支付海外代付银行利息 36061687.90 元。

（五）2017—2018 年金融资产利息收入未按规定申报缴纳增值税风险

2017—2018 年金融资产利息收入 1078990414.78 元，其中：应收款项类资产利息收入（非保本）395464974.37 元，可供出售金融资产利息收入 106482288.22 元（含国债 3644213.46 元），持有至到期投资利息收入（保本）577043152.19 元（含国债 50540787.26 元，政策性债券 30017490.24 元，金融债券 69134007.00 元）。

三、风险判断及处理

（一）疑点一

该银行截至 2016 年 4 月 30 日，表外应收未收利息和已核销的应收未收利息均未申报缴纳营业税，应补缴税款。

依据《营业税暂行条例》第十二条和《营业税暂行条例实施细则》第二十四条规定，表外应收未收利息应全额申报缴纳营业税；依据财税〔2016〕36 号文件附件 3《营业税改征增值税试点过渡政策的规定》和财税〔2016〕140 号文第三条规定，金融企业发放贷款后，自结息日起 90 天内发生的应收未收利息按现行规定缴纳增值税，自结息日起 90 天后发生的应收未收利息暂不缴纳增值税，待实际收到利息时按规定缴纳增值税。依据国家税务总局公告 2016 年第 53 号第六条规定，银行提供贷款服务按期计收利息的，结息日当日

计收的全部利息收入，均应计入结息日所属期的销售额，按照现行规定计算缴纳增值税。因此银行每月结息日，利息无论是否收到均应计入应税收入，自结息日起 90 天后未收到，会计上要冲减利息收入，转入表外，但增值税计税收入不允许冲减当期的损益，对转到表外的利息再产生的复利、罚息，不计增值税，待收到时再计算缴纳。

（二）疑点二

该银行 2015—2017 年取得的贴现利息收入按持有月份结转计税收入，未将取得的全部贴现利息收入一次性结转应税收入申报缴纳营业税或增值税，差额扣除的利息应补缴营业税或增值税。2018 年取得的贴现利息收入不应享受免征增值税，应申报纳税。

依据财税〔2016〕36 号文附件 3《营业税改征增值税试点过渡政策的规定》第一条规定，金融机构之间开展的转贴现业务属于金融同业往来利息收入。财税〔2017〕58 号文件第五条规定自 2018 年 1 月 1 日起，金融机构开展贴现、转贴现业务，以其实际持有票据期间取得的利息收入作为贷款服务销售额计算缴纳增值税。此前贴现机构已就贴现利息收入全额缴纳增值税的票据，转贴现机构转贴现利息收入继续免征增值税。

（三）疑点三

依据财税〔2016〕36 号文附件 2《营业税改征增值税试点有关事项的规定》第一条（二）存款利息是不征收增值税项目。

依据财税〔2016〕36 号文附件 3《营业税改征增值税试点过渡政策的规定》第一条下列项目免征增值税：（二十三）金融同业往来利息收入。

1. 金融机构与人民银行所发生的资金往来业务。包括人民银行对一般金融机构贷款，以及人民银行对商业银行的再贴现等。

2. 银行联行往来业务。同一银行系统内部不同行、处之间所发生的资金账务往来业务。

3. 金融机构间的资金往来业务。是指经人民银行批准，进入全国银行间同业拆借市场的金融机构之间通过全国统一的同业拆借网络进行的短期（一年以下含一年）无担保资金融通行为。

参照 2014 年国家税务总局稽查局《关于农业银行和建设银行检查工作指导意见（三）》，对向境外金融机构拆借资金取得利息收入征收营业税的问题进行了明确，政策掌握的执行口径是银行将拆放（存放）在境外金融机构款项的利息收入，作为金融机构往来业务收入不缴纳营业税。金融机构是指经人民银行、银监会或者证监会批准，可从事金融业务的单位，境外金融机构不属于此范围，以上利息收入不属同业往来收入，应征收营业税。

（四）疑点四

由于境外银行不负担境内按税法规定应缴纳的税金，该行作为委托行未代扣代缴营业税和增值税。支付给境外银行的利息是税后利息，所以在代扣代缴税款时应还原为税前利息。

依据财税〔2016〕36号文附件1《营业税改征增值税试点有关事项的规定》第一条（三）销售额。1. 贷款服务，以提供贷款服务取得的全部利息及利息性质的收入为销售额。第六条 中华人民共和国境外（以下称境外）单位或者个人在境内发生应税行为，在境内未设有经营机构的，以购买方为增值税扣缴义务人。财政部和国家税务总局另有规定的除外。第二十条 境外单位或者个人在境内发生应税行为，在境内未设有经营机构的，扣缴义务人按照下列公式计算应扣缴税额：应扣缴税额＝购买方支付的价款÷（1＋税率）×税率

财税〔2016〕70号文第一条金融机构开展下列业务取得的利息收入，属于《营业税改征增值税试点过渡政策的规定》（财税〔2016〕36号）第一条第（二十三）项所称的金融同业往来利息收入：（三）同业代付，是指商业银行（受托方）接受金融机构（委托方）的委托向企业客户付款，委托方在约定还款日偿还代付款项本息的资金融通行为。

（五）疑点五

查看该银行的表内业务状况表、利润表、利息收入以及投资收益的计税科目，债券投资的业务合同，债券买卖的交易交割单据等，核对申报数据，发现应税项目收入与免税项目收入混淆、非保本收益与保本收益相混淆，造成少缴税款。

依据财税〔2016〕36号文附件1《营业税改征增值税试点有关事项的规定》：销售服务、无形资产、不动产注释，贷款是指将资金贷与他人使用而取得利息收入的业务活动。各种占用、拆借资金取得的收入，包括金融商品持有期间（含到期）利息（保本收益、报酬、资金占用费、补偿金等）收入、信用卡透支利息收入、买入返售金融商品利息收入、融资融券收取的利息收入，以及融资性售后回租、押汇、罚息、票据贴现、转贷等业务取得的利息及利息性质的收入，按照贷款服务缴纳增值税。依据财税〔2016〕36号文附件3《营业税改征增值税试点过渡政策的规定》，国债、地方政府债利息收入免征增值税。

依据财税〔2016〕46号、财税〔2016〕70号文件规定，持有政策性金融债券和持有金融债券的利息收入属于金融同业往来利息收入，免征增值税。

依据财税〔2016〕140号文件规定，《销售服务、无形资产、不动产注释》（财税〔2016〕36号）第一条第（五）项第1点所称“保本收益、报酬、资金占用费、补偿金”，是指合同中明确承诺到期本金可全部收回的投资收益。金融商品持有期间（含到期）取得的非保本的上述收益，不属于利息或利息性质的收入，不征收增值税。

四、处理结果

（一）针对问题一

该银行截至2016年4月30日，逾期90天后表外应收未收利息未按规定申报缴纳营业税：

(768532644.05 - 51521981.06) + (105785381.59 - 83092025.11) ×5% = 36985200.97（元）。

（二）针对问题二

经核实该银行2015年1月至2016年4月合计取得票据贴现利息收入未按规定申报缴纳营业税：141304258.58 ×5% = 7065212.93（元）。

2016年5月至2017年12月合计取得票据贴现利息收入未按规定申报缴纳增值税：167219034.62/（1 + 6%）×6% = 9465228.37（元）。

2018年取得转贴现利息收入46186330元，未按规定申报缴纳增值税：46186330/（1 + 6%）×6% = 2614320.57（元）。

（三）针对问题三

该银行2015年1月至2016年4月取得存放境外同业款项利息收入203000元，未按规定申报缴纳营业税：203000 ×5% = 10150（元）。

2016年5月至2018年12月年取得存放境外同业款项利息收入425000元，未按规定申报缴纳增值税：425000/（1 + 6%）×6% = 24056.60（元）。

（四）针对问题四

该银行2015年1月至2016年4月取得的海外代付业务利息收入24270934.78元，未按规定申报缴纳营业税：24270934.78 ×5% = 1213546.74（元）。

2016年5月至2018年12月取得的海外代付业务利息收入36061687.90元，未按规定申报缴纳增值税：36061687.90/（1 + 6%）×6% = 2041227.62（元）。

2015年1月至2016年4月应代扣代缴营业税：24270934.78/（1 - 5.65% - 10%）×5% = 1438703.90（元）。

2016年5月至2018年12月应代扣代缴增值税：36061687.90/（1 - 6% ×12.5% - 10%）×6% = 2424315.15（元）。

（五）针对问题五

该银行2017—2018年，可供出售国债取得利息收入3644213.46元属于应税收入，不应免征增值税，持有至到期国债、政策性债券、金融债券投资利息收入（保本）免征增值税。两个年度取得的金融资产利息收入合计应申报缴纳增值税：（106482288.22 + 577043152.19 - 50540787.26 - 30017490.24 - 69134007.00）/（1 + 6%）×6% = 30216971（元）。

五、行业延伸

（一）潜在风险企业范围

营业税改增值税之后，银行提供贷款服务按期计收利息的，结息日当日计收的全部利息收入，均应计入结息日所属期的销售额，按照现行规定计算缴纳增值税。自结息日起90天后未收到的利息转入表外时，存在冲减增值税计税收入的风险。银行（包括国有、集体、股份制、合资、外资银行以及其他所有制形式的银行）、城市信用社、农村信用社、信托投资公司、财务公司、证券公司、保险公司、金融租赁公司、证券基金管理公司、证券投资基金以及其他经人民银行、证监会等部门批准成立且经营金融保险业务的机构都可能涉及上述风险，应该予以高度关注。

（二）具体核查路径

核实金融机构表外业务状况表“应收未收贷款利息”、“已核销应收未收利息”的贷方，表内利息的计税收入等。

约谈并查看金融机构签订的借款合同、不良资产明细账，查询涉及的司法文书和仲裁文书、司法追索记录等。

重点核查比对金融机构每月结息日的应收利息金额、会计核算金额、申报增值税的计税金额，是否存在逾期90日后应收未收利息转到表外核算当期利息收入。

四、融资性担保行业

（一）行业概述

1. 行业概况

融资性担保公司是指依法设立，经营融资性担保业务的有限责任公司和股份有限公司。融资性担保是指担保人与银行业金融机构等债权人约定，当被担保人不履行对债权人负有的融资性债务时，由担保人依法承担合同约定的担保责任的行为。

根据国民经济行业分类（GB/T 4754—2011），融资性担保行业属于“租赁和商务服务业（L）”门类——“商务服务业（72）”大类——“其他商务服务业（729）”中类——“担保服务（7296）”小类。

2. 行业特点

随着国民经济的快速增长，融资性担保行业取得了较快的发展。融资担保行业作为连接银企的纽带，通过信用产生的杠杆效应，在相当广泛的范围内，是风险与门槛双高的准金融企业。各地政府均安排专项资金对融资性担保行业给予风险补偿。尽管担保品种不断增加，但贷款信用担保仍是主要品种。

3. 业务流程

担保业务受理→贷款客户资信调查→全面了解贷款客户各方面的情况→审查贷款客户是否符合公司担保条件→决定是否为贷款客户担保→督促银行发放贷款→贷款客户逾期还款→银行通知担保公司代偿→担保公司法务部办理代偿手续→公司法务部催收、诉讼。

（二）主要涉税风险点

1. 少计不计销售收入风险

（1）担保保证金长期挂账不确认收入风险。融资担保行业在发生担保业务时为降低风险，均要收取一定比例的担保保证金，收取担保保证金一般都是开具收据，融资担保企业存在将收到的客户担保费金额扣除担保保证金余额作为收入进行申报的风险。

（2）融资担保行业使用收据预收担保费用现象较为普遍，特别是对个人担保业务，由于对方不需要发票，企业存在预收担保费长期挂账不确认收入的风险。

2. 未按规定计提两项准备金的风险

根据财税〔2012〕25 号文的规定，只有符合条件的担保才允许计提两项准备金，目前该行业担保费率一般在 5%~8%，绝大部分不符合计提两项准备金中"担保费率不超过银行同期贷款基准利率的 50%"的条件，符合条件的融资性担保公司应按规定比例计提未到期责任准备金和担保赔偿准备金，并且将上一年计提的两项准备金在下一年转回，部分企业未按规定进行处理，纳税人存在准备金超比例计提或未按规定转回的风险。

3. 不征税收入申报风险

融资性担保企业主要以中小企业为服务对象，政府为鼓励支持中小企业发展，对融资性担保企业为中小企业担保业务发放财政补贴，财政补贴性质就是降低企业为中小企业担保的资产损失风险，资金由担保公司自由支配，往往没有专项资金管理规定，部分企业在收到财政补助时不确认收入，而是直接计入各种准备金、其他应付款等科目，或者将财政补助确认为不征税收入，不符合有关管理要求。

4. 计提工资薪金未作调整的风险

融资性担保行业工资薪金制度一般实行固定工资 + 业务提成的方式，但由于实际经营过程中存在较高风险，企业为降低经营风险，在担保业务达成后会在账面计提业务人员的提成工资但不实际发放，等担保业务完成排除资产损失风险后再予以发放，融资性担保企业账面会形成已计提未实际发放的工资薪金，存在所得税汇算清缴未做工资薪金调整的风险。

5. 已申报资产损失后又收回的贷款在收回的当期未转为收入的风险

由于融资性担保行业实际经营过程中存在较高风险，往往资产损失金额巨大，纳税人申报资产损失后，经常存在代偿损失业务，向法院起诉后法院强制执行，用客户的货物或固定资产抵债。融资担保企业存在对取得的抵债货物或固定资产进行处置后不计收入的风险。

（三）数据准备

1. 内部数据

见第一节。

2. 外部数据

（1）通过法院采集融资担保行业纳税人的裁定文书和抵债企业抵债货物或固定资产明细清单，获得抵债货物或固定资产的价值，用于监控处置收入申报情况。

（2）通过财政局采集财政补助信息，用于监控财政补助收入申报情况。

（四）风险分析方法

1. 业务收入与实收资本占比风险分析法

（1）原理描述。作为融资担保行业，一般来说，担保费收入金额与企业的资金成正比关系，通过业务收入与实收资本占比，可以判断一个企业资金转化为收入的能力，若严重偏离同行业平均占比，则纳税人可能存在体外循环的大额资金或未计税的隐性收入。

（2）异常判断：

收入占比 = 申报销售收入/平均实收资本 ×100%

行业收入占比 = 同行业申报销售收入之和/同行业平均实收资本 ×100%

平均实收资本 = （实收资本期初金额 + 实收资本期末金额）/2

偏离值 = （行业收入占比 − 收入占比）/行业收入占比 ×100%

（3）数据来源：

首先，筛选行业为“担保服务”、纳税状态“开业”的纳税人。

其次，通过《增值税纳税申报表（一般纳税人适用）》主表，提取“（一）按适用税率计税销售额”本年累计数（第 1 行第 2 列）；通过《增值税纳税申报表（小规模纳税人适用）》主表，提取“（一）应征增值税不含税销售额（3% 征收率）”本年累计数（第 1 行第 4 列）。

最后，提取“实收资本（或股本）”期初和期末金额。

（4）疑点判断。超过阈值的纳税人作为疑点企业。

（5）应用要点。应注意是否存在实收资本未实际到位，以及以货币资金以外资产作为实收资本的情况。

2. 业务收入与资金金额占比风险分析法

（1）原理描述。作为融资担保行业，一般来说，担保费收入金额与企业的资金成正比关系，通过业务收入与资金金额占比，可以判断一个企业资金转化为收入的能力，若严重偏离同行业平均占比，则纳税人可能存在体外循环的大额资金或未计税的隐性收入。

（2）异常判断：

收入占比 = 申报销售收入/资金平均金额 ×100%

行业收入占比 = 同行业申报销售收入之和/同行业资金平均金额 ×100%

资金平均金额 = （货币资金期初金额 + 货币资金期末金额 + 应收票据期初金额 + 应收票据期末金额）/2

偏离值 = （行业收入占比 − 收入占比）/行业收入占比 ×100%

（3）数据来源：

首先，筛选行业为“担保服务”、纳税状态“开业”的纳税人。

其次，通过《增值税纳税申报表（一般纳税人适用）》主表，提取“（一）按适用税率计税销售额”本年累计数（第1行第2列）；通过《增值税纳税申报表（小规模纳税人适用）》主表，提取“（一）应征增值税不含税销售额（3%征收率）”本年累计数（第1行第4列）。

最后，通过资产负债表提取“货币资金”“应收票据”期初和期末金额。

（4）疑点判断。超过阈值的纳税人作为疑点企业。

（5）应用要点。核实“货币资金”、“应收票据”期初和期末差额巨大的原因。

3. 其他应付款与实收资本占比风险分析法

（1）原理描述。融资担保行业收到的财政补贴和担保保证金，一般都会在“其他应付款”科目进行核算，财政补贴和担保保证金金额与实收资本金额成正比，通过其他应付款金额与实收资本金额占比分析，金额巨大或若严重偏离同行业平均占比，则纳税人可能存在担保保证金不计收入少缴增值税，或财政补贴未调增少缴企业所得税的风险。

（2）异常判断：

其他应付款占比 = 其他应付款年平均增加金额/平均实收资本 ×100%

行业其他应付款占比 = 同行业其他应付款增加额之和 ÷ 同行业平均实收资本之和 ×100%

其他应付款年平均增加金额 = 其他应付款期末余额/经营年度

平均实收资本 = （实收资本期初金额 + 实收资本期末金额）/2

偏离值 = （行业其他应付款占比 − 其他应付款占比）/行业其他应付款占比 ×100%

（3）数据来源：

首先，筛选行业为“担保服务”、纳税状态“开业”的纳税人，并提取开业时间，进一步计算经营年度。

其次，提取“实收资本（或股本）”期初和期末金额，以及“其他应付款”期末金额。

（4）疑点判断。超过阈值的纳税人作为疑点企业。

（5）应用要点。其他应付款金额大小与经营时间长短有关，需考虑关联企业之间的借款因素。

4. 未到期责任准备金金额异常风险分析法

（1）原理描述。根据《财政部 国家税务总局关于中小企业信用担保机构有关准备金税前扣除问题的通知》（财税〔2009〕62号）规定，融资性担保企业对符合条件的，允许按照当年担保费收入的50%提取未到期责任准备金。如果纳税人未到期责任准备金金额大于担保收入金额的50%，则纳税人存在超比例提取未到期责任准备金少缴企业所得税，或纳税人未全额申报收入少缴增值税的风险。

（2）异常判断：

未到期责任准备金差额 = 未到期责任准备金金额 - 申报销售收入 ×50%

（3）数据来源：

首先，筛选行业为“担保服务”、纳税状态“开业”的纳税人。

其次，通过《增值税纳税申报表（一般纳税人适用）》主表，提取“（一）按适用税率计税销售额”本年累计数（第1行第2列）；通过《增值税纳税申报表（小规模纳税人适用）》主表，提取“（一）应征增值税不含税销售额（3%征收率）”本年累计数（第1行第4列）。

最后，通过《中华人民共和国企业所得税年度纳税申报表2014版》附表《A105120特殊行业准备金纳税调整明细表》，提取未到期责任准备金税收金额（第27行第2列）。

（4）疑点判断。超过阈值的纳税人作为疑点企业。

（5）应用要点。若账载金额大于税收金额，要关注纳税人是否存在隐瞒收入的情况。

5. 担保费收入与年末担保责任余额占比风险分析法

（1）原理描述。根据《财政部 国家税务总局关于中小企业信用担保机构有关准备金税前扣除问题的通知》（财税〔2009〕62号）规定，中小企业信用担保机构符合条件的可按照不超过当年年末担保责任余额1%的比例计提担保赔偿准备，允许在企业所得税税前扣除。融资担保行业纳税人担保费收入与担保责任金额成正比，行业之间提取的担保费比例大体相同。通过担保赔偿准备可测算纳税人年末担保责任余额，通过担保费收入与年末担保责任余额占比分析，若严重偏离同行业平均占比，则纳税人可能存在体外循环的大额资金或未计税的隐性收入。

（2）异常判断：

收入占比 = 申报销售收入/年末担保责任余额 ×100%

行业收入占比 = 同行业申报销售收入之和/同行业年末担保责任余额 ×100%

年末担保责任余额 = 担保赔偿准备金额/1%

偏离值 =（行业收入占比 - 收入占比）/行业收入占比 ×100%

（3）数据来源：

首先，筛选行业为“担保服务”、纳税状态“开业”的纳税人。

其次，通过《增值税纳税申报表（一般纳税人适用）》主表，提取“（一）按适用税率计税销售额”本年累计数（第1行第2列）；通过《增值税纳税申报表（小规模纳税人适用）》主表，提取“（一）应征增值税不含税销售额（3%征收率）”本年累计数（第1行第4列）。

最后，通过《中华人民共和国企业所得税年度纳税申报表2014版》附表《A105120特殊行业准备金纳税调整明细表》，提取“未到期责任准备”税收金额（第27行第 2 列)。

(4) 疑点判断。超过阈值的纳税人作为疑点企业。

(5) 应用要点。若账载金额大于税收金额，要关注纳税人是否存在隐瞒收入的情况。

6. 处置收入金额异常风险分析法

(1) 原理描述。由于融资性担保行业实际经营过程中存在较高风险，往往资产损失金额巨大，纳税人申报资产损失后，经常存在代偿损失业务，向法院起诉后由法院强制执行，用客户的货物或固定资产抵债，若融资担保企业在所得税汇算清缴时仅有资产损失而无处置收入，纳税人存在对取得的抵债货物或固定资产进行处置后不计收入的风险。

(2) 异常判断：

资产损失 > 500 万元且处置收入 = 0。

(3) 数据来源：

首先，筛选行业为“担保服务”、纳税状态“开业”的纳税人。

其次，通过《中华人民共和国企业所得税年度纳税申报表 2014 版》附表《A105091 资产损失（专项申报）税前扣除及纳税调整明细表》，提取资产损失（第 20 行第 2 列）和处置收入合计数（第 20 行第 3 列）。

(4) 疑点判断：

超过阈值的纳税人作为疑点企业。

(5) 应用要点。可查看法院公示的判决书信息，判断纳税人是否存在已申报资产损失后又收回贷款的情况。

(五) 风险应对方法

1. 少计不计销售收入的风险应对方法

首先，了解纳税人对收取的担保保证金如何进行核算，确认是否存在将收到的客户担保费金额扣除担保保证金余额作为收入进行申报的情况；其次，了解纳税人担保客户群体以及预收担保费如何进行核算，确认是否存在向个人预收保费未做收入的情况；最后，重点审核“其他应付款”“预收账款”明细账，明确二三级科目核算内容，确认是否存在未按规定计收入的情况。

2. 超比例计提两项准备金的风险应对方法

首先，查看相关合同确认担保费率是否符合不超过银行同期贷款基准利率的 50% 计提两项准备金的条件，不符合条件的一律不得计提；其次，查看企业“未到期责任准备金”科目的计提数，与计算出的允许计提的未到期责任准备金进行比较，核实企业实际计提的未到期责任准备金是否超过规定的 50% 比例；再次，查看企业“担保赔偿准备金”科目的计提数，与计算出的允许计提的担保赔偿准备金进行比较，核实企业计提的担保赔偿准备金是否超过规定的 1% 比例；最后，查看准备金科目明细，确认是否按规定将上一年度计提的两项准备金转当年收入。

3. 不征税收入申报风险的应对方法

首先，查看财政部门的资金拨付文件，确认财政补助是否符合不征收收入条件，确认是否存在将不符合条件的财政补助，作为不征税收入进行申报的情况；其次，了解纳税人收到财政补助后如何进行会计核算，查看相关科目明细确认纳税人是否存在收到财政补助不进行申报的情况；最后，对于符合不征税收入条件的，核实企业是否存在作为不征税收入的财政补助逾期仍未使用且未在期满时转为当期收入的情况。重点审核“其他应付款”“预收账款”明细账。

4. 计提工资薪金未作调整的风险应对方法

首先，了解企业的工资薪金制度，掌握业务提成工资标准以及计提工资核算方式和科目；其次，查看计提工资科目明细及余额，确认已在税前扣除但未实际发放的部分，应进行纳税调增处理是否已做调整；最后，查看代扣代缴个人所得税核算科目金额，确认纳税人是否存在虚假计提工资薪金的情况。

5. 已申报资产损失后又收回的贷款在收回的当期未转为收入的风险应对方法

首先，查看资产损失的内在证据和外在证据原始备案资料（被担保人死亡证明、破产证明、法院裁定文书等），确认纳税人是否存在不符合资产损失条件进行申报的情况；其次，查看担保协议以及反担保协议，确认抵押资产明细以及在资产损失后纳税人采取的挽回资产损失的措施，重点关注法院的裁定文书和抵债企业抵债货物或固定资产明细清单；最后，查看挽回资产损失执行情况以及处置情况，确认申报的资产损失是否已扣除处置收入和对应业务的担保保证金金额。

（六）典型案例

对某市××担保有限公司2010—2015年度有关涉税事项进行分析发现该公司存在3个涉税风险事项，初步预估应补缴税款及滞纳金1244250元，其中税款1176250元、滞纳金68000元。

1. 企业基本情况

某市××担保有限公司成立于2006年，注册资本10亿元，某A公司出资8.4亿元，B公司出资1.5亿元，C公司出资1000万元，经营范围：①贷款担保、票据承兑担保、贸易融资担保、项目融资担保、信用证担保；②诉讼保全担保，投标担保、预付款担保、工程履约担保、尾付款如约偿付担保等履约担保业务，与担保业务有关的融资咨询、财务顾问等中介服务；③按照监管规定，以自有资金进行投资。

2. 风险分析情况

通过对某市××担保有限公司分析，发现3个涉税风险事项。其中，两项准备金所涉及的税收风险应补缴企业所得税税款308750元；政府补助所涉及的税收风险应补缴企业所得税税款347500元；计提但未实际发放的工资薪金所涉及的税收风险应补缴企业所得税税款520000元，并加收滞纳金，具体情况如下：

（1）两项准备金所涉及的税收风险：

①2010—2015年，该公司担保赔偿准备金均按照当年年末在保余额的1%提取，且在以后年度参照提取金额足额补税，符合财税〔2009〕62号以及财税〔2012〕25号文件规定。

②2010—2015年，该公司未到期责任准备金提取及转回账务处理存在不合规的情况：2011年该公司账面保费总收入4万元，按照文件要求该公司应提取未到期责任准备金2万元在当年税前列支，但实际操作中并未提取，2012年年末也无准备金转回账务处理；2012年该公司账面全年保费收入227万元，应计提未到期责任准备金113.5万元，但实际账面计提准备金123.5万元，2013年年末未转回。应补缴企业所得税123.5×0.25=30.875万元。

（2）财政补助所涉及的税收风险：

该公司于2009—2012年四年间共收到财政补贴款139万元，2009年10月22日取得财政补贴款20万元，2010年9月21日取得财政补贴款35万元，2011年10月12日取得财政补贴款84万元。账务处理将此项资金计入权益类科目“担保扶持基金”，未缴纳所得税。根据《中华人民共和国企业所得税法》第六条、第七条以及财税〔2011〕70号文件，该单位的这三笔款项无拨付文件，不属于财政拨款，不符合免税收入的条件，应补缴企业所得税。应补缴企业所得税：139×0.25=34.75（万元）。

（3）计提但未实际发放的工资薪金所涉及的税收风险：

该公司2015年3月底入账工资薪金208万元，实为应付D公司2013—2014年相关人员工资，且该公司在2015年6月已支付100万元给对方单位，仍有108万元在账面记载未实际支付。根据《中华人民共和国企业所得税实施条例》第三十四条、《国家税务总局关于企业工资薪金及职工福利费扣除问题的通知》（国税函〔2009〕3号），该公司此项工资薪金费用实为D公司发生的工资薪金，无支付的原始发票，不允许在该公司2015年度企业所得税前扣除。应补缴企业所得税：208×0.25=52（万元）。

五、住宿业

（一）行业概述

1. 行业概况

住宿业（国民经济行业代码H61）是住宿和餐饮业的子行业，是指利用专门住宿设施，以间夜［酒店的房间是以入住时间在当日入住，次日12点前退房的时间计算每间客房的入住天（过夜）数］为计费单位，为消费者主要提供住宿服务的经营场所，包括宾馆、饭店、酒店、招待所以及度假村、培训中心、农家乐等经营企业。不包括按月或按年长期出租房屋住所的活动（如出租房屋、公寓等）。

2. 企业类型划分

按照《国民经济行业分类》国家标准（GB/T 4754—2018），住宿业具体划分为三类明细行业。

（1）旅游饭店。指按照国家有关规定评定的旅游饭店和具有同等质量、水平的饭店活动。包括下列旅游饭店服务：

——旅游星级饭店住宿服务：五星级饭店住宿服务、四星级饭店住宿服务、三星级饭店住宿服务、二星级饭店住宿服务、一星级饭店住宿服务；

——旅游非星级住宿服务：会议中心住宿服务、会所（俱乐部）住宿服务、公寓饭店住宿服务、商务饭店住宿服务、度假村住宿服务、其他旅游非星级住宿服务；

——具有旅游饭店服务水平的宾馆、饭店、酒店、旅馆；

——具有同等水平的公寓式饭店、商务饭店；

——具有同等水平的度假村、避暑山庄；

——各单位办的具有旅游饭店服务水平的招待所；

——以对外提供住宿服务（提供给散客、团组的旅游、出差、商务、休闲等住宿）为主，具有旅游饭店同等水平的会议中心、会所（俱乐部）、培训中心、疗养所。

不包括：以培训本单位职工为主的培训中心，列入 8291（职业技能培训）；以提供各种商务会议为主的会议中心，列入 7292（会议及展览服务）；以提供疗养、康复、护理服务为主的疗养所，列入 8316（疗养院）；在旅游景区办的老干部休养所，列入 8411（干部休养所）。

（2）一般旅馆。指不具备评定旅游饭店和同等水平饭店的一般旅馆的活动。包括下列一般旅馆服务：旅馆住宿服务；招待所住宿服务；青年旅社住宿服务；汽车旅馆住宿服务；其他经济型住宿服务。

（3）其他住宿业。指上述未列明的住宿服务。包括下列其他住宿业服务：学生公寓住宿服务；城市家庭住宿服务；农家住宿服务；车船住宿服务；露营地住宿服务；提供房车场地服务；分时度假住宿服务；其他未列明住宿服务。

3. 流程简介

（1）住宿业服务流程。

①客户到前台出示身份证件，要求入住；酒店扫描客户身份证件，依国籍不同分别上传至公安或者外管系统备查；填写客户入住登记表，以备检查。

②收取客户押金。押金金额为房价的一到二倍不等，部分住宿企业对于信誉度较高的熟客甚至免收押金。押金收据通常一式三联，由客户、收银和财务分别保管，其中收银保

管的联次在当日结束后向财务部门交接。

③制作房间门卡完成入住。

④客户离店办理离店手续，前台收回房间门卡，查看房内物品使用或损坏情况，计算房费并根据缴纳押金多退少补。

（2）住宿业房费结算方法：

在整个住宿流程中，会形成客人身份单据、收银原始单据、收入结算单据三大原始单据，其中收银原始单据和收入结算单据在每日核对之后进行统一的装订、封存以备检查（即为酒店的封包单据，见表4－16），作为酒店收入的原始核对凭据。

表4－16　　酒店封包单据

封包单据			
单据名称	收银形式	内容	备注
现金收银单据	现金	房费押金和其他现金收入	
信用卡水单	信用卡支付	房费押金和其他信用卡收入	
支票复印件	支票支付	房费押金和其他支票收入	
房费结算单据	多退少补	结算房费	
夜审单		当日的房费收入和其他收入的合计数据	
收入收银核实单		核实当日收银是否准确的单据	通常代收收入也一并核算
不参与封包的单据			
免费入住客户	不收银	免费入住客户的消费	无单据
协议客户挂账	转账	协议客户挂账统一结算的消费	无原始凭证

①客人身份单据，是指客人在入住时复印并录入公安系统备查的身份证件。

②收银原始单据，大部分在交纳押金时形成，协议客户挂账和免费入住客户不产生收银单据。

③收入结算单据，主要指夜审单和收入收银核实单。房费收入以夜审数据为结算基础。夜审，是指酒店在每日凌晨0点至2点时间段内审核房间状态并结转收入的工作。

4. 行业生产经营规律

（1）行业特点：

①按星级分类，我国的住宿企业以国家标准为依据，根据企业的地理位置、环境条件、住宿设计布局、内部装潢、设备设施配套、维修保养状况、服务项目、清洁卫生、管理水平、服务水平等方面进行评价确定。按照一星级至五星级来对饭店进行分级评定，星级越高，表示住宿企业的档次越高。

②业务呈规律性变化，从一年的销售量看，住宿业会遇到季节性变化。旅游旺季业务量可能高出淡季数倍，旅游饭店淡旺季差别更为明显。

③业务范围广泛，住宿企业同时提供住宿、饮食、购物、交通、娱乐、会议、商务、休闲度假等一系列服务。

④地理位置的重要性与局限性，企业所处的位置对于经营来说意义较其他行业更为重大。地理位置往往决定着企业的经营状况以及规模档次。但地理位置于经营初期一旦选定，后期更改难度较大。

⑤经营成本费用较大，住宿业既是资本密集型又是劳动密集型产业，住宿业中人工成本则是难以取代的。无论住宿业经营如何，高比例的固定成本一直存在。

（2）行业经营模式：

①独立经营，是由个人或企业、组织独立拥有并经营的单个企业。单独、分散地存在于各个城市和地区，独立地进行营销活动和管理活动，不以任何形式加入任何经营管理联盟，也不属于任何集团。

②饭店集团，是由多个饭店组成的专业饭店集团，一般都拥有一个或多个品牌，同时采用各种不同经营方式，因而又称为联号或连锁饭店公司。饭店集团的经营方式一般有：直接经营、租赁经营、控股经营、管理合同经营、特许权转让经营。

5. 财务核算特点

（1）收入确认方面。酒店的营业收入构成比较复杂，除一般的房费收入、餐饮收入、娱乐消费收入外，房金、电话、食品、赔偿金和租金等都有可能成为酒店的收入来源。评估人员应重点了解这些不同性质的收入，核对企业是否对不同性质的收入进行不同的处理，并根据不同的增值税税目缴纳增值税等相关税费。

（2）成本核算方面。酒店的成本一般包括两部分，一是销售商品成本，指向客人销售酒水、食品、纪念品等，与一般商品零售企业核算方法基本相同。二是餐饮制品成本，指餐饮制品原材料、辅料、调料等相关材料的购进成本。也有部分住宿企业将客房、餐厅部分员工的人工费用拆分计入成本。

（3）费用核算方面。酒店的费用包括销售费用、管理费用和财务费用三部分，其基本原理与一般会计原理相同。但有几点值得注意的地方：

第一，酒店的固定资产和装修相对比较频繁，其中，固定资产的折旧费应当按照各部门实际占用量进行分配，无法按该方式分配的则统一列入管理费用。由于酒店的装修一般数额较大，因此一般需要列入长期待摊费用进行分期摊销，属于改扩建及大修理的，应直接计入固定资产原值进行摊销。

第二，酒店的床上用品损耗情况比较严重，一般三年左右就需要进行更新，当大批购进时列入长期待摊费用进行摊销。床上用品的洗涤由酒店外包给专业洗衣店，所发生的洗涤费用通过“销售费用”下设“布草洗涤费”明细科目归集。

（二）风险特征

1. 增值税

（1）错误使用税率造成少缴税款：

宾馆饭店经营的零售项目涉及税率不同，为了少缴税款，宾馆饭店经常将本来应适用高税率的零售项目使用低税率计算纳税，或者开住宿、餐饮发票，使用6%税率计算纳税。

（2）收入未正确记账造成少缴税款：

①前台的收银结算系统与后台的财务系统数据不符，前台收到的房费没有足额计入财务系统。

②收入性质的账款未正确计入收入科目，而计入“预收账款”或其他往来科目。

（3）公司或个人承包经营娱乐场所的纳税问题：

①公司承包：由于是独立法人，应独立承担经营风险并独立纳税。饭店只向其收取场地租金。但有时在娱乐场所消费的客人希望得到住宿或餐饮发票，或者承包公司为了少纳增值税，向饭店借用住宿和餐饮发票。按照规定承包人无权“借”开发票，出租人无权“代”开发票。

例如，酒店将餐厅出包给一个独立法人经营，当住宿的客人在餐厅消费后，要求将住宿费和餐费统一结算，酒店将房费和餐费合并计算并开具一张发票，酒店将餐费转账给餐厅。此行为酒店应将住宿费和餐费一并计入增值税收入。

②个人承包：个人向饭店缴纳承包费，饭店对娱乐场所的经营成果负有纳税义务。由于饭店与承包人的承包协议中对税款相关事宜未作明确规定，承包人认为交给饭店的承包费中已含增值税，而饭店认为承包人应除承包费外再支付与经营收入相应的增值税。最后，饭店仅就收取的承包费部分缴纳了增值税，双方均未就承包费以外的经营收入缴纳增值税。

（4）加盟模式下的增值税问题：

企业有多家加盟酒店，从加盟酒店收取的入门费在酒店开业时确认收入；运营费按照服务期每月确认收入；许可费在年底确认收入。

（5）增值税税纳税义务发生时间的问题：

酒店收到客人预收款性质的收入，如果开具了发票，以收到预收账款并开具发票的时点为纳税义务发生时间；如没有开具发票，以客人实际消费的时点为增值税纳税义务发生时间。有些酒店与长期合作客户，年底一次结算账款，如有合同约定结算时间的，以合同约定时点为增值税纳税义务发生时间；如没有合同约定结算时间的，以实际消费时点为增值税纳税义务发生时间。

2. 个人所得税

（1）为职工购买的商业保险（包括团体意外伤害险、附加伤害医疗险、补充住院医疗险、团体交通意外险、团体重疾险)、补充养老保险是否按规定代扣代缴个人所得税。

(2)以发票报销会议费、邮电费、差旅费的方式套取现金,支付给个人手续费、回扣、奖励等,未代扣代缴个人所得税。

(3)对“销售费用”科目下列支“差旅费”、“车船燃料费”、“公杂费”、“会议费”、“邮电费”、“查勘费”等费用的原始凭证,是否有假发票,或有票据无法证明实际列支内容或不正常的支出,是否存在支付给个人的收入,通过票据报销方式列入公司费用,并且逃避代扣代缴个人所得税的问题。

(4)以发票报销方式或定额发放交通补贴、误餐补助、加班补助、通讯费补贴等,未代扣代缴个人所得税。

(5)工会经费和企业年金个人缴纳部分等项目在个人所得税前扣除,少缴个人所得税。

(6)支付给职工的工资、奖金以及发放各种实物等未足额代扣代缴个人所得税。

(7)向客户赠送旅游、礼品等未代扣代缴个人所得税。

(8)高层管理人员获得股票期权未缴纳个人所得税。

(9)酒店管理公司外籍管理人员的工资应列为个人所得税核实重点。重点关注企业发放年终奖或提成奖月份的个人所得税,企业会将一些额外补助单独制表,领取人签字。评估人员应合并计算当月所有收入,核实个人所得税计算是否正确。

3. 企业所得税

(1)企业少计应税收入:

酒店收入种类繁多,“预收账款”、“其他应付款”等往来账户通常挂账金额较大,可能存在少结转收入的情况。另外,公司管理人员在本酒店请客签单、投资方客户在酒店入住消费、外单位员工在本单位食堂用餐及其他所得税视同销售的行为也可能存在应计收入而未计收入的问题。

(2)不合规票据税前扣除:

酒店为了节约采购成本,在非正规的市场购买物品,取得不合规票据的可能性较大,存在以收据入账或以虚假发票入账的情况,在计算企业所得税时不得税前扣除。

(3)工资、福利费、保险费扣除存在漏洞:

一要关注是否虚列工资。住宿行业从业人员流动频繁,应注意企业可能存在虚列工资、虚增人员多计成本、已计提未发放工资税前扣除等问题。此外,评估人员还应关注是否存在关联企业员工在本企业列支工资税前扣除的情况,并对此部分调增应纳税所得额。

二要关注企业是否将相关费用足额计入福利费。由于酒店行业的特殊性,职工一般在企业内部餐厅用餐,员工餐费应计入福利费。企业为退休员工支付的工资、为职工报销的供暖补贴也属于福利费范围,应关注是否计入福利费并按规定比例限额扣除。

三要关注保险费扣除是否合法。税法规定，除企业依照国家有关规定为特殊工种职工支付的人身安全保险费和国务院财政、税务主管部门规定可以扣除的其他商业保险费外，企业为投资者或者职工（包括外籍管理人员）支付的商业保险费，不得在税前扣除，对此部分费用应调增应纳税所得额。

（4）佣金支出超过税法规定限额：

酒店业依靠分销渠道解决客源问题已经形成了行业主流。酒店通过有中介资质的网络订房单位（如携程、艺龙等网站）为其提供客源，同时按比例支付销售佣金。根据财税〔2009〕29号文件第一条第2项规定："按与具有合法经营资格中介服务机构或个人（不含交易双方及其雇员、代理人和代表人等）所签订服务协议或合同确认的收入金额的5%计算限额"，对超过税法规定限额扣除的佣金支出应调增应纳税所得额。

（5）其他不合法支出税前列支：

其他多列成本费用的手段包括：一是将与取得收入无关的支出税前扣除，如报销管理人员通讯费等个人费用，举办与取得收入无关的高尔夫活动等；二是发生不符合规定的公益性捐赠支出；三是资产评估增值后，多计提折旧；四是租赁房屋经营的企业，申报时填报扣除的租金金额大于租赁合同约订的租金金额。

4. 其他税种

（1）房产税：

①更新改造支出、满足固定资产确认条件的装修费用、修理费用等，错误地记入"长期待摊费用"科目，未将其作为房产税的计税依据。

根据《企业会计准则——固定资产》的规定，固定资产的更新改造、装修修理等后续支出，如果使可能流入企业的经济利益超过了原先估计，如延长了固定资产的使用寿命，或者使产品质量实质性提高、产品成本实质性降低，则应当计入固定资产账面价值。除此之外的后续支出，应当确认为当期费用。酒店在核算时，应依据上述原则判断固定资产后续支出是否资本化，从而确定装修费用是否应纳入房产原值缴纳房产税。

②与房屋不可分割部分未计入房产原值计税。有的酒店将中央空调、电梯等设备从房产原值中剥离，减少房产计税金额。

根据国税发〔2005〕173号《国家税务总局关于进一步明确房屋附属设备和配套设施计征房产税有关问题的通知》的规定，凡以房屋为载体，不可随意移动的附属设备和配套设施，如给排水、采暖、消防、中央空调、电气及智能化楼宇设备等，无论在会计核算中是否单独记账与核算，都应计入房产原值，计征房产税。

③出租的房产在停租期间没有按房产原值计缴房产税。如某酒店出租的卡拉OK厅、桑拿等，因整顿或者装修等停业几个月，酒店以没有租金收入为由未申报缴纳房产税。根据中华人民共和国房产税相关规定以及《财政部 国家税务总局关于调整房产税有关减免

税政策的通知》（财税〔2004〕140 号）的有关规定，对闲置未用的房产，需要按房产原值一次减除 30% 后的余值缴纳房产税。

④企业没有将土地价值计入房产税的计税金额中。根据《财政部 国家税务总局关于安置残疾人就业单位城镇土地使用税等政策的通知》（财税〔2010〕121 号）的规定："对按照房产原值计税的房产，无论会计上如何核算，房产原值均应包含地价，包括为取得土地使用权支付的价款、开发土地发生的成本费用等。"

（2）印花税：

①实收资本和资本公积增加，未按规定缴纳印花税。

②对酒店的装修改造合同、客房的长期出租合同，未按规定缴纳印花税。

③错误使用印花税税率。

（3）消费税：

星级酒店一般都配有商品部，销售日常用品、纪念品等，有的商品部可能存在销售金银首饰、铂金首饰、钻石及钻石饰品，按照财税〔1994〕95 号、财税〔2001〕176 号、财税〔2003〕86 号文件规定，这部分商品应在零售环节征收消费税。

商品部分为自营和外包两种经营方式，采取自营方式的，应检查酒店是否进行了消费税的税种登记，并在销售的同时计征消费税；采取外包方式的，应要求酒店提供租赁合同及承包方相关证照复印件，并以此为基础检查承包方是否进行了消费税税种登记，并按规定计征消费税。

（三）数据整备

1. 内部数据

见第一节。

2. 生产经营数据

（1）通过企业资料举证，获取企业《住宿业基本信息统计表》和《收入、成本、费用统计表》。

（2）通过实地调查，获取收入系统、财务系统原始数据。

（四）异常判断

1. 基础指标

主要包括企业税务登记基本信息、近三年营业收入、整体税负、主要税种税负等，批量分析比较区域性住宿业经营整体情况。

2. 通用指标

结合住宿业生产经营、财务核算特点，从适用于各行业的通用指标中，选取与住宿业分析关联度较高的指标，如表 4－17 所示。

表 4－17　　住宿业通用指标相关信息表

指标名称	风险描述	分析思路	涉及税种
达到一般纳税人条件未转一般纳税人风险	连续 12 个月申报收入大于 500 万元，但税务登记未转一般纳税人	核实企业正常经营收入是否大于 500 万元（是否有不动产或偶然项目），是否未按时登记为一般纳税人	增值税
连续多次零申报风险	正常经营企业增值税应按时申报，超过一定次数连续零申报，提示风险	核实企业是否正常经营，是否有经营行为但未计收入	增值税
用于个人或集体福利项目进项税额未转出风险	对企业进项发票进行分析，对用于福利项目进行梳理，对同期未填报进项税额转出提示风险	核实企业相关发票认证抵扣、入账科目等信息，核实是否存在应转出未转出的情形	增值税
非正常损失未进项税额转出	非正常损失项目应进项税额转出	核实企业营业外支出填报的项目、存货账目，是否存在应进行进项税额转出的情形	增值税
其他抵扣异常风险	分析企业进项发票，明显非用于企业正常经营的，不得抵扣	核实相关发票开具的业务真实性，合同、资金、运输等资料是否完备	增值税
处置边角废料收入，未按规定计提销项税额的风险	企业在施工过程中，处理住宿材料边角废料收入未申报缴纳增值税、城市维护建设税及教育费附加	审核“其他业务收入、营业外收入、原材料、其他应收款”等科目以及施工现场的材料保管账，核实企业是否存在销售边角料行为未按规定计算缴纳增值税的现象	增值税
增值税与企业所得税收入不一致风险	增值税与企业所得税确认收入的依据大部分相同，若存在不一致提示风险	核实增值税与企业所得税不一致差额产生的原因，确认是否合理	企业所得税
利润率明显偏低风险	综合比对住宿企业平均利润率，明显低于平均水平，则提示风险	核实企业是否少计收入或虚增成本	企业所得税
企业所得税贡献率偏低风险	综合比对住宿企业所得税贡献率，明显低于平均水平，则提示风险	核实企业是否少计收入或虚增成本费用	企业所得税
利息费用无合规票据入账风险	对比企业所得税申报的财务费用中利息收支和企业进项金融服务发票，利息列支大于发票数则提示风险	核实企业列支利息是否足额取得发票，是否存在无合规票据入账现象	企业所得税
将应税的财政性资金作为不征税收入的风险	企业取得的各项补贴、补助、奖励等财政性资金不符合不征税收入的条件，却作为不征税收入申报	查看财政、科技部门给予补贴所下发的文件、资金管理办法，掌握企业补贴具体情况，判断是否符合不征税收入条件	企业所得税

续表

指标名称	风险描述	分析思路	涉及税种
工资薪金申报异常风险	对比企业申报的工资薪金附表列支数与个税申报收入数，若不一致则可能存在企业少申报个税或多列支费用风险	通过相同属期内企业应发放的工资与企业所得税年度汇算清缴表中列支的工资薪金以及个人所得税全员全额明细申报表中所有职工的收入之和三者之间交叉比对，《企业所得税年度纳税申报表》中申报的数额与《扣缴个人所得税报告表》中收入额合计数额应一致，对于不一致或差额过大的可能存在企业所得税、个人所得税少申报风险	个人所得税、企业所得税
分解高管个人收入风险	对企业高管人员申报个税信息进行综合分析，是否存在少计收入少缴个税风险	查看企业工资发放记录、分红记录、差旅费、各类补贴发放，核实企业高管收入是否足额申报个税	个人所得税
企业所得税固定资产未足额申报房产税风险	对比企业申报企业所得税折旧附表中房屋住宿物信息和房产税计税依据，固定资产折旧摊销表房屋住宿物信息中构成房屋的均应申报房产税，房产税计税依据低则提示风险	查看企业固定资产明细账，不动产权证书信息，核实企业房产税是否足额申报	房产税
未按登记房产信息申报风险	对比房管部门提供的不动产权证书信息，查看企业申报房产是否少于登记房产	查看企业固定资产明细账，不动产权证书信息，核实企业房产税是否足额申报	房产税
有房产税无城镇土地使用税申报风险	企业有房产税申报记录，但无城镇土地使用税申报记录，则提示风险	查看企业固定资产明细账，不动产权证书等信息，查看企业是否少缴城镇土地使用税	城镇土地使用税
契税与城镇土地使用税比对风险	企业取得土地申报契税后，应按规定申报城镇土地使用税，若契税申报后，城镇土地使用税申报计税依据无变化，则提示风险	查看企业固定资产明细账，不动产权证书等信息，查看企业是否在取得不动产后未增加城镇土地使用税计税依据	城镇土地使用税

3. 属性指标

结合住宿业生产经营、财务核算特点，设定住宿业行业属性指标，如表 4 – 18 所示。

表 4 – 18　　住宿业属性指标相关信息表

指标名称	风险描述	分析思路	涉及税种
违规列支风险	住宿行业有餐厅等配套设施，查看餐厅支出是否合理，去向发票是否合规	核实企业成本账目支出的真实性，重点核实三流情况	企业所得税

续表

指标名称	风险描述	分析思路	涉及税种
佣金支出超过税法规定限额	企业支付给相关第三方平台的佣金支出超过5%	核实企业收入系统中第三方平台合计金额，查看第三方平台开具的发票情况及企业与第三方平台签订的合同	企业所得税
人工成本占比异常风险	核实企业申报的工资薪金 + 取得劳务费发票数据，视为总人工成本，分析其占企业总成本费用比例	查看企业主要人员工资，查看企业是否进行全员全额纳税申报，是否少交个人所得税	个人所得税
支付劳务报酬未按规定代扣个税风险	对比企业取得的劳务费发票和个税扣缴申报记录，若劳务报酬扣缴依据低于劳务费发票金额，则提示风险	对比金额差距，核实企业签订的劳务合同和资金转账记录，核实企业是否未足额履行代扣代缴义务	个人所得税
房产税未足额缴纳风险	住宿行业为满足星级标准，对房屋进行重大装修，相关装修支出应视情况列入固定资产缴纳房产税	查看装修合同及相关长期待摊支出金额，判断其合理性	房产税

（五）风险分析方法

1. 综合比对分析法

综合比对分析法是运用采集的信息，结合行业特点和经营规律，根据建立的评估模型，测算分析主控、辅控指标的具体数值，对纳税人的生产经营状况、财务状况进行关联性分析，从而判断纳税人申报真实性和合理性的综合分析方法。结合住宿行业特点，我们选取以下指标展开分析。

（1）所得税收入贡献率对比分析：

①原理描述。通过纳税人评估期的所得税贡献率与行业平均水平的比对，对贡献率异常的企业围绕关联指标展开分析，分析和查找纳税人可能存在的涉税疑点。

②计算公式：

所得税收入贡献率 = 应纳所得税额/本期主营业务收入 × 100%

③标准值参考范围（见表4 - 19）。

表4 - 19　　住宿业所得税收入贡献率预警值参照（2019年）

名称	平均值	下限
一、二星级酒店	1.08%	0.86%
三星级酒店	0.83%	0.67%
四、五星级酒店	2.02%	1.61%

④数据获得途径。

应纳所得税额取自《企业所得税年度纳税申报表》主表第33行“实际应纳所得税

额”。

主营业务收入取自《企业所得税年度纳税申报表》附表一《收入明细表》第 3 行“主营业务收入”。

⑤疑点判断。若被评估企业本期所得税贡献率低于行业预警值，可能存在不计或少计销售（营业）收入、多列成本费用、扩大税前扣除范围等问题。

⑥应用要点：

第一，企业所得税贡献率属于综合类分析指标，该指标异常时应结合收入、成本、费用等指标进行进一步分析。

第二，使用该指标需考虑税收优惠、弥补以前年度亏损等政策性因素。

（2）毛利率对比分析：

①原理描述。通过纳税人毛利率与同行业平均水平的比较，分析和查找纳税人可能存在的涉税疑点。

②计算公式：

毛利率 = （营业收入 - 营业成本）/营业收入 ×100%

③标准值参考范围（见表 4 - 20）。

表 4 - 20　　住宿业毛利率参考值（2019 年）

名称	平均值	下限
一、二星级酒店	61.94%	49.55%
三星级酒店	67.86%	54.29%
四、五星级酒店	74.51%	53.71%

④数据获得途径：

取自《企业所得税年度纳税申报表》主表第 1 行“营业收入”、第 2 行“营业成本”。

⑤疑点判断。若被评估企业毛利率低于行业参考值，则可能存在少计收入、多列成本费用等问题。

⑥应用要点。住宿业由于日常经营支出多为应计入费用的项目，毛利率普遍较高，但也有部分住宿企业会计记账方法较为特殊，例如，将各部门人工成本计入相应成本当中，造成该指标失真，应在实际评估工作中视实际情况结合收入费用率指标进行分析。

（3）收入费用对比分析：

①原理描述。对住宿行业主营业务收入和费用进行分析，主要关注纳税人评估期的主营业务收入费用率与同行业平均水平的差异以及主营业务收入变动率与业务及管理费变动率的配比情况，分析和查找纳税人可能存在的涉税疑点。

②计算公式：

主营业务收入费用率 = 本期期间费用/本期主营业务收入 ×100%

③标准值参考范围（见表 4 - 21）。

表 4 - 21　　住宿业主营业务收入费用率参考值（2019 年）

名称	平均值	上限
一、二星级酒店	53. 62%	64. 35%
三星级酒店	62. 66%	75. 20%
四、五星级酒店	66. 48%	79. 77%

④数据获得途径：

主营业务收入取自《企业所得税年度纳税申报表》附表一《收入明细表》第 3 行“主营业务收入”。

业务及管理费取自《企业所得税年度纳税申报表》附表二《成本费用明细表》第 25 行“期间费用”。

⑤疑点判断。若企业主营业务收入费用率高于行业参考值，则可能存在多计费用或不计、少计收入等问题。

⑥应用要点。住宿行业费用普遍较大，除了其劳动密集型产业的特点造成的人工成本居高不下外，另一主要原因为房屋折旧以及装修带来的摊销费用。所以在实际评估工作中，应重点核查企业的员工薪金及福利支出是否合理，房屋折旧及长期待摊费用的摊销是否合规。

（4）契税与房产税比对：

企业接受出让或转让土地缴纳契税，土地的价值应相应地计入房产税的计税金额中，房产税的金额应相应增加。如果企业承受土地缴纳了契税，房产税没有相应增加，则存在房产税纳税疑点。

企业购买房产缴纳契税，新置房产价值应相应计入房产税的计税金额中。如果企业购买房产缴纳了契税，房产税没有相应增加，则存在房产税纳税疑点。

2. 企业数据比对分析法

（1）企业现金流量表比对分析法：

企业所得税计算起点为利润表，其编制遵循权责发生制原则，因包含各种会计估计而可能导致对报表数据进行粉饰。现金流量表以收付实现制为基础编制，提供的信息更为真实客观，可以通过分析现金流本身及与利润表项目的相关关系，评估企业在收入确认方面是否存在问题。

①现金流量表测算收入与营业收入比对：

第一，原理描述。通过现金流量表中“销售商品、提供劳务收到的现金”项目与资产负债表中往来项目测算评估年度同口径收入，若该收入明显大于利润表中的营业收入，则怀疑企业存在隐匿收入的行为。

第二，应用要点。将同口径收入与营业收入比对，营业收入明显偏小的，列为疑点。

同口径收入＝现金流量表“销售商品、提供劳务收到的现金”＋应收账款本期增加额（资产负债表应收账款期末减期初）＋应收票据本期增加额（资产负债表应收票据期末减期初）－预收账款本期增加额（资产负债表预收账款期末减期初）

②关注经营活动中其他经营活动产生的现金流入：

第一，原理描述。现金流量表中“收到其他与经营活动有关的现金”一般核算内容较少，若金额较大，且资产负债表中“其他应收款”、“其他应付款”金额较大，则怀疑企业有隐匿收入的情况。

第二，应用要点。要求企业提供“收到其他与经营活动有关的现金”、“其他应收款”、“其他应付款”核算明细，看企业是否将部分收入挂入往来科目，同时将收入产生的现金流计入“收到其他与经营活动有关的现金”中。

（2）企业各系统数据交叉比对分析法：

①原理描述。住宿业通常有两套管理系统——收银（酒店管理）系统和财务（账务处理）系统，二者一般彼此独立封闭，没有接口。收入核算的具体流程为：客人入住或用餐通过酒店管理系统、收银系统生成原始凭证，夜审后传递到财务部门在财务系统中进行当日的账务处理。需要说明的是，一般酒店的收银系统也按照权责发生制原则确认当天收入，所以理论上两套系统每日的收入总额应当一致。由于两套系统未设置接口无数据勾稽，所以存在发生消费但人为处理未计收入的可能。可以通过抽样检测的方法判断企业记账是否真实准确，并发现企业少计收入的手法。

②应用要点。在评估年度随机抽取若干天数（视实地核查时间、人员安排及工作量而定），要求企业打印各日的收银系统日报表（也称酒店挂账日志）和财务系统收入记账凭证，并对每日二者收入之和是否一致进行比对。如果收银系统日报表反映的收入金额大于记账凭证当日收入金额，则可能存在少计收入的情况，应列为疑点要求企业进行解释。

（3）关联税种比对分析法：

①增值税与企业所得税：

第一，原理描述。增值税的计税基础在一般情况下与企业所得税的主营业务收入相同或者存在着密不可分的联系。因此，可将企业申报的增值税数额除以相应的增值税税率得到增值税计税金额，再将增值税计税金额与企业申报的企业所得税收入进行比对。

第二，应用要点。如果增值税倒推收入与企业所得税申报收入有较大差异，则存在两种情况：

一是增值税计税收入大于企业所得税计税收入，可能存在少缴企业所得税的问题。

二是增值税计税收入小于企业所得税计税收入，可能存在少缴增值税的问题。

②房产税与企业所得税：

第一，原理描述。由于住宿行业的特殊性，经营用房屋大部分为企业自有。房屋原值既是税前提取房屋折旧的依据，也是缴纳房产税的计税基础，二者具有内在的联系。

第二，应用要点。从《房产税纳税申报表》中提取“本期实际房产原值”金额，从《所得税纳税申报表》附表九中提取“房屋住宿物”的账载金额。二者相比，如果房产税对应的房屋原值小于所得税对应的房产原值，则可能存在企业少报房屋价值、少缴房产税的问题；如所得税对应的房产原值小于房产税对应的房产原值，则可能存在企业将改扩建支出、大修理支出计入当期损益或长期待摊费用，未按固定资产年限计算折旧，从而少缴企业所得税的问题。

③个人所得税与企业所得税：

根据国家税务总局公告2018年第28号规定，“雇主为雇员负担的个人所得税款，应属于个人工资薪金的一部分。凡单独作为企业管理费列支的，在计算企业所得税时不得税前扣除。”星级酒店的外籍人员多为高管，根据行业惯例，通常由酒店承担外籍高管的个人所得税，酒店承担的高管个人所得税如若在“管理费用”中单独列支的，应调整应纳税所得额。（“国家税务总局公告2018年第28号”于2018年5月1日执行，之前适用“国税函〔2005〕715号”规定）。

（六）典型案例

1. 企业基本情况

××酒店成立于1997年8月，注册地址及生产经营地址位于××市××区，注册资本60000万元，主营项目包括住宿、餐饮服务、写字间出租等，下设歌舞厅、健身中心、美容院、洗衣房、商品部等5个分支机构，其中除商品部作为独立核算的分支机构单独缴纳增值税外，其余4个分支机构全部为非独立核算的分支机构。2018年1月1日起被认定为一般纳税人，2019年连续被旅游局评为五星级饭店。

2. 数据采集来源及内容

（1）2017—2019年主要申报数据（见表4－22）。

表4－22　　××酒店2017—2019年主要申报数据　　单位：万元

项目＼年度	2017年	2018年	2019年
营业收入	10600.46	12000.43	11766.57
利润总额	－93.42	815.22	67.56
纳税调整后所得	－82.74	925.70	147.11

续表

年度 项目	2017 年	2018 年	2019 年
缴纳企业所得税	0	207.66	36.78
缴纳增值税	3.08	2.74	59.60

（2）企业主要信息。

根据企业填报的《住宿业基本信息统计表》和《住宿业收入、成本、费用情况统计表》（见表 4－26—表 4－29），该企业 2017—2019 年平均从业人员 535 人，经营面积 45156.33 平方米，可供出租房间间夜由 2017 年的 150099 个降至 2019 年的 131198 个，出租率由 2017 年的 45.64% 升至 2019 年的 54.07%；2017 年拥有所有权的房产原值为 48279 万元，2018 年、2019 年增加至 64250 万元；近三年无委托境外管理集团管理、无向境外支付贷款利息、特许权使用费等情况。

3. 确定疑点列举

（1）案头分析：

①出租率比对。2019 年该企业出租率为 54.07%，低于五星级酒店 63.45% 的平均出租率。

②平均房价比对。2019 年该企业平均房价为 573.98 元，低于五星级酒店 868 元/间夜的平均房价。

③2018 年房产原值比 2017 年增加约 1.8 亿元，通过翻阅 2018 年企业所得税汇算清缴鉴证报告，该企业因资产评估调增多计提的折旧额约 138 万元，根据以上信息分析该企业房产原值增加很可能是资产评估所致。2019 年年报中无因资产评估而产生的调整数据。

④旅行社佣金支出。2017—2019 年该企业分别发生佣金支出 80 万元、102 万元和 100 万元，各年汇算清缴鉴证报告中对佣金支出无单独说明，未发现因佣金支出而填报调整事项。

⑤2017—2019 年分别亏损 82 万元、盈利 926 万元和盈利 147 万元，波动幅度较大。

（2）提出疑点：

①根据企业函告回复，2018 年因公司改制资产评估增值 1.28 亿元，按照资产评估增值后的固定资产价值计提折旧额，但 2018 年 6 月以后按月多计提的折旧额未作调增处理。需要了解企业是否取得财政部、国家税务总局允许按照评估增值后的资产计提折旧额的文件，如未取得上述文件，存在未按企业所得税法规定的固定资产计税基础计提折旧额的疑点。

②商品部的部分柜台采取对外出租经营的方式，取得收入由酒店开具增值税发票，存在未按规定确认增值税计税收入的疑点。

③对于佣金支出，财税〔2009〕29号文件第一条第2项规定：“按与具有合法经营资格中介服务机构或个人（不含交易双方及其雇员、代理人和代表人等）所签订服务协议或合同确认的收入金额的5%计算限额。”该企业佣金支出存在未按规定限额计算扣除的疑点。

④针对签单消费支出需要了解企业的核算方式，业务招待费是否按规定税前扣除。

4. 评估约谈及实地核查情况

针对上述涉税疑点，对财务人员进行了约谈举证及实地核查，核查情况主要如下：

（1）针对资产评估增值事项，企业2018年和2019年账套折旧明细表显示2018年、2019年因资产评估增值分别多计提折旧额1405204.55元、1846309.40元，但2018年年终汇算清缴中因资产评估增值多计算折旧额而调增的应纳税所得额仅为1378445.38万元，2019年汇算清缴无相应调整。企业解释，2018年5月补提2017年7—12月、2018年1—5月评估增值部分折旧额，两份记账凭证金额分别为3053723.91元、2722981.01元；另外2018年7月逾龄固定资产累计折旧调整，对应凭证金额－4398259.54元，三份凭证对2018年计提折旧额的影响为1378445.38元，与该企业2018年企业所得税年报表调增数据一致。经查，2018年6—12月该企业因资产评估增值多计提折旧共计829767.79元未作调增处理，2019年多计提折旧1846309.40元未作调增处理。

（2）客人在住店期间，在商品部外租柜台进行消费并挂账，属于混合销售行为，其中商品消费超过在酒店总消费50%的应当作为增值税混合销售，补缴增值税。该企业在2018年、2019年共发生9笔商品消费金额超过总消费金额50%的情况，因该企业自2018年1月1日起被认定为增值税一般纳税人，按照17%的税率补缴增值税，具体数据如表4－23所示。

表4－23　客人住店期间商品消费金额明细　单位：元

消费日期	总消费金额	商品消费占比	增值税
2018.01.17	6570.00	50.08%	954.62
2018.04.21	2560.00	50.00%	371.97
2018.05.06	2511.13	54.08%	364.87
2018.06.15	7717.00	50.28%	1121.27
2019.05.30	4548.00	52.33%	660.82
2019.07.30	3425.00	51.97%	497.65
2019.08.26	5174.83	50.05%	751.90
2019.09.29	3723.23	80.31%	540.98
2019.11.06	3966.00	72.62%	576.26
合计	40195.19	—	5840.34

（3）对于佣金支出该企业提供了2017—2019年销售佣金统计表和2019年度全部订房

中心销售协议书复印件，抽取了 2018 年 3 月、2019 年 11 月两个月的销售佣金记账凭证及原始凭证，数据与销售佣金统计表数据资料一致。销售佣金统计表数据显示佣金支出比例分别为 15.11%、16.82% 和 16.27%，均超过扣除限额比例。具体计算调整数据如表 4－24 所示。

表 4－24　　销售佣金统计表　　单位：元

年份	按协议确认收入	5% 佣金限额	实际发生佣金	调增应纳税所得额
2017	5296481.00	264824.05	800095.17	535271.12
2018	6066999.00	303349.95	1020335.06	716985.11
2019	6122377.80	306118.89	996378.43	690259.54

（4）对于签单消费支出该企业表示只有公司副总以上级别领导可以签单，签单消费支出在账面并未单独予以核算，主要用于业务招待。相关数据如表 4－25 所示。

表 4－25　　2017—2019 年签单金额明细　　单位：元

年份	签单金额
2017	173895.40
2018	72220.60
2019	171899.00

对于签单消费，在调增收入的同时，按业务招待费支出的相关规定在税前扣除，2017—2019 年分别调增应纳税所得额 69558.16 元、28888.24 元和 68759.60 元，合计 167206 元。

（5）在实地核查中，还发现该企业 2019 年 12 月发生计提的增值税列入管理费用，金额为 113632.06 元，经企业确认属于与生产经营无关的支出，调增 2019 年应纳税所得额 113632.06 元。

5. 评定处理

此次纳税评估，主要发现资产评估增值违规计提折旧、商品部挂账款项未缴纳增值税、佣金支出未按规定税前扣除、签单消费未按规定进行税务处理、与生产经营无关的支出在税前扣除等问题。

企业应补缴增值税 72294.96 元、企业所得税 992795.67 元；调减增值税留抵税额 143078.90 元；调减 2017 年亏损 316579.67 元；缴纳滞纳金 181625.92 元。

表 4－26　　住宿业基本信息统计表

纳税人名称：（公章）　　纳税人识别码：　　单位：元

本公司全部单位结算账户账号及开户行：				
	2017 年	2018 年	2019 年	备注
1. 从业人数				
2. 经营面积				
3. 可供出租房间间夜				
4. 实际出租房间间夜				
5. 出租率				
6. 出租房间平均单价				
7. 本公司拥有所有权的房产原值				
8. 本公司年度缴纳房产税金额				
9. 本公司该所属房产提取折旧金额				
10. 本公司本年度是否委托境外管理集团进行管理，如没有，请在相应年度填写“无”，如有，请注明境外管理公司全称				
11. 本公司有无在本年度在税前列支或支付境外管理集团管理费、境外佣金、贷款利息、特许权使用费等费用，如没有，请在相应年度填写“无”，如有，请注明类别及金额				

表 4－27　　住宿业收入情况统计表

纳税人名称：（公章）　　纳税人识别码：　　单位：元

收入类别		2017 年	2018 年	2019 年	占收入合计比例	备注
客房	客房收入					
	其中：					
	客房出租收入					
	房间服务费					
餐饮	餐饮收入					
	其中：					
	中餐收入					
	西餐收入					
	酒吧收入					
	客房送餐收入					
	宴会收入					
	餐饮服务费收入					
	杂项					

续表

收入类别		2017 年	2018 年	2019 年	占收入合计比例	备注
娱乐	娱乐收入					
	其中：					
	康乐及保健中心收入					
	歌厅收入					
其他	其他营业收入					
	其中：					
	洗衣收入					
	电话收入					
	卖月饼收入					
	商品部收入					
	其他收入					
	营业外收入					
收入合计						
本年度开具发票计收金额						
本年度未开具发票计收金额						
本年度利润总额						
本年度应纳税所得额						
本年度缴纳企业所得税金额						

表 4-28　　住宿业成本情况统计表

纳税人名称：（公章）　　纳税人识别码：　　单位：元

成本类别	2017 年	2018 年	2019 年	占成本合计的比例	备注
客房成本					
其中：					
布草成本					
餐饮成本					
其中：					
原材料成本					
娱乐成本					
其中：					
商品成本					
其他营业成本					
其中：					
商品部商品成本					
售卖月饼成本					

续表

成本类别	2017 年	2018 年	2019 年	占成本合计的比例	备注
其他（请注明项目）					
成本合计					

表 4－29　　住宿业费用情况统计表

纳税人名称：（公章）　　纳税人识别码：　　单位：元

	费用类别	2017 年	2018 年	2019 年	备注
销售费用	工资				
	其中：				
	支付客房工作人员工资费用金额				
	支付餐饮工作人员工资费用金额				
	支付康乐及保健中心工作人员工资费用金额				
	支付歌厅工作人员工资费用金额				
	支付商品部人员工资费用金额				
	社保费				
	折旧费				
	租赁费				
	能源费用				
	日常维修费				
	布草洗涤费				
	客用品费用				
	旅行社佣金费用				
	其他（请注明项目）				
	合计				
管理费用	工资				
	社保费				
	折旧费				
	租赁费				
	招待费				
	长期待摊费用摊销				
	其中：				
	装修摊销				
	无形资产摊销				
	其他（请注明项目）				
	合计				

续表

	费用类别	2017 年	2018 年	2019 年	备注
财务费用	利息支出				
	手续费				
	其他（请注明项目）				
	合计				

六、超市行业

（一）行业概述

1. 行业概况

超级市场零售（行业明细代码为“5212”）是指经营食品、日用品等超级市场的综合零售活动，不包括装修用品、服装、电器等以开架形式销售的专业店。

2. 企业类型划分

超市按照经营规模、经营商品结构、经营方式等形态，可以划分为食品超市、综合超市、大型超市等业态。

食品超市是以销售生鲜食品、副食品和生活用品为主，满足顾客每日生活需求的零售业态。其特点是在居民住宅区、交通要道、商业区选址；商圈辐射半径小，目标顾客以居民为主。

综合超市是以销售大众化实用品为主，生鲜食品、衣食用品齐全，满足顾客一次性购足需求的零售业态。其特点是在住宅区、城乡结合部或商业密集区选址；目标顾客是满足消费者中比率最大的中等收入阶层消费需求。

大型超市是实际营业面积较大，大众化衣、食、用品齐全，满足顾客一次性购齐的零售业态。在市、区商业中心，城郊结合部，交通要道及大型居住区附近选址；目标顾客以居民、流动顾客为主，设有停车场。根据经营商品结构，可以分为以经营食品为主的大型超市和以经营日用品为主的大型超市。

目前，连锁超市已成为我国商业零售业的主流业态，连锁超市的主要特点是采取微机联网，实行统一采购配送商品，统一核算，统一规范化管理和经营。连锁超市包括两种形式：一是直营连锁企业，即连锁店的门店均由总部全资或控股开设，在总部领导下统一经营的连锁企业；二是特许连锁企业，即连锁店的门店同总部签订合同，取得使用总部商标、商号、经营技术及销售总部开发商品的特许权的连锁企业。

3. 经营特点

（1）经营方式多样：

自营：这是一种传统的经营模式，企业自己组织货源，自己销售，按正常的商业经销企业的管理办法结转收入、成本和利润，并正常缴纳各项税款。

联营（又称扣点）：许多大型超市为了解决自身资金不足的实际困难，与一些经销商联系，采用联营的方式经营。具体为：经销商与超市签订联营协议，由经销商采购货物，在超市的经营场所销售，由超市统一收款。月末，超市根据销售额确定自身的扣点比例和经销商各自的份额，经销商应占有的份额由经销商找厂家开具增值税专用发票，作为与超市结算的凭据。超市以经销商提供的增值税专用发票作为进货成本，进行进项税抵扣。对于超市来讲，基本实现了零库存，减少了资金压力。

租赁：由超市与商户签订租赁柜台合同，超市收取租金（有些叫进场费、广告促销费、上架费、展示费、管理费、堆头费），作为自身收入，缴纳相关税费；经营者以商场名义对外经营，货款由自己收取，以自己名义缴纳有关税费。

转租：由经营者将超市的部分或全部承包或租赁，然后以自己名义对外出租或联营，由此形成了超市、总承包人、经销者三个环节。

将门面房出租：一般来讲，这种形式下，税企双方对纳税争议较少，超市按房屋出租缴纳房产税、增值税和有关税费。

（2）大中型超市信息化管理水平高。大中型超市在购进、仓储、销售等经营环节均使用管理软件，实现了经营信息的高度集成和业务管理的自动化、网络化、无纸化，大幅提高了工作效率。

（3）向供货方收取多种费用。一类是向供货方提供一定劳务收取的费用，如进场费、堆头费、广告促销费、上架费、展示费、管理费等，这类费用在行业内通常被称为“通路费”；另一类是与商品销售量、销售额挂钩（如以一定比例、金额、数量计算）的各种返还收入，这类费用在行业内通常被称为“返利”。

（4）扣点是重要利润来源。扣点主要是针对联营。保底扣点（合同中规定），即先行确定扣点定额基数（即保底销售额），再按月销售额乘以扣点比例计算出扣点结果。实际销售额小，按保底数扣点，实际销售额大，按实际销售额扣点。单纯扣点，即根据月销售额与扣点比例，计算出当月的扣点结果。

4. 超市行业商品管理方式

（1）采用商品自动化辨识系统。POS 系统的全称为 Point of Sales 系统，被译为“销售时点情报系统”。即以商品条形码为基础，利用带有扫描仪的收银机，将超市各单品的销售信息或退货、分送等各环节的资料输入电脑，然后处理、加工并传送给有关部门，是整个超市信息管理系统的关键。

（2）进货环节的管理。建立统一的商品目录，并不定期进行完善，实行优胜劣汰。

（3）储存环节的管理。大仓通存，通过计算机对每种商品的单品进行系统的进销存分析，不断完善库存结构。通过盘点促进库存管理和有效防止商品失窃，降低商品损失率。

（4）销售环节的管理。以货物编码和条形码为载体，实现销售时由电脑收款机（POS机）对商品条形码进行识别、结算收款和核算收入。

（5）商品盘点。超市在营运过程中会有各种损耗，有的损耗是可以看见和控制的，有的损耗是难以统计和计算的，因此需要通过盘点查明商品盈亏状况。超市的商品盘点依期间可分为定期盘点和不定期盘点两种。除此之外，各柜组在下班前会对货架上或经营场地内的商品进行盘点。

5. 超市行业财务核算

（1）核算方法。大型连锁超市对商品的核算一般采用进价数量金额核算法，由连锁总部进行统一的核算管理，使用统一的财务核算软件。

总部负责与供应商统一进行价格谈判，并指导门店确定销售价格；

总部建立统一的会计政策和财务制度，制约和协调财务关系；

总部统一对管理费、广告宣传费等费用进行分摊。

中小型超市多采用售价金额核算法，有的应用财务核算软件，有的采用手工记账。

（2）与供货商的结算方式：现结，又称为买断，即现款现货。知名品牌和盐、烟等特殊产品一般采用现结方式。自营方式下使用。即按送货数结算（超市自担风险）。

账期，即按约定的付款时间结算。各个超市的账期不尽相同，一般产品账期为到货后的60—90天，生鲜产品一般为到货后的15—30天。一般也是按实销数（超市不担风险）。

滚结，又称为批结，每次送货后结清上次的货款。一般也是按实销数（超市不担风险）。

代销，又称为实销实结，每月按实际的销售量结清货款或销售满一定金额后予以结款（超市不担风险）。

（3）商品进出的财务管理。进货时由采购工作站下定单，商品入库后形成《门店自采入库单》连同《门店自采购订单》和《供应商送货清单》传递到财务部，财务部据此进行账务处理。

商品调拨时由业务部开出《商品调拨单》，经业务部、出货站和超市负责人签字确认后，传递到出货站并将信息录入计算机，从计算机输出《商品调拨单》，连同手工会计联传递到财务部，财务部据此进行账务处理。

商品经前台POS机售出后（销售），收银部每天下午将前一天所有货款的《进账单》与收取的现金、银行存款核对无误后，交至财务部记账员，由财务部记账员与当日销售日报进行核对，无误后确认收入，进行账务处理。

（4）财务核算软件使用情况。大部分超市采用计算机记账，财务数据平时存储在计算机中，按月或按年打印输出纸质资料。财务软件设有接口工具，超市只要定义财务数据输入、输出的接口形式，财务软件便可将商品管理软件的业务数据传向财务系统，自动生成会计凭证、总账、明细账和报表。

（二）风险特征

1. 取得收入形式多样，隐瞒收入

（1）延迟计收入，即超市发售购物券时，收到销售款，同时将购物券或提货单交给购货方时，未及时计提销项税额。

（2）超市为扩大销售渠道，常常推出各种促销措施，如买一赠一、返给顾客代金券及达到一定的购买额后可参加实物抽奖等促销行为，其相应税务处理的监控较为困难。

（3）名烟名酒、高级滋补品、烟草、化妆品、图书音像、家电等物品，超市一般另设专柜，销售后不走联网收款机，直接在柜台交付现金。同时，另设专柜开据发票，多采用手工开票或单机开票，增大了监控收入实现的难度。另外，超市内“店中店”难以区分。有些超市将柜台或部分场地租赁给其他经营者自主经营，从管理角度很难区分专柜经营和自营。在纳税问题上，超市和“店中店”互定盟约，相互推诿，逃避纳税。而此部分经营收入没有通过超市的商业管理软件记录，也未在税务机关登记，形成税收管理的“真空地带”。

（4）收入构成方式较多，包括场地租赁收入，即向租赁经营者收取的租赁场地租金；进店费，是供应商获取进店经营资格而交纳的费用；赞助费，即节日、店庆赞助，在节假日、店庆日，商场超市通常会组织较大规模的促销活动，必然要支付大量的广告费、降价促销费用；海报费，是商场超市为供应商的商品进行促销宣传而收取的一项费用；处理废品收入，存在没有入账计收入的现象。对上述收入是否及时入账，在征收管理上具有一定的难度。

2. 平销返利收入未冲减进项税额

对商业企业向供货方收取的与商品销售量、销售额挂钩（如以一定比例、金额、数量计算）的各种返还收入，均应按照平销返利行为的有关规定冲减当期增值税进项税额，不征收增值税。因此，超市极易将属于平销返利收入以展示费、上架费、管理费的名义交纳增值税。

3. 农产品收购发票难以管控

大型连锁超市收购农业生产者自产的农产品，可凭超市自己为农业生产者开具的农产品收购发票抵扣税款，而该发票由收购的超市自行领购、自行开具、自行抵扣，开给谁、开多少由超市决定，存在较大的随意性，并且一般采用现金结算方式，容易人为调控税负。

4. 未按规定作进项税额转出处理

超市取得水电费专用发票进行了抵扣，却对租赁户使用部分以及免税货物部分不按税法规定进行进项税额转出。

5. 折扣销售未按规定计征销项税额

超市以折扣方式销售购物卡，直接以折扣后金额开具发票，未按税法规定将销售额和折扣额在同一张发票金额栏分别注明，折扣额不应从销售额中减除，应按销售额全额计征增值税。

（三）数据整备

1. 内部数据

采集企业登记信息、各税费种申报、财务报表、进销项发票等数据。

2. 生产经营数据

（1）通过企业资料举证，获取企业的《超市行业基本信息统计表》和《收入、成本、费用统计表》。

（2）通过实地调查，获取收入系统、财务系统原始数据。

（四）异常判断

1. 基础指标

主要包括企业税务登记基本信息、近三年营业收入、整体税负、主要税种税负等，批量分析比较区域性超市行业整体经营情况。

2. 通用指标

结合超市行业生产经营、财务核算特点，从适用于各行业的通用指标中，选取与其分析关联度较高的指标，如表4－30所示。

表4－30　　超市行业通用指标相关信息表

指标名称	风险描述	分析思路	涉及税种
达到一般纳税人条件未转一般纳税人风险	连续12个月申报收入大于500万元，但税务登记未转一般纳税人	核实企业是否正常经营收入大于500万元（是否有不动产或偶然项目），是否未按时登记为一般纳税人	增值税
用于个人或集体福利项目进项税额未转出风险	对企业进项发票进行分析，对用于福利项目进行梳理，对同期未填报进项税额转出提示风险	核实企业相关发票认证抵扣、入账科目等信息，核实是否存在应转出未转出的情形	增值税
其他抵扣异常风险	分析企业进项发票，明显非用于企业正常经营的，不得抵扣	核实相关发票开具的业务真实性，合同、资金、运输等资料是否完备	增值税
增值税与企业所得税收入不一致风险	增值税与企业所得税确认收入的依据大部分相同，若存在不一致，则提示风险	核实增值税与企业所得税不一致差额产生的原因，确认是否合理	企业所得税

续表

指标名称	风险描述	分析思路	涉及税种
利润率明显偏低风险	综合比对超市行业平均利润率，明显低于平均水平，则提示风险	核实企业是否少计收入或虚增成本	企业所得税
企业所得税贡献率偏低风险	综合比对超市行业所得税贡献率，明显低于平均水平，则提示风险	核实企业是否少计收入或虚增成本费用	企业所得税
利息费用无合规票据入账风险	对比企业所得税申报财务费用中的利息收支和企业进项金融服务发票，利息列支大于发票数，则提示风险	核实企业列支利息是否足额取得发票，是否存在无合规票据入账风险	企业所得税
将应税的财政性资金作为不征税收入的风险	企业取得的各项补贴、补助、奖励等财政性资金不符合不征税收入的条件，却作为不征税收入申报	查看财政、科技部门给予补贴所下发的文件、资金管理办法，掌握企业补贴具体情况，判断是否符合不征税收入条件	企业所得税
工资薪金申报异常风险	对比企业申报的工资薪金附表列支数与个税申报收入数，若不一致，则可能存在企业少申报个税或多列支费用风险	通过相同属期内企业应发放的工资与企业所得税年度汇算清缴表中列支的工资薪金以及个人所得税全员全额明细申报表中所有职工的收入之和三者之间交叉比对，《企业所得税年度纳税申报表》中申报的数额与《扣缴个人所得税报告表》中收入额合计数额应一致，对于不一致或差额过大的可能存在企业所得税、个人所得税少申报风险	个人所得税、企业所得税
分解高管个人收入风险	对企业高管人员申报个税信息进行综合分析，是否存在少计收入少缴个税风险	查看企业工资发放记录、分红记录、差旅费、各类补贴发放，确认企业高管收入是否足额申报个税	个人所得税

3. 属性指标

结合商超企业生产经营、财务核算特点，设定商超行业属性指标，如表 4－31 所示。

表 4－31　　超市行业属性指标相关信息表

指标名称	风险描述	分析思路	涉及税种
非正常损失未进项税额转出	非正常损失项目应进行进项税额转出	核实企业营业外支出填报的项目、存货账目，是否存在应进行进项税额转出的情形	增值税
农产品收购发票异常	企业为抵扣进项，存在虚开农产品发票的风险	核实企业收入系统农产品销售的规模是否与抵扣的农产品发票规模相当	增值税

续表

指标名称	风险描述	分析思路	涉及税种
平销返利未冲减进项税额	企业为抵扣进项，存在平销返利不进行税务处理的风险	查看企业供货合同，是否存在平销返利行为，如果存在，查看是否有进项税额转出等	企业所得税
支付劳务报酬未按规定代扣个税风险	对比企业取得的劳务费发票和个税扣缴申报记录，若劳务报酬扣缴依据低于劳务费发票金额，则提示风险	对比金额差距，核实企业签订的劳务合同和资金转账记录，核实企业是否未足额履行代扣代缴义务	个人所得税

（五）风险分析方法

1. 毛利率法

（1）原理描述。毛利率法就是通过毛利率指标测算企业应税销售收入，并与企业申报信息进行对比分析的一种方法。

（2）计算公式：

（采用进价核算企业）本期评估应纳税额 =［本期购进商品金额/（1 − 毛利率）× 毛利率 × 适用税率 −（期末库存商品金额 − 期初库存商品金额）× 适用税率］− 期初留抵税额

（采用售价核算企业）本期评估应纳税额 =［本期销售商品金额 × 毛利率 × 适用税率 −（期末库存商品金额 − 期初库存商品金额）×（1 − 毛利率）× 适用税率］− 期初留抵税额

（3）标准值参考范围。超市行业平均毛利率一般在 9%～15%。

（4）数据获取途径。从纳税人申报表、财务报表以及相关账簿资料中获取。

（5）疑点判断。如果评估应纳税额与纳税人申报应纳税额两者差异较大，则说明纳税人可能存在销售不计收入或隐瞒收入情况。

（6）应用要点。确定企业毛利率标准值时，要选取同行业同规模且财务核算健全规范具有代表性的企业，测算近三年的平均毛利率作为参考值。

（7）本评估方法在适用一般纳税人时可与税收负担率等指标结合运用，行业税收负担率在当期内应是一个相对稳定的值，不同企业由于经营情况不同税负会有所波动，但波幅不大。如果税负变动率和毛利率变动率变动不匹配（即毛利率上升税负下降），则应从是否存在返利或折扣销售方面进行深入评估。

（8）本评估方法在适用一般纳税人时可与金税稽核比对结果结合运用，如存在滞留票问题，则进一步落实有无账外经营隐瞒销售情况。

2. 费用推算法

（1）原理描述。以超市当月发生的全部费用为基数，除以平均销售毛利率，推算当月应税销售额。

（2）计算公式：

评估最低销售额 = 当月发生的全部费用 ÷ 平均销售毛利率

平均销售毛利率 =（销售收入 – 销售成本）÷ 销售收入 × 100%

（3）标准值参考范围。超市行业平均毛利率一般在 9%～15%。

（4）数据获取途径。从企业申报的利润表中以及出租方、水电部门、经营人员名册中获取有关费用信息。

（5）疑点判断。如果评估最低销售额大于纳税人申报销售额且两者差异较大，则说明纳税人可能存在销售不计收入或隐瞒收入情况。

（6）应用要点。可以利用企业当期发生的综合毛利率、综合费用率、费用支出等指标，对企业纳税情况进行分析判断。

①当评估的销售额 × 综合毛利率 > 费用总额，而评估的销售额 ≤ 企业申报的销售额时，则企业纳税比较正常，应做无问题处理。

②当评估的销售额 × 综合毛利率 ≤ 费用总额，而评估的销售额 > 企业申报的销售额时，则企业纳税异常，应深入分析企业是否少申报了销售额。

3. 最低税额核定法

（1）原理描述。对于既未安装电子收款机又无法掌握销售情况的超市。根据增值税基本原理，以保本经营为假定条件，用经营费用测算最低税额。

（2）计算公式：

评估销售额 = ∑经营费用

本期应纳税额 = 评估销售额 × 适用税率或征收率

（3）标准值参考范围。无。

（4）数据获取途径。

①获取纳税人纳税申报信息。

②从出租方、经营人员、水电部门获取相应的费用信息。

（5）疑点判断。纳税人申报应纳税额与推算应纳税额存在较大差异，则纳税人可能存在隐瞒收入的情况。

（6）应用要点：

①在了解纳税人费用情况时，要广泛采集各方面的信息，不仅要收集租金、人工工资、水电费用等相对固定的费用，还要收集其他费用支出情况，如借入资金利息等，提高评估信息的全面性、真实性。

②在推算应纳税额过程中，要综合考虑纳税人的经营情况，包括经营时间长短、所处地段等，一般情况下，经营时间越长，营业情况越好；超市所在区域繁华程度越高，场地租赁费单位价格越高，员工工资平均水平越高，表明单位的经济效益越好。

4. 进货推算法

（1）原理描述。根据其当期进货情况（包括购进、代销），加上上月库存减去其现有库存推算当期销售额的方法进行纳税评估。

（2）计算公式：

核定最低销售额 =（本月进货金额 + 上月库存金额 − 月末库存金额）×（1 + 毛利率）

核定应纳税额 = 核定销售额 ÷（1 + 适用税率或征收率）× 适用税率或征收率

（3）标准值参考范围。根据实际情况确定。

（4）数据获取途径。

①库存情况可通过电子收款机中的详细记录调出。

②有关存货明细账。

③根据同业指标测算的毛利率。

（5）疑点判断。若核定的最低销售额小于企业申报销售额，则说明企业有销售不计收入、库存商品短缺盘亏不做进项税额转出等情况。

（6）应用要点：

①注意纳税人存货账簿记录的真实性和完整性、有无漏记不记情况存在。

②要审核与存货相应的有关现金、银行存款、主营业务收入、主营业务成本、往来款有关科目，确定企业有无库存不实、不计收入等情况。

5. 收款机汇总单核定法

（1）原理描述。对使用电子收款机进行收款的小规模纳税人，到超市了解一天销售情况，与核定销售额的日均数进行比较，发现问题连续跟踪，求其一段时间（7—10 天）的日平均收入推算其当月销售额，以此来确定其应纳税额。

（2）计算公式：

应纳税额 = 日平均销售额 ×30。

（3）标准值参考范围。无。

（4）数据获取途径。电子收款机每日销售额。

（5）疑点判断。如果核定的应纳税额低于通过收集电子收款机中销售数据取得的应纳税额，需进行相应调整。

（6）应用要点。由于超市销售的季节性，进行评估时，要考虑销售旺季和淡季以及节假日等因素。

6. 存货周转率测算法

（1）原理描述。存货周转率是衡量和评价企业购入存货、投入生产、销售收回等各环节管理状况的综合性分析指标。用存货周转率这一财务分析指标来分析企业的存货周转速度，可以分析企业的盈利及对纳税情况的影响。

（2）计算公式：

①评估期期初存货价值总额或者评估期期末存货价值总额 = ∑商品数量 × 销售单价

评估期期初与期末存货价值总额要求按商品单一品种的售价计算，然后按照商品的类别加总。

②评估期平均存货价值总额 =（评估期期初存货价值总额 + 评估期期末存货价值总额）÷2

如果评估期期初与期末存货相差不大，也可以用评估期某一时点的数据替代平均存货；如果评估期内销货额波动幅度较大，则应按评估期期初与期末存货的平均值计算。

③年存货周转率 = 评估期采集的销售额 ÷ 评估期存货价值总额 ÷ 评估期月数 ×12

评估期存货周转率要求按商品的类别采集。如果纳税人能够如实提供或者对同类超市的存货周转率认可的情况下，税务机关可视情况采用；如果不具备前述条件，税务机关就需要通过测算并经过分析论证后确定。

④评估期销售额 = 评估期存货价值总额 × 评估期存货周转率

（3）标准值参考范围。年存货周转率为 2—5，部分地处城市黄金地段且流动人口集中的超市，其年存货周转率要高得多，约为 5—10。

（4）数据获取途径。企业财务报表及有关存货明细账簿。

（5）疑点判断。存货周转率过低，则可能企业存在少计销售收入问题。

（6）应用要点：

①存货周转率的确定应参考以下因素：一是超市所处地理位置。如果超市所处地段人口密集、顾客流量大、商业网点比较集中，可以提高适用年存货周转率档次；否则，可以降低适用年存货周转率档次。二是单位面积租金。经营场地单位面积租金相对较高的，可以提高适用年存货周转率档次；三是员工工资水平（横向比较）。如果员工工资水平较高，可以提高适用年存货周转率档次；如果员工工资水平较低，可以降低适用年存货周转率档次。四是节假日因素。评估期内有节假日的，可以提高适用年存货周转率档次。五是借入资金量及利息支付情况等。

②如果评估期时间过长，税务机关监控测算时间较短，评估期销售额的确定应考虑超市行业销售的淡旺季。以一年为例，从实际调查情况看，超市经营有明显的淡、旺季之分，下半年的销售额占全年销售总额的 2/3 左右，其中每年中秋节销售额约占全年销售额的 10%～15%，春节销售额约占全年销售额的 10%～25%。因此，在核定纳税人的应纳税额时，应及时进行调整，以确保税负公平。

（六）典型案例

1. 企业基本情况

××超市是中央直属的××集团旗下的零售连锁企业品牌，同时也是中国最具规模的零售连锁企业集团之一，其中超市业务已连续多年位居中国连锁超市前列。目前××超市的业务发展区域遍布华东、华南、华北、西北、东北，经营涉及消费品、电力、地产、水泥、燃气、医药、金融等多个领域。

2. 案头分析

（1）企业纳税情况。该企业2017年实现销售收入347740.4万元，缴纳增值税9417.3万元，企业所得税3161.5万元；2018年实现销售收入393037.1万元，同比增长13.0%；缴纳增值税12928.8万元，同比增长37.3%；企业所得税4687.3万元，同比增长48.3%。

2019年1—10月实现销售收入389767.1万元，入库增值税6526.8万元，比上年同期减少4402.0万元，同比下降40.3%；企业所得税2，804.4万元，比上年同期减少1882.9万元，同比下降40.2%。

（2）税收优惠享受情况：

①西部大开发优惠政策：从2003年起开始享受，文件号：财税〔2010〕202号《财政部、国家税务总局、海关总署关于西部大开发税收优惠政策问题的通知》。

②残疾人工资加计扣除税收政策：从2009年起执行，文件号：财税〔2009〕70号《财政部 国家税务总局关于安置残疾人员就业有关企业所得税优惠政策问题的通知》。

③计生用品增值税减免政策：从2009年1月1日起执行，文件号：中华人民共和国国务院令第538号《中华人民共和国增值税暂行条例》。

④蔬菜流通环节增值税减免政策：从2018年1月1日起执行，文件号：财税〔2011〕137号《关于免征蔬菜流通环节增值税有关问题的通知》。

⑤鲜活肉蛋增值税减免政策：从2018年10月1日起执行，文件号：财税〔2012〕75号《关于免征部分鲜活肉蛋产品流通环节增值税政策的通知》。

（3）可能存在的涉税问题。对该企业纳税情况进行分析，我们认为该企业可能存在以下问题：

①核实企业税收优惠政策享受情况，查看企业是否存在免税收入对应的进项税额未做转出的问题；

②核实该企业增值税开票（未开票）收入与申报收入差异额，查看企业是否存在未足额申报已开票收入的问题；

③核实增值税税负率低于行业平均税负率30%，且存货变动率以及应纳税额与应税销售额弹性系数异常，查看企业是否存在发出商品不报、少报销售收入或多抵、虚抵进项税额的问题；

④核实增值税未开具发票异常，查看企业是否存在通过冲减未开具发票收入来隐瞒收入的问题；

⑤根据超市企业行业规律，核实企业是否存在预付卡销售未计收入，免费试用、积分换礼品有无视同销售等问题；

⑥核实该企业向供货方收取的各种收入有无按照国税发〔2004〕136号文件确认增值

税收入；

⑦核实该企业以租赁方式销售行为是否存在多抵进项税额的问题。

⑧核实消费者在场外（租赁户）使用购物卡刷卡消费情况，查看企业是否存在开发票未计收入的问题。

3. 风险判断

（1）免税政策执行问题。该企业财务核算均采用电算化，免税品种在期初由系统统一设置为零税率，与其他非免税品种分开核算。

按《中华人民共和国增值税暂行条例》第十五条第二款规定，计生用品免征增值税；自2018年1月1日起，按财税〔2011〕137号文件，免征蔬菜流通环节增值税；自2018年10月1日起，按财税〔2012〕75号文件，免征部分鲜活肉蛋产品流通环节增值税。

对该超市免税品种进行调取，发现以下产品属于免税品种：礼品、带包装商品；肉馅、肉糜、丸子；家庭配菜；豆制品；即食食品（即冲即饮鲜汤类、海苔等）；在免税品种目录里未列明的商品。就此类问题和货劳处进行了专门沟通，确认礼品、带包装商品中如含非免税商品则不适用免税政策；肉馅、肉糜等只是将肉品细碎化，其性质没有发生改变，应属于免税项目；其余商品均属于半成品，不适用免税政策，未在免税品种目录中列明的商品不属于免税品种。

该企业在免税政策执行后，免税收入对应的进项税额未做转出，并从销项税额中进行了抵扣。根据《中华人民共和国增值税暂行条例》第十条第一款规定，免征增值税项目取得进项税额不得从销项税额中抵扣。

（2）卖场外租赁商户使用购物卡消费的问题。在核查中，我们发现该超市卖场外租赁商户在销售商品时，消费者可以使用现金和该超市的购物卡。当消费者使用现金时，租赁商户直接收取现金，此项销售行为与该超市无关；当消费者在租赁商户处使用该超市购物卡消费时，该超市将此项消费金额冲减预收账款，通过银行划转租赁商户。该交易行为虽然超市将款项转给了租赁商户未取得该类收入，但超市在售卡时开具了发票，根据《中华人民共和国增值税暂行条例》第十九条第一款规定的增值税纳税义务发生时间：销售货物或者应税劳务，为收讫销售款项或者取得索取销售款项凭据的当天；先开具发票的，为开具发票的当天。根据此条规定该超市在出售购物卡时，如果已开具发票，就应征收增值税。同时根据《中华人民共和国发票管理办法实施细则》第四章“发票的开具和保管”第二十六条规定，填开发票的单位和个人必须在发生经营业务确认营业收入时填开发票，未发生经营业务一律不准开具发票。该超市此行为违反了《发票管理办法》关于“发票的开具和保管”的相关规定，应就此行为补征增值税并处罚款。

（3）折扣销售的问题。该超市以折扣的方式销售购物卡时，销售额和折扣额未在同一张发票上分别注明，直接以折扣后价格开具发票，根据《国家税务总局关于印发〈增值税若干具体问题的规定〉的通知》（国税发〔1993〕154号）第二条第（二）项规定：纳税人采取折扣方式销售货物，如果销售额和折扣额在同一张发票上分别注明的，可按折扣后的销售额征收增值税；如果将折扣额另开发票，不论其在财务上如何处理，均不得从销售额中减除折扣额。同时根据《国家税务总局关于折扣额抵减增值税应税销售额问题的通知》（国税函〔2010〕56号）规定：纳税人采取折扣方式销售货物，如果销售额和折扣额在同一张发票上分别注明的，可按折扣后的销售额征收增值税。纳税人采取折扣方式销售货物，销售额和折扣额在同一张发票上分别注明是指销售额和折扣额在同一张发票上的“金额”栏分别注明的，可按折扣后的销售额征收增值税。未在同一张发票“金额”栏注明折扣额，而仅在发票的“备注”栏注明折扣额的，折扣额不得从销售额中减除。该超市直接以折扣后价格开具发票，未按规定将销售额和折扣额在同一张发票上分别注明，应按销售额全额征收增值税。

目前部分地区针对超市出售购物卡券出台了相关规定，如江西省国家税务局出台了《江西省百货零售企业增值税管理办法》，其中第十二条第三款规定，企业销售货物按下列原则确定销售额：以销售购物卡、提货卡、储值卡、一卡通等价值型提货凭证（以下简称“提货凭证”）销售货物的，以卡面面值确定销售额；如销售折扣在同一张发票上分别注明的，以卡面面值减去折扣额确定销售额。销售各种卡支付的回扣不得扣减销售额。另外，内蒙古自治区国家税务局也出台了类似的相关规定。建议我省针对超级市场零售行业也出台相应的增值税管理办法，以规范该行业的此类涉税问题。

（4）VIP积分兑换商品的问题。该超市的VIP积分在兑换购物卡和商品后，未做收入，未缴增值税，根据《中华人民共和国增值税暂行条例实施细则》第四条第八款规定，将购进的货物无偿赠送其他单位或者个人，应视同销售。

4. 处理意见

（1）增值税相关问题处理意见：

①目前已将非免税商品剔除完毕，其不应享受免税政策的商品多为肉串等半成品。经核实该单位2018年应调整不应享受免税商品的销售额219323.94元，应补缴增值税25231.96元；2019年应调整销售额1066099.26元，应补缴增值税122648.59元。

②对该企业在免税政策执行后，免税收入对应的进项税额未做转出，2018年1月1日起新鲜蔬菜免征增值税，企业在此期间抵扣该类产品进项税486814.16元、2018年10月1日起鲜禽蛋免征增值税，企业在此期间抵扣该类产品进项税1710510.98元，合计税额2197325.14元，应做进项税转出。

③对超市卖场外租赁商户使用购物卡消费，该企业未计收入，开具发票的行为，应补记2018年主营业务收入46754780.27元，补征增值税7948312.65元。

④对该企业以折扣方式销售购物卡，直接以折扣后金额开具发票，折扣金额未计收入

的情况，应补计2018年主营业务收入11254325.61元，补征增值税1913235.35元。

⑤对该企业VIP积分赠送的货物未做收入的情况，应补计2018年主营业务收入13372918.76元，补征增值税2273396.19元。

⑥以上各项（除第一项已经调整入库外）合计该企业应做进项税转出2197325.14元；另补计2018年主营业务收入71382024.64元，补征增值税12134944.19元。

（2）所得税相关问题处理意见：

该企业赠送的购物卡和VIP积分销售的货物，应视同销售，由于该部分成本企业已经列支，所以应补计2018年主营业务收入24627244.37元，扣减营业税金及附加357831.60元，应调增应纳税所得额24269412.77元。

×××超市有限公司是××超市的全资子公司，两家公司采用统一的财务核算制度，并使用同一个财务部门，在对其进行纳税评估检查时也发现了类似的问题。蔬菜、鲜活肉蛋免税政策实施后，进项税应转出75900.00元。采取折扣方式销售货物，因发票开具不规范，应补增值税4852584.02元。

七、物业管理行业

（一）行业概述

1. 行业概况

物业管理是指业主对区分所有建筑物共有部分以及建筑区划内共有建筑物、场所、设施的共同管理或者委托物业服务企业、其他管理人对业主共有的建筑物、设施、设备、场所、场地进行管理的活动。物权法规定，业主可以自行管理物业，也可以委托物业服务企业或者其他管理者进行管理。物业管理有狭义和广义之分。狭义的物业管理是指业主委托物业服务企业依据委托合同进行的房屋建筑及其设备，市政公用设施、绿化、卫生、交通、生活秩序和环境容貌等管理项目进行维护和修缮活动。广义的物业管理应当包括业主共同管理的过程和委托物业服务企业或者其他管理人进行的管理过程。

2. 行业特点

（1）物业管理企业投资对象。目前，物业管理企业绝大多数是由房产开发企业投资成立的，物业管理企业主要服务对象就是投资方自己开发建设的房产项目，物业管理企业往往都受房产开发企业管理。

（2）物业管理服务对象分类。目前，根据物业管理服务对象进行分类主要包括住宅、办公、商业区、工业园四类，其中住宅物业服务费受房管和物价局监管，管辖范围、户数、面积、收费标准需要进行备案管理。

房管物业管理科负责物业维修基金的监管。物业维修基金由房产开发公司代收，办理房产证时缴纳给房管物业管理科，物业维修基金少于30%后由物业公司代收代缴；房产超过质保期后，符合条件的维修项目，先在小区进行公示，2/3 住户同意签字后，与施工单位签订合同，完工后决算超过两万元需要审计，施工单位开具发票交付至房管物业管理科后进行资金拨付。

（3）物业管理行业企业收费情况现状。收费标准主要分两类，已入住收取全额，空置一年以上收取 70% 物业费。收费方式分预缴、后缴两类。物业费实际收取比例情况，其中办公、商业区、工业园物业费收取比例基本是 100%，住宅物业费由于面对的是广大业主，个性千差万别，收取难度不一，部分业主因房屋质量问题、物业服务质量问题、业主已入伙但未实际入住等因素拒交物业费。造成部分物业费收入不能到位，一般经营较好的实际收取比例在 90% 以上，较差的在 80% 以上，低于 80% 的大部分物业公司不再接手，由地方政府委托乡镇街道接管，以淄博张店区为例，按户每年拨款 150 元，乡镇街道进行购买服务保证基础物业服务保障。综合入伙率、入住率、物业费收取率几种因素，造成理论上的计算与收取到位的收入存在较大差异。大部分物业公司的物业费征收率在 60%~80%。

3. 主要收入与成本费用

（1）物业管理服务收入分类。根据服务项目主要分物业管理收入、物业经营收入、多种经营收入三大类。

①物业管理收入：是指物业公司向物业产权人、使用人收取的服务费。主要包括前期入住物业费（向房地产公司收取）、物业费、停车服务费、电梯费、装修管理费、部分代收手续费收入、垃圾清扫收入。

②物业经营收入：是指物业公司提供的房屋建筑物和共用设施、场地取得的收入。主要包括转售水电费、房屋出租收入、停车位租赁费、广告位租赁、共用场地租赁等。

③多种经营收入：是指物业公司提供的其他有偿服务经营项目。主要包括居家维修、门禁卡销售、房屋销售租赁中介服务、室内装修、家政保洁、快递代收代送、代送牛奶报纸、小孩接送、打印和商务服务等。

（2）物业管理服务成本分类。根据国家发展改革委、建设部 2015 年发布的《物业服务定价成本监审办法（试行）》规定，物业服务定价成本由人员费用、物业共用部位共用设施设备日常运行和维护费用、绿化养护费用、清洁卫生费用、秩序维护费用、物业共用部位共用设施设备及公众责任保险费用、办公费用、管理费分摊、固定资产折旧以及经业主同意的其他费用十项组成。以住宅物业为例，假设保洁为外包，各类支出占比（供参考）情况如下：

①人员费用：50%~55% 是指小区管理服务人员工资、福利、奖金、工会经费、职工教育经费、社保、公积金。

②物业共用部位共用设施设备日常运行和维护费用：18%~22% 是指物业管理区域内共用部位共用设施设备的日常维修养护费用。不包括保修期内应由建设单位履行保修责任

而支出的维修费，应由住宅专项维修资金支出的维修和更新、改造费用，物业公司承担的公共区域能耗费用等。

③绿化养护费用：3%～4%是指管理、养护绿化所需的绿化工具购置费、绿化用水费、补苗费、农药化肥费等。不包括应由建设单位支付的种苗种植费和前期维护费。

④清洁卫生费用：12%～16%是指保洁外包费用、购置保洁工具费、消杀防疫费、化粪池清理费、管道疏通费、清洁用料费等。

⑤秩序维护费用：1%～3%是指秩序维护所需的器材装备费、安全防范人员的人身保险费及由物业服务企业支付的服装费、消防维保费、日常消防物资费用等。其中器材装备不包括共用设备中已包括的监控设备。

⑥物业共用部位共用设施设备及公众责任保险费用：0.6%～1.5%是指物业共用部位共用设施设备及公众责任保险。

⑦办公费用：5%～7%是指物业管理处发生的办公用品费、交通费、房租、水电费、取暖费、通讯费、书报费及其他费用。

⑧管理费分摊：6%～8%是指物业服务企业在管理多个物业项目情况下，为保证相关的物业服务正常运转而由各物服务小区承担的管理费用。即物业公司总部职能部门的人工成本、办公、固定资产折旧、差旅、内控管理、审计咨询等费用。

⑨固定资产折旧：0.5%～1%是指管理处的固定资产每月摊销的折旧费。

⑩经业主同意的其他费用：是指业主或者业主大会按规定同意由物业服务费开支的费用。

4. 上下游企业情况

上游行业是供电公司、自来水公司、保洁保安公司、园林绿化公司、建筑施工公司等，主要抵扣项目为电费。下游行业住宅主要是个人业主，办公主要以行政单位为主，商业区和工业园主要是各行业工商业纳税人。

（二）主要涉税风险

1. 少计不计销售收入风险

（1）部分收入不入账。业户在缴纳物业费或租金时，未能索取发票，部分物业公司将这部分收入隐匿不入账，造成少计收入。

（2）收入不确认，记入“其他应付款”等科目。部分物业公司在取得物业管理费收入或租金收入时，暂挂预收款、其他应付款等科目，以收入不能确认为由，不计收入，造成预收款、其他应付款科目余额较大，收入长期得不到确认，收入与其物业管理规模不相符。少数物业公司以住户装修保证金抵业主应缴的物业管理费时，不作收入处理。

（3）减免收入。减免收入是指为房地产公司介绍他人买房，减免其当年物业管理费等，相应减少了公司应收物业管理费收入。形成应计收入而未计的情况。

（4）补贴收入记往来账。少数物业公司对于房地产公司物业管理补贴收入，不作收入处理，长期挂其他应付款，以暂借款的名目少计收入。

2. 纳税义务确认时间执行错误风险

无论是《企业会计准则》还是《企业会计制度》都规定企业的会计核算应当以“权责发生制”为基础，同时，《营业税改征增值税试点实施办法》第四十五条规定“增值税纳税义务、扣缴义务发生时间为：纳税人发生应税行为并收讫销售款项或者取得索取销售款项凭据的当天；先开具发票的，为开具发票的当天。收讫销售款项，是指纳税人销售服务、无形资产、不动产过程中或者完成后收到款项。取得索取销售款项凭据的当天，是指书面合同确定的付款日期；未签订书面合同或者书面合同未确定付款日期的，为服务、无形资产转让完成的当天或者不动产权属变更的当天。”由此可见，作为物管公司的主要收入——物业费收入，应当按照“权责发生制”原则及相关规定，在物业合同规定的付款到期日或服务完成的当天（即月末）确认销售收入。但经了解，很多物管公司对于销售收入是按照“收付实现制”原则确认，即只有实际收到物业费才计收入，而费用却往往又采用“权责发生制”记账，还有甚者，将预收物管费按自定比例结转收入，年终保留余额，由此产生的直接后果就是增值税、企业所得税计算不准确，少缴或滞后缴纳税款。还有就是把物业费化整为零，分成各个具体项目挂在往来账核算，从而导致少报收入少缴税。

3. 水电费的代收转付与转售概念混淆风险

代收转付是指业户以自己名义在电业局和自来水公司开户，物业公司仅是统计耗用数量计算费用，收取水电费后统一缴纳到电业局和自来水公司，由电业局和自来水公司为业主开具发票，物业公司转交给业户的一种服务行为。转售则是以物业公司的名义在电业局和自来水公司开户，物业公司统计耗用数量计算费用，收取水电费后缴纳到电业局和自来水公司，电业局和自来水公司给物业公司开具发票。目前电业局和自来水公司对缴费方式进行优化后，基本不存在代收转付的情况，绝大部分都是转售行为，而目前物业公司均按代收转付进行核算，不计收入但是却列支成本费用，其中非居民用电还进行抵扣，造成少缴增值税和所得税的现象。

4. 集中供暖收入税率执行错误风险

目前物业公司的办公、商业区物业管理项目，一般实行集中供暖，按规定收取商户的取暖费用应按供暖收入9%纳税，而物业公司根据面积收取取暖费全额计入物业管理费按6%纳税，取得热力或天然气进项发票则按9%抵扣。造成少缴增值税的现象。

5. 关联交易涉税风险

目前，很多物管公司都是开发该项目的房地产公司组建的，由于与房地产开发商实质是一家，应该向房地产开发公司收取的前期入住物业费和房屋空置物业费等费用，通过补贴形式进行支付。项目结束后，有些尾盘管理也就交由物管公司，如未销售的房屋和地下车位的租金收入是代房地产开发公司收取的，存在通过冲减应收取房地产开发公司的相关费用，房地产开发公司和物业公司均不计收入的情况。

（三）数据整备

1. 内部数据

见第一节。

2. 外部数据

纳税人不动产权属信息，包含坐落位置、房产类型、面积、办证日期等；纳税人物业管理服务项目名称、面积、收费标准等。

（四）风险分析方法

1. 电费耗用占比测算分析法

（1）原理描述。该行业容易混淆代收转付和转售概念，往往将转售电费按代收转付做账务处理，但是取得的进项却用于抵扣，一般通过电费耗用占比测算分析，来判断纳税人是否存在转售电费不计收入，却进行抵扣的风险。

（2）计算公式：

电费耗用占比 = 自用电费/物业服务申报收入 ×100%

自用电费 = 当期取得电费发票金额 − 转售电费申报金额

（3）数据来源：

首先，搜索行业“物业管理”、纳税状态“开业”的一般纳税人。

其次，通过发票数据查询纳税人专用发票进项信息，筛选货物名称为“电”“电费”发票，并计算取得电费发票金额。

最后，通过《增值税纳税申报表（一般纳税人适用）》附列资料（一），提取物业服务申报收入（第9列第5行“6%税率”），和转售电费申报金额（第9列第1行“13%税率的货物及加工修理修配劳务”）。

（4）应用要点。物业公司收取个人住户电费时一般不会加价，而部分地区供电公司对于居民生活用电执行不开具专用发票的规定，测算时可考虑该因素。

2. 集中供暖收入测算分析法

（1）原理描述。目前办公、商业区物业管理项目，一般实行集中供暖，按规定，收取商户的取暖费用可全额计入暖气收入按9%纳税，通过集中供暖收入测算分析，可判断物业公司收取的取暖费是否全额计入物业管理费按6%纳税，取得热力或天然气进项发票则按9%抵扣的风险。

（2）计算公式：

暖气收入占比 = 暖气申报收入/取得暖气发票金额 ×100%

（3）数据来源：

首先，搜索行业“物业管理”、纳税状态“开业”的一般纳税人。

其次，通过发票数据查询纳税人进项发票信息，筛选货物名称为“热力”“天然气”发票，并计算取得供暖发票金额。

最后，通过《增值税纳税申报表（一般纳税人适用）》附列资料（一），提取暖气申报收入（第9列第4a行“9%税率的货物及加工修理修配劳务”）。

（4）应用要点。考虑取得专用发票未抵扣和已做进项税额转出的因素。

3. 物业申报收入占比测算分析法

（1）原理描述。物业管理行业在管理项目未变动前提下，收费标准相对稳定，根据管理面积和收费标准可以测算物业收入理论极值，通过物业申报收入占比测算分析，可以判断纳税人是否存在少记迟记销售收入的涉税风险。

（2）计算公式：

物业申报收入占比 = 物业申报收入/物业收入理论极值 × 100%

物业收入理论极值 = 房屋收费面积 × 房屋收费标准 + 车位数量 × 车位收费标准

（3）数据来源：

首先，搜索行业“物业管理”、纳税状态“开业”的一般纳税人。

其次，通过《增值税纳税申报表（一般纳税人适用）》附列资料（一），提取物业服务申报收入（第9列第5行“6%税率”）。

最后，通过第三方数据采集管理面积和收费标准，通过房管局物业管理科采集管理面积，通过物价局采集收费标准。

（4）应用要点。房管局物业管理科只有住房的管理面积备案，办公、商业区、工业园需要结合《物业管理项目信息采集表》确认管理面积和收费标准以及车位管理费情况，做进一步调整。

（五）风险分析方法

1. 少计不计销售收入

少计不计销售收入的风险，一般发生在住宅类物业项目中，首先，查看发票数据中普通发票开具信息，购买方为个人的发票金额，核实物业公司对个人缴纳物业费时发票开具比例；其次，查看申报表附表一未开票收入金额申报情况，核实未开票收入申报情况；最后，查看企业“预收账款”科目明细，确认“预收账款”是否存在未按规定转收入的情况。

2. 转售电不计收入

转售电不计收入风险，一般发生在商业区和工业园物业项目中。首先，查看发票数据中取得专用发票抵扣信息，确认纳税人购电数量和金额；其次，查看发票数据中开具普通发票和专用发票信息，确认纳税人售电数量和金额，并测算纳税人物业管理耗用电数量和金额；最后，确认收取电费记账科目以及账务处理过程，重点审核“其他应收款”科目。

3. 集中供暖收入税率执行错误

集中供暖收入税率执行错误风险，一般发生在商业区和工业园物业项目中。首先，查看发票数据中取得专用发票抵扣信息，确认纳税人购买“热力”“天然气”数量和金额；其次，查看发票数据中开具普通发票和专用发票信息，确认纳税人销售“热力”数量和金额；最后，确认收取取暖费记账科目以及账务处理过程，重点审核“其他应收款”科目。

（六）典型案例

1. 企业基本情况

××物业管理有限公司成立于2002年2月，是由A市房地产综合开发管理办公室投资300万元成立，后经改制注册资本500万元，属于有限责任公司，现有股东9名，其中8人为自然人，A市房地产综合开发管理办公室占3%，现有职工350人左右。公司为增值税一般纳税人，主营国内物业服务，税率为6%。

2. 风险分析判断与处理

（1）行业特点分析：

该行业发票开具情况：物业管理公司在收取个人业主物业管理费时，一般使用自制收据收取物业管理费不开具增值税发票，而在收取单位物业费或出租给单位使用的门面时才使用增值税发票，该行业正常会存在为数不少的未开具发票收入。

该行业抵扣进项情况：物业管理公司主要成本由人员费用、物业共用部位共用设施设备日常运行和维护费用、绿化养护费用、清洁卫生费用、秩序维护费用、物业共用部位共用设施设备及公众责任保险费用、办公费用、管理费分摊、固定资产折旧以及经业主同意的其他费用十项组成。其中大部分成本均不能取得增值税专用发票，税负一般在4%左右。

（2）纳税人申报收入构成分析：

2016年1—4月营业税申报收入146万元，5—12月增值税申报收入456万元，缴纳增值税30331.62元，税负0.66%，亏损185293.55元，2017年1—8月增值税申报收入456万元，缴纳增值税36.75元，税负为0，所得税预缴金额为0元。增值税申报未开票收入0元，与该行业实际情况不符，存在未开具发票不计收入风险。

（3）纳税人进项抵扣情况分析：

该纳税人2016年取得进项27.64万元，其中仅电费就涉及进项21.73万元，占比78.62%，2017年1—8月取得进项44.57万元，其中仅电费就涉及进项32.73万元，占比73.44%。该纳税人电费抵扣占比超过70%，税负偏低而且2017年8月留抵税额为12.06万元，纳税人存在转售电费不计收入的风险。

（4）财务报表与申报表数据比对分析：

该纳税人2016年利润表显示营业收入为839.11万元，申报表收入601.88万元，其中1—4月申报收入146万元，5—12月申报收入456万元，差额237.23万元，2017年利润表显示营业收入为686.33万元，申报表收入538.13万元，差额148.2万元。正常纳税人的申报收入应大于营业收入，该纳税人存在未按规定申报收入的风险。

（5）第三方数据采集：

该纳税人共管理张店世纪花园小区、创业大厦、华联大厦、建委办公楼等五个物业管理服务项目。

根据分析情况，确定以下两个具体疑点，一是该纳税人是否存在未开具发票不计收入的风险；二是该纳税人是否存在转售电费不计收入的风险。

最终纳税人补报收入4070862.18元，应纳税额284406.37元，其中抵顶留抵113251.24元，缴纳增值税171155.13元，滞纳金23448.25元。

八、水泥制品制造业（商品混凝土）行业

（一）行业概述

1. 行业概况

混凝土是由胶凝材料将集料胶结成整体的工程复合材料的统称。商品混凝土亦称预拌混凝土，是指以水泥作胶凝材料，砂、石作集料，与水以及根据需要掺入的外加剂、矿物掺合料等组分按一定比例，在搅拌站经计量、拌制后出售的并采用运输车，在规定时间内运至使用地点的混凝土拌合物，广泛应用于土木工程。商品混凝土的实质就是把混凝土的备料、拌制到运输等生产环节从传统的施工现场中分离出来，由高度专业化的混凝土生产公司进行集中批量生产，并以商品的性质向需方供应。国家对混凝土制造企业实行严格的生产许可证管理制度、环保测评制度、质量标准检测制度，同时对原料耗用和能耗规定了统一的标准；企业内部对产品质量控制一般较严；水泥混凝土企业增值税一般纳税人可以选择按简易征收或一般计税方式的税率。商品混凝土按国民经济行业分类属C门类制造业、30大类 非金属矿物制品业、302中类 石膏、水泥制品及类似制品制造、3021小类 水泥制品制造。

2. 行业特点

（1）订单式生产，产品零库存。下游客户相对固定，根据客户要求和合同约定标号，实行订单式生产。产品零库存，因受混凝土凝结时间限制，产品发出后应在2.5个小时内使用完毕，因此产品供应距离较短，一般情况销售半径50公里左右。

（2）生产高度自动化。混凝土生产均实现高度自动化，不同企业的生产设备基本相同，功耗固定，生产单位体积混凝土，耗电基本固定。

（3）产品质量控制严格。每个批次的产品除企业自检外，还要经由质检部门及购货方等多家单位和环节的检测。部分地市的质检部门已实现对辖区内所有商砼企业的中控台数据进行采集和分析。

3. 生产经营流程

水泥混凝土生产工艺简单，生产设备单一，主要生产设备是混凝土搅拌楼（站），主要运输设备是混凝土搅拌车和泵车。生产线常见型号有 90 型、120 型、180 型、240 型等。所有工序均为物理过程，主要有：生产任务订单→原材料配合比试验（各种型号的混凝土配方固定）→原材料电子称计量→搅拌机进行搅拌→入混凝土搅拌车运输→高层楼房需泵送、自卸等过程。

工艺流程如图 4－3 所示。

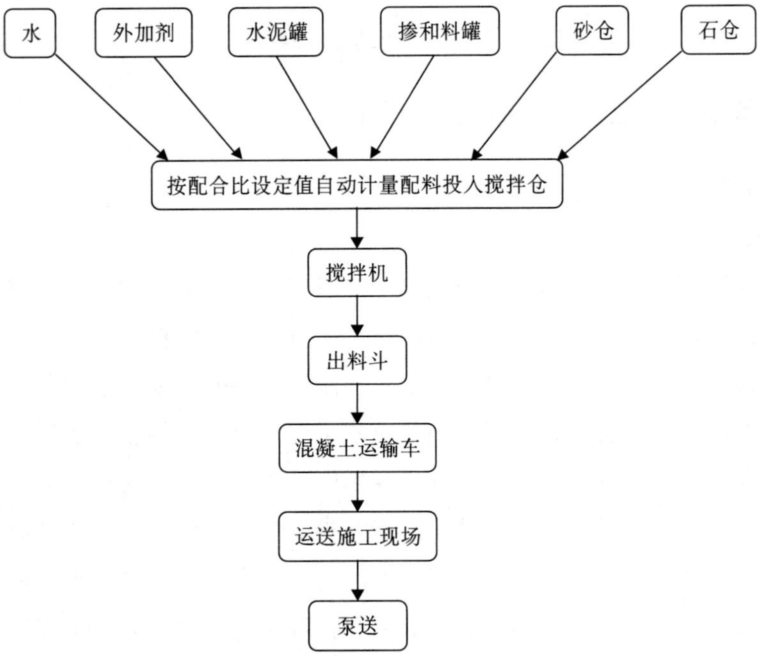

图 4－3　水泥混凝土工艺流程

水泥、粉煤灰由储存库经螺旋输送机送入搅拌楼相应的秤量料斗计量，经秤量好的水泥、粉煤灰由闸门控制进入搅拌楼（站）；沙子和碎石通过皮带输送机输送至配料仓，经秤量后由闸门控制进入搅拌机；外加剂和水经计量后由水泵均匀地送入搅拌机中；搅拌好的混凝土经排料口、受料斗装入混凝土搅拌车。需要特别说明的是，中控室不但在混凝土生产过程中起着至关重要的配比操控作用，而且它还能记载生产企业累计耗用各种原材料的数量和生产各种混凝土的产量。

4. 财务核算特点

商品混凝土耗用的主要原材料水泥、沙子、石子等，供货来源渠道众多，可以向正规厂家购进，也可以从集散地现场采购或者自行就地开采，因此存在购进原材料无合法有效凭证入账或虚开发票入账等问题。此外，由于商品混凝土行业多选择按照增值税一般纳税人简易办法征收方式，依6%（2014年7月改为3%）征收率计算缴纳增值税，不抵扣进项税额，也不开具增值税专用发票，因此导致账目混乱或者成本资料、收入凭证、费用凭证残缺不全，造成账务核算不真实，税务机关难以查账。

5. 涉税难点

（1）存在一般纳税人超范围使用简易办法缴纳增值税的风险。

按照政策规定，预拌混凝土生产企业以非水泥为原材料生产的砼及销售其他货物不适用简易办法缴纳增值税；掺兑废渣比例低于30%不能免征增值税；本企业生产的砼且部分外购砼不能同时适用简易办法缴纳增值税。

（2）原材料采购监控难度大，存在着虚增成本、减少应纳税所得额的风险。水泥、河沙、碎石、粉煤灰和外加剂是混凝土生产企业的主要材料，水泥、粉煤灰和外加剂的供应商相对正规固定，而河沙和碎石的供应商大多是个体经营者，取得的票据基本上是普通发票，甚至不能取得发票。取得的普通发票中，税务机关代开的多，供应商自开的少，业务的真实性和合法性值得怀疑。

（3）存在收入核算不真实的风险。混凝土生产企业将混凝土的销售收入和价外费用不全部计入销售收入。同时存在下脚料销售不计入收入缴纳增值税现象。

（4）收入延迟申报风险。混凝土企业资金投入量较大，需方拖欠货款现象比较严重，企业资金周转常会出现问题，企业会根据货款回笼的情况决定开票申报销售；而下游客户因为是建筑安装、房地产等企业，并不急需取得发票。这样主客观上均造成了企业延迟申报销售少缴增值税和所得税税款的现象。

（5）存在购货方以物抵债和欠缴税款的风险。房地产和建安等需方不能按合同规定及时进行结算，或以所建房屋、其他货物抵欠部分混凝土账款，抵债房屋或货物不计入企业账簿，再销售时也不计销售收入，存在少缴税款的风险。同时造成混凝土生产企业应收账款占比大，影响税款的缴纳，形成欠税。

（6）工程自用产品未做视同销售处理，存在少缴税款的风险。混凝土生产企业或其关联企业自建固定资产的在建工程领用自产混凝土，存在视同销售行为，未按增值税条例规定计提增值税税额，少缴税款风险。

（7）存在成本收入不配比的风险。一般情况下，混凝土生产企业发生的生产成本会随着商品混凝土销售及时足额体现到销售成本之中，但由于企业普遍存在收入不及时申报的问题，从而导致企业的收入与成本数据不配比，影响了应纳税所得额的计算。

（二）风险分析

1. 隐匿销售收入的风险

该行业的下游企业大多采用简易计税办法，对进项发票需求不高，企业往往对未开票收入不进行申报，以达到少缴税款的目的。可能存在虚构委托加工业务现象，混凝土生产企业的原材料供应方直接将发票开具给房地产和建安企业，变混凝土生产销售业务为委托加工业务，仅就加工费申报纳税，存在少缴增值税、企业所得税的风险。建安公司自行成立的关联混凝土生产加工企业，按成本价出售给建安公司，可能存在少缴税款的风险。将已实现的销售收入长期挂在预收款或其他应付款中，不确认收入，少缴税款。

2. 迟计销售收入的风险

该行业的下游为房地产业和建筑业，拖欠货款的现象较为普遍，混凝土生产企业往往根据货款回笼的情况开票申报，迟计销售收入，迟缴税款；另外，混凝土生产企业销售收入的确认往往因材料价格变动、需方工程进度、审计未完成、养护期后对账结算等原因，普遍存在一个时间差，可能存在迟计销售收入的风险。

3. 销售抵债货物不计收入的风险

混凝土生产企业的应收账款一般都比较大，而其客户大多是房地产和建安企业，购货方将房屋或其他动产抵债的业务比较多，以物易物的交易行为大多没有开具发票，确认收入；同时，混凝土生产企业销售抵债房屋或货物的行为往往比较隐蔽，在销售环节存在少计收入、少缴税款的风险。

4. 虚增成本费用的风险

该行业主要原材料中的砂和石子等供应商多为个人，其提供的发票除部分由税务机关代开外，只能借票代开或使用假发票入账，甚至虚开发票；运输整体外包的，可能存在以油费发票抵运输费发票，在商品混凝土企业列支行为；该行业经常面临客户拖欠货款的问题，企业有时候会委托第三方代收货款。

5. 政策适用的风险

该风险点主要表现为以下两个方面：

一是未按规定适用计税方法。根据财税〔2009〕9 号文和财税〔2014〕57 号文的相关规定，“一般纳税人销售自产的水泥混凝土（仅限以水泥为原料生产的水泥混凝土），可选择按照简易办法依照 3% 的征收率计算缴纳增值税。”但是政策只限于水泥混凝土，除此之外都要按适用税率；因此，（1）纳税人委托加工业务取得的加工费应按适用税率征收增值税；（2）纳税人同时生产销售砂浆，不适用简易计税办法，应按适用税率征收增值税。（3）纳税人出售的原料如沙子、石子等，不适用简易计税办法，应按适用税率征收增值税。

二是违规享受即征即退政策。根据《财政部 国家税务总局关于印发〈资源综合利用产品和劳务增值税优惠目录〉的通知》（财税〔2015〕78 号）第四条规定，“已享受本通知规定的增值税即征即退政策的纳税人，因违反税收、环境保护的法律法规受到处罚（警告或单次 1 万元以下罚款除外）的，自处罚决定下达的次月起 36 个月内，不得享受本通知规定的增值税即征即退政策。”对此，应注意防范纳税人违反税收、环境保护的法律法规受到处罚后，仍然继续享受增值税即征即退政策的风险。

（三）数据整备

1. 内部数据

见第一节。

2. 外部数据

包括互联网信息以及第三方信息等数据。互联网信息，可以通过部分互联网平台获取纳税人中标信息等数据；第三方信息，可以通过交通运输部门采集车辆运营信息、通过土地管理部门获取土地使用等数据。

3. 生产经营数据

包括车辆信息、生产设备信息及控制系统信息、用水用电等信息。

（四）异常判断

根据获取的信息，分析行业的主要涉税风险点，主要包括以下几个方面：

1. 税负率分析

（1）分析原理。税负率是应纳税额与销售额的比率，比较直观地体现了纳税人实现税收的能力和负担水平。

（2）指标反映的问题。对增值税一般纳税人应缴税负、进销项等情况进行合理性分析，若税负过低，企业可能存在申报不实、不计少计销售收入或虚抵进项等问题。

（3）计算公式：

增值税税负率 = 本期应纳税额/本期应税销售额

税负差异率 = （行业参考税负率 − 企业税负率）/行业参考税负率 × 100%

2. 申报销售收入分析

（1）指标分析原理。商砼加工行业对主要材料、能源等单耗较为稳定，能较容易地测算出纳税人的实际销售收入。

（2）指标反映的问题。通过测算销售收入与纳税人申报销售收入进行比对，从而分析纳税人是否存在少计销售收入等问题。

（3）计算公式。

一是产量测算，包括水泥耗用测算、电力耗用测算等。

水泥耗用测算。

模板说明：根据商混商业特点，耗用的主要原材料为水泥。

采集项目：评估当期水泥期初、期末库存。

计算公式：

耗用水泥数量 = 评估当期水泥期初库存 + 当期购入数量 - 评估当期水泥期末库存

商混产量（吨） = 耗用水泥数量 ÷ 单吨商混耗用水泥数量（吨）

参数值：不同型号商混耗用水泥的数量略有差别，单吨水泥耗用水泥数量区间在（0.3，0.4）。

电力耗用测算。

模板说明：商混行业全部依靠以电力为驱动的设备自动生产，过程中基本没有人力的参与，耗电量和产出量存在固定的比例关系，可以从耗电量推算其产量。

采集项目：评估当期耗电量。

计算公式：商混产量（吨） = 耗电量 ÷ 单吨商混耗电量（千瓦时）

参数值：不同型号商混耗电量略有差别，单吨水泥耗电量区间在（0.95，1.05）。

水耗用量测算。

模板说明：商混生产过程中必须有水的参与，且不同型号的商混对含水量有极其严格的要求，否则将严重影响商混的产品质量，耗水量和产出量存在严格的比例关系，可以从耗水量推算其产量。

采集项目：评估当期耗水量。

计算公式：商混产量（吨） = 耗水量 ÷ 单吨商混耗水量（方）

参数值：不同型号商混耗水量略有差别，单吨水泥耗水量区间在（0.16，0.18）。单吨水泥耗水量只取决于产品型号，与其他任何外来因素无关。

粉煤灰耗用量测算。

模板说明：商混加工过程必须掺入一定量的粉煤灰，以堵塞混凝土中的毛细组织，提高混凝土的抗腐蚀能力，因此可以从粉煤灰耗用量推算其产量。

采集项目：评估当期粉煤灰期初、期末库存。

计算公式：

耗用粉煤灰数量 = 评估当期粉煤灰期初库存 + 当期购入数量 - 评估当期粉煤灰期末库存

商混产量（吨） = 耗用粉煤灰数量 ÷ 单吨商混耗用粉煤灰数量（千克）

参数值：不同型号商混耗用粉煤灰的数量略有差别，单吨水泥耗用粉煤灰数量区间在（85，95）。

二是销售数量及销售收入差异测算分析。

模板说明：行业特点决定了该类生产企业没有产品期初库存和期末库存，在完成产量测算后，即可根据企业评估当期的测算产量、申报销售收入以及当期的产品平均售价，计算测算销售收入与实际申报销售收入的差额及差异率。若差异率在 ±10% 以内，则认为正常。若测算差异率大于 10%，则企业可能存在迟计、少计销售收入、多抵扣进项税额的问题；若差异率小于 10%，则企业可能存在虚开发票，虚增销售收入的问题。

采集项目：评估当期申报销售收入、当期产品平均售价。

计算公式：

本期测算销售收入 = 本期测算生产数量 × 本期产品平均售价

测算销售收入差异额 = 本期申报销售收入 − 本期测算销售收入

差异率 = 测算销售收入差异额 ÷ 本期申报销售收入 × 100%

3. 应税销售额变动分析

（1）分析原理。通过对此指标的分析，反映纳税人经营状况的波动情况。

（2）指标反映的问题。若销售额在短期内有突增情况，则纳税人存在虚开发票的疑点。

（3）计算公式：

应税销售额变动率 = ∑（本期应税销售额 − 上期应税销售额）÷ ∑上期应税销售额 × 100%

（五）风险分析方法

1. 投入产出测算分析法

（1）原理描述。投入产出测算分析法主要是根据混凝土生产企业一定期间内实际投入原材料、辅助材料的数量，按照确定的投入产出比（定额）测算出企业评估期的产品产量，结合产品销售单价测算分析纳税人实际的销售收入，并与纳税人申报信息进行对比分析的方法。

（2）计算公式：

年总产量（立方米）① = 水泥总耗用量 ÷ 单位混凝土水泥耗用量

年总产量（立方米）② = 砂石总耗用量 ÷ 单位混凝土砂石耗用量

测算年总产量（立方米） = （年总产量① + 年总产量②） ÷ 2

销售收入 = 单位售价 × 企业年总产量

说明：年总产量①和年总产量②正常情况下应是基本一致的，如两个产量值差距不大，可以计算平均值确定年总产量，如两个产量值差距较大，则应进一步核查原因。

标准值参考范围：表 4 − 32 列出了 C20 − C45 型号商品混凝土单位产品平均耗用原材料数量的情况（数据来源于 × × 省相关部门下发的商品混凝土制造业税源管理指南中列明的行业参考值）：

表 4-32　　C20-C45 型号商品混凝土单位产品平均耗用原材料数量情况

强度等级	水泥（42.5）平均用量（kg/m^3）	砂平均用量（kg/m^3）	碎石平均用量（kg/m^3）
C20	287	578	1210
C25	365	560	1264
C30	395	528	1270
C35	400	540	1190
C40	430	540	1170
C45	470	570	1140

（3）数据获取途径。一是内部管理信息：商品混凝土企业的生产成本明细账，凭证。二是外部信息采集：从原材料采购方获取。

（4）疑点判断。经测算分析出的产量与企业账面记录的产量对比，如果企业账面记录的产量小于测算的产量，那么，该企业可能存在隐瞒销售收入的嫌疑。

（5）应用要点。一是注意将测算分析和实地调查相结合。对测算分析结果，必须深入调查，可以从企业化验室的配比单、主机调度室的发货单等多方面获得线索。二是注意企业将采购的原材料不入账的情况，可结合往来账、银行账以及原材料购进方第三方信息进行分析。

2. 能耗测算分析法

（1）原理描述。能耗测算分析法是根据企业评估期内水、电等能源的生产耗用情况，利用单位产品能耗定额测算纳税人实际生产、销售数量，并与纳税人申报信息进行比对、分析的一种方法。针对混凝土生产企业，可根据其生产机械标明的生产能力和现场考察每小时生产用电量，测算出单位电耗，再根据电力部门提供的工业耗电量，推算年生产量，结合市场销售单位价格计算销售额。

（2）计算公式：

年总产量（立方米）=年耗电量÷单位耗电量（年耗电量÷测算出的单位电耗量）

销售收入=年销售量×单位售价

（3）标准值参考范围。由于搅拌楼功率与容量的不同，其单位电耗也不尽相同，即搅拌楼功率 250kW、容量 3 立方米的单位电耗约为 2.4 度，功率 210kW、容量 2 立方米的单位电耗约为 3 度。

（4）数据获取途径。一是内部管理信息：商品混凝土企业的生产成本明细账，凭证以及生产设备指标。二是外部信息采集：从电业局获取企业耗电情况。

（5）疑点判断。根据电力部门提供的工业耗电量推算年生产量，结合市场销售单位价格计算销售额与企业申报的收入进行对比，如果企业申报的收入小于测算的产量，那么，该企业可能存在隐瞒销售收入的嫌疑。

（6）应用要点：

一是纳税人耗用总电量中除生产设备用电外，还包括少量办公照明用电，但照明用电在总耗电量中所占比例较小，几乎可以不予考虑，但为保证评估数据的客观性，可适当从总耗电量中确定扣除3%~5%照明用电。

二是如果企业使用了节能节电设备，可参考该节电设备的节能指标介绍，剔除节电量后再进行综合分析。

三是在确定设备耗电量时可参考评估企业生产设备说明书中的产能和能耗介绍来分析整套生产设备每立方混凝土的电耗指标。

3. 存货结构分析法

（1）原理描述。存货结构分析法主要是根据企业存货结构情况来分析企业是否存在隐瞒销售数量和销售收入的现象。由于在生产和销售过程中，商品混凝土生产企业所生产的产品需要立即运送到工地，不能存放，故其生产的数量就是销售的数量，其资产负债表中期末存货结构中只应有原材料、低值易耗品的库存金额，而不应有在产品和产成品的库存金额。

（2）标准值参考范围：

在产品的期末库存数量=0，金额=0；

产成品的期末库存数量=0，金额=0。

（3）数据获取途径。内部管理信息：商品混凝土生产企业的总账和存货明细账。

（4）疑点判断。如果企业的在产品、产成品期末库存数量和金额不为0，则很可能少计销售收入。

（5）应用要点。在运用此指标进行分析时，可考虑企业的原材料库存，企业的原材料主要是水泥、河沙、卵石和粉煤灰等，水泥库存一般存放在水泥罐中，一般一条生产线有两个水泥罐，一个罐子的容积是200吨，可根据罐子的容积表查验。河沙和卵石一般成圆锥体露天堆放，可根据底部面积（$r^2 \times \pi$）×高度÷3的公式大体测算其堆放量，再根据堆放量测算其重量和金额。河沙和卵石一立方的重量大概1.7吨左右。

4. 运费测算分析法

（1）原理描述。混凝土生产企业在生产出混凝土产品后必需通过搅拌车才能运送到建筑施工现场，通过搅拌车的运费可计算出运送数量。经与企业申报的产量对比，分析企业是否存在隐瞒销售数量和销售收入的现象。

（2）计算公式：

出库方量=运输次数×搅拌车单车方量

=搅拌车租用费/每方租用平均单价

=自备搅拌车数量×运输次数×单车方量

（3）标准值参考范围。混凝土搅拌车的容积一般是 10～14 立方米的搅拌筒，运费大多以 15 公里 25 元/立方米计算，但随市场行情变化会有所变动。

（4）数据获取途径。内部管理信息：商品混凝土生产企业的成本和费用明细账，企业与司机签订的租车协议以及运费结算单。

（5）疑点判断。将测算值与企业自行申报的收入成本数据进行比对，如果企业申报的数量少于测算值，则证明该企业有隐瞒生产产量，少申报销售收入的嫌疑。

（6）应用要点。运费单据还可从企业的调度室和搅拌站的主机楼中获取。

5. 第三方数据比对法

（1）原理描述。混凝土生产企业生产出来的产品大多销往建筑公司，建筑公司作为购货方，应持有采购入库的混凝土数量等明细清单，经与生产方账面出库数量以及税务部门核实的实际开票情况对比，分析企业是否存在隐瞒销售收入的现象。

（2）计算公式：

建筑公司入库方量 = 生产方账面出库方量 + 隐瞒销售的出库方量

（3）数据获取途径。通过第三方（住房和城乡建设局）获取建筑方混凝土数量、收入明细清单，生产方的发货单。

（4）疑点判断。将建筑公司入库方量与生产方账面出库方量进行对比，如果建筑公司入库方量大于生产方账面出库方量，则证明生产方存在少计收入的嫌疑。

九、汽车零售行业

（一）行业概述

1. 行业概况

汽车零售行业（F5261）指 9 人及以下的乘用车的零售。包括各种轿车、吉普车和 9 人及以下面包车的专卖店和专门零售；旧车销售。不包括大轿车、载货车和专用车的销售。

2. 行业特点

（1）具有相对稳定的汽车销售及汽车维修、装饰业务流程。汽车销售流程包括：车辆采购、车辆入库、车辆销售、车辆代办、售后服务等环节。

（2）建立客户资料。汽车销售企业按照汽车生产企业的要求，在销售时一般建立客户资料档案，以处理强制保养、售后服务、索赔、信息调查和采集等工作。

（3）采用信用消费制度。汽车是高值耐用商品，有的消费者采用信用消费的形式购买，先取得汽车的使用权，然后通过信用消费来取得所有权。信用消费的方式主要有分期付款、消费贷款、按揭贷款、产品赊销四种。

（4）营销产品相对单一，价格稳定，只允许经营单一的汽车品牌，购销双方建立有规范的营销信息网络，汽车销售企业通过网络系统，与汽车生产企业互相传递采购、销售、客户、售后服务等信息。

（5）汽车销售服务行业经营活动及各类价格都受到汽车厂家一定的控制。从车辆购入到售后服务整个经营过程都有严格的管理模式。部分厂家还可以直接通过互联网对4S店经营活动实行实时监控，尤其对配件库存量更是严格控制。防止非正规渠道购进配件。且4S店的整车销售、零配件供应、售后服务价格也都不同程度地受汽车生产厂家控制。

3. 生产经营流程

（1）销售流程。汽车销售流程包括车辆采购、车辆入库、车辆销售、车辆代办、售后服务等环节，具体过程见图4－4。

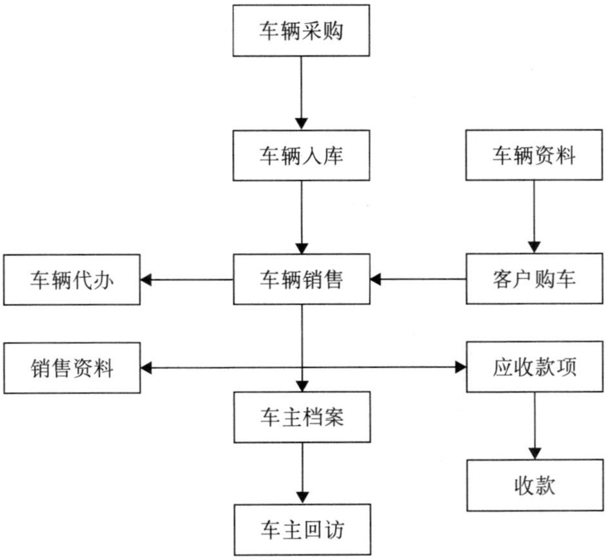

图4－4　汽车销售流程

（2）汽车维修、装饰业务流程。汽车维修、装饰业务流程包括：

①前台接待。前台专员对客户修理、装修事项进行接洽。

②制作工单。前台专员就客户修理、装修事项洽谈好价格后，填单经客户确认后传递给修理、装饰部。

③车间领料。修理、装饰部针对前台专员传递的修理、装饰单据进行领料、记工时。

④施工作业。安排车间工人进行施工。

⑤质量检验。施工完毕，由质检员检验工作完成情况。

⑥制作结算工单。质检完毕后，修理、装饰部传递信息给前台专员，由前台专员打印出结算工单后，经客户签字确认。

⑦车辆出厂。客户根据结算单到前台收银员处交款，由前台收银员开具发票、放行条

后，车辆出厂。

4. 财务核算特点

（1）汽车销售活动财务管理主要包括进货管理、仓库管理、销售管理、收付管理、客户管理、索赔管理、强制保养管理、基础资料管理等。

（2）汽车销售行业财务核算与普通商业批发企业基本相同，但品牌专卖店核算既有商业核算，又包括汽车维修行业、服务行业的会计核算。其财务管理的主要特点是：单位数量易清点，按个别计价法核算；汽车销售企业占用资金多，存货流动速度快，资金来源大部分是银行贷款；汽车价值高，部分客户购买车辆时需要办理银行按揭（见图4－5）。

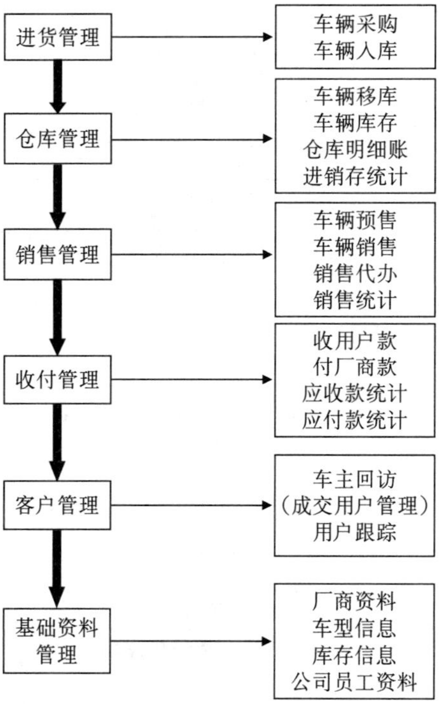

图4－5　汽车销售行业财务管理体系

5. 涉税难点

汽车经销企业涉税管理难点主要表现在以下方面：

（1）采取购车赠礼品、送保险等促销手段时所发生的无偿赠送不计收入。汽车经销企业对在售车同时提供的赠品往往不计收入。如：赠送坐垫、座套、内饰、贴膜等支出直接在成本中扣除或在费用中列支，但不视同销售收入。

（2）取得各种返利不按规定计税。汽车营销企业返利种类繁多，形式隐蔽，未按照税法规定冲减进项税额。返利种类既包括生产厂家在开具给经销商的增值税发票中予以反映、直接冲减经销商进项税额的现金返利，也包括对经销商进行补贴的超低价供货返利，还有将取得的实物返利（汽车或汽车配件等）收到后不记账，经销商对返利取得的汽车配件对外销售或赠送往往不计收入，而直接进入小金库；更有供货方以报销费用、提供旅游等形式给予的返利，直接在往来账中进行收、付款处理。

（3）价外费用不计收入。部分经销商针对某些供不应求的畅销车型，俗称为“紧俏车”，往往会要求消费者按照提前提车的天数以及选取车辆的颜色等收取价格不等的额外费用加价提车，但对收取的加价提车款却未按照有关规定核算收入并计提销项税额。

另外，还有为购车者提供按揭、挂牌、保险等服务时，在正常车价外，收取一定的代办费、服务费和装潢费、试车费、提车费、加快费、运输费等费用，也未按照《中华人民共和国增值税暂行条例》及其细则规定入账，或虽入账但不申报纳税。

（4）低开发票少计收入少缴税。由于汽车销售对象的特殊性，经销企业不开发票进行偷税的可能性极小。部分经销商利用购车者想少交车辆购置税的心理，与其达成默契，在零售环节满足消费者少缴车辆购置税以及保险费等税费的要求，高价销售低价开票，将售车款分解为两部分，低价开具《机动车销售统一发票》，消费者可凭此缴纳车辆购置税；其余少部分的价款开具收据或是不开收据直接由导购员引领消费者直接交款，而经销商则只按照开具《机动车销售统一发票》的价款入账，从而达到偷逃税款的目的。还有的经销商对自用车或“关系户”也可能存在计税价格明显偏低甚至低于成本价做收入现象。

（5）利用多数消费者不需要发票，不计或少计维修、配件销售或汽车加装收入。汽车维修是4S店的主要利润来源，但因为大量的私家车用户索要发票率低，造成售后维修收入和配件销售收入成为汽车行业普遍反映也是最难核实的收入，隐瞒维修及配件收入同时也是汽车行业普遍存在的偷税手段。因为消费者不去索要发票，汽车经营企业就对维修保养环节售后维修费和零配件销售不入账，还包括部分汽车加装及汽车美容或委托他人或关联企业加装均不计销售收入。

（6）经营维修、装饰多结转成本，少计收入。4S店大多采用销售服务管理系统进行整车销售、维修、装饰业务管理，它与财务核算系统各自形成体系，互不兼容。4S店为客户修理、装饰汽车时，由车间领取材料，记录生产工时和材料的成本价值、公允价值，制成领料单，并按月传递给财务部。月份终了，由财务部根据领料单上注明的材料成本价值结转材料成本，申报纳税。需要注意的是，4S店成本按权责发生制核算，收入申报核算则是以收付实现制核算，即按前台收银员收款、开具发票、按日报送的日报表计算申报，其成本与收入核算方式的随意性可能会造成维修、装饰多结转成本、少计收入的现象。

维修部、装饰部领料后，大修车的修理施工期一般需3个月或者更长的时间，必须待质检完结后才开具结算工单。由于结算工单开具时间为《中华人民共和国增值税暂行条例》规定的纳税义务发生时间，同时又是《中华人民共和国企业所得税法》规定的与取得收入直接相关的成本结转时间，而维修部、装饰部对大客户协议单位是按月或几个月收款结算，并未及时传递结算工单给财务收银开具发票申报纳税，这就造成领料单体现的成本和收入、结算单体现的成本和收入与纳税申报的成本和收入存在差额。

（7）未按照税法规定的纳税义务发生时间计提销项税额，滞后申报纳税。汽车零售企业不同程度地存在滞后销售的问题，即不按增值税暂行条例规定的纳税义务发生时间确认收入，而是把应当在本期确认的收入转到下期确认，以达到人为调节入库税款的目的。如检查中发现个别企业的账面库存实物与实际库存不相符，有意推迟销售时间，随意调控收入，滞后交纳税款，进而影响到当期税收。还有一些经销企业以预收货款方式销售汽车，不以货物的发出时间而是按照开具发票的时间确认收入，也造成申报纳税的滞后。

（二）风险特征

主要表现是隐匿收入，尤其是维修保养或者车上用品销售等收入，因面向客户更多是自然人发票需求不高，隐匿收入行为时有发生。

（三）数据整备

1. 内部数据

包括纳税人登记信息、各税费种申报、财务报表、进销项发票等数据，机动车统一销售开票数据。

2. 外部数据

包括互联网信息以及第三方信息等数据。互联网信息，可以通过部分互联网平台获取纳税人承包信息等数据；第三方信息，可以通过交通运输部门采集车辆运营信息等数据。

3. 生产经营数据

包括销售台账、维修管理系统等信息。

（四）异常判断

1. 通用指标

通用指标包括七个，具体如下：

（1）增值税开票（未开票）收入与申报收入差异额 = ［增值税专用发票当月开具金额 + 普通发票当月开具金额（不含税价） + 当月未开具发票收入］ − 增值税申报收入。该指标预警说明企业可能存在隐瞒销售收入的问题，需要核实企业是否存在实际发生但未申报的情况。

（2）商业企业应纳税额异常变动额 = （年初至本统计期期末营业收入合计 − 年初至本统计期期末营业成本合计） × 适用税率 − （存货期末余额 − 存货期初余额） × 适用税

率+（统计期期末留抵税额+年初至统计期末留抵退税－统计期年初上期留抵税额）－年初至本统计期期末运输费用抵扣税额合计－年初至本统计期期末固定资产抵扣税额合计－年初至本统计期期末应纳税额合计。本指标将推算应纳税额与实际应纳税额进行比较，需与企业核实是否存在对推算应纳税额影响较大的因素，找出产生差异的原因。

（3）特殊行业无票销售收入异常指标。统计期内各月中，任意一个月的特殊行业增值税附表一中第4栏第二列“未开具发票”为零，即为异常。特殊行业是指全部零售业和三个批发业（建材批发；五金批发；计算机、软件及辅助设备批发）。

（4）增值税税负低于行业平均税负一定幅度。计算方法：该纳税人年初至本统计期期末增值税税负率=年初至本统计期期末应纳税额合计/年初至本统计期期末销售额。同行业年初至本统计期期末增值税平均税负率=同行业年初至本统计期期末应纳税额之和÷同行业年初至本统计期期末按适用税率征税货物及劳务销售额之和×100%。增值税税负率差异幅度=（该纳税人年初至本统计期期末增值税税负率－同行业年初至本统计期期末增值税平均税负率）÷同行业年初至本统计期期末增值税平均税负率×100%。

（5）存货变动率=（存货期末余额－存货期初余额）÷存货期初余额×100%，存货期末余额、存货期初余额取自财务报表的资产负债表数据。

（6）毛利率异常。计算方法：毛利率差异幅度=（该纳税人年初至本统计期期末毛利率－同行业年初至本统计期期末平均毛利率）÷同行业年初至本统计期期末平均毛利率×100%，计算结果小于0为异常。同行业年初至本统计期期末平均毛利率=（同行业年初至本统计期期末营业收入合计－同行业年初至本统计期期末营业成本合计）÷同行业年初至本统计期期末营业收入合计×100%。

（7）应纳税额与应税销售额弹性系数异常。计算方法：应纳税额变动率=（年初至本统计期期末应纳税额合计－上年同期应纳税额合计）÷上年同期应纳税额合计×100%。应纳税额合计取自统计期各月增值税申报表应纳税额之和。应税销售额变动率=（年初至本统计期期末按适用税率征税货物及劳务销售额合计－上年同期按适用税率征税货物及劳务销售额合计）÷上年同期按适用税率征税货物及劳务销售额合计×100%。应税销售额合计取自统计期各月增值税申报表应税销售额之和。应纳税额与应税销售额弹性系数=应纳税额变动率÷应税销售额变动率。

2. 专用指标

专用指标包括四个，具体如下：

指标1：销售收入结构构成异常——监控隐瞒维修收入企业

（1）涉税风险点：

①由于维修业务大多面对个人，较少开具发票，较易隐瞒收入。

②汽车零售企业维修收入随企业经营期延长呈增加趋势。经营两年以上维修收入占比

较大，逐渐稳定。

③通过计算企业维修销售收入占销售收入总额的比例，看其是否稳定，是否随着企业经营期的延长呈增加趋势。

指标公式：企业应税劳务收入占销售收入总额差异率 =（企业应税劳务收入占销售收入总额的比例 – 企业应税劳务收入占销售收入总额的比例）/企业应税劳务收入占销售收入总额的比例 ×100%。应税劳务销售额 = 销售收入总额 – 机动车销售额合计。企业应税劳务收入占销售收入总额的比例 = 应税劳务销售额/销售收入总额 ×100%。

（2）取数标准：

①取数条件：对开业两年以上的该行业增值税一般纳税人，且运算时纳税人状态为“开业”的进行计算。所属时期起为本统计期第一日，所属时期止为本统计期最后一日，统计期为一年；

②取数路径：机动车销售额是指下列两项数据之和：一是增值税专用发票开具金额；二是机动车销售统一发票开具金额（不含税价），取自综合征管软件验旧记录，普通发票验旧金额应换算为不含税价。

指标 2：未开具发票收入占销售收入比例差异率

（1）涉税风险点。汽车零售企业很多业务直接面向个人，除整车销售外的销售零配件、维修、视同销售等行为往往不按规定开具发票，存在按照开具发票的金额进行申报的现象。若正常申报，企业未开票收入应该占据全部收入的一定比重，若该比重过小，则可能企业隐瞒了未开票收入。

（2）指标公式：

未开具发票收入占销售收入比例差异率 =（未开具发票收入占销售收入比例 – 未开具发票收入占销售收入比例）/未开具发票收入占销售收入比例 ×100%。未开具发票收入占销售收入比例 = 未开具发票收入/销售收入 ×100%。

（3）取数标准：

取数条件：所属时期起为统计区间第一日，所属时期止为统计区间最后一日；

取数路径：申报数据。未开具发票收入是指增值税申报表附表一中“按适用税率征税货物及劳务销售额”未开票收入、“按简易征收办法征税货物销售额”未开票收入、“免税货物销售额”未开票收入之和。

指标 3：费用推算最低销售收入异常率

（1）涉税风险点。按照纳税人生产经营保本这一最基本要求，根据其一定时期内的费用开支状况，倒推出纳税人当期的最低保本销售收入，并以此来分析、核实其申报信息是否真实。对零售行业企业连续两年都亏损仍然继续经营，应列为疑点，深查原因。

（2）指标公式：

本期费用推算最低销售收入异常率 =（本期期间费用合计/本期同行业平均毛利率 - 本期销售收入）/本期销售收入 ×100%。期间费用使用指标项 ZC03055（年初至本统计期期末期间费用合计）；行业平均毛利率使用指标项 ZC02020（同行业年初至本统计期期末毛利率）。

指标 4：最低计税价格销售异常率

（1）涉税风险点。部分汽车零售企业在销售整车时按照最低计税价格或者低于最低计税价格开具机动车销售统一发票，一方面逃避缴纳增值税，另一方面帮助购车人逃避缴纳车辆购置税。

通过车辆购置税系统，比对企业出售的车辆价格与该型号车辆同期最低计税价格，判断企业是否存在该现象。

（2）指标公式：

最低计税价格销售异常率 =（约等于最低计税价格开具机动车销售统一发票金额占机动车销售额比例 - 约等于最低计税价格开具机动车销售统一发票金额占机动车销售额比例）/约等于最低计税价格开具机动车销售统一发票金额占机动车销售额比例。约等于最低计税价格开具机动车销售统一发票金额占机动车销售额比例 = 约等于最低计税价格开具机动车销售统一发票金额/机动车销售额。

（3）取数标准：

取数条件：按年统计，所属时期起为统计区间第一日，所属时期止为统计区间最后一日；该企业统计期约等于（正负 1000）最低计税价格开具机动车销售统一发票。

取数路径：发票开具日期在统计期约等于（正负 1000）最低计税价格的机动车销售统一发票且与机动车销售系统核对一致的金额合计。

（五）风险分析方法

评估人员充分利用纳税人的申报资料，相关部门的税收宏观分析、行业税负监控结果等数据以及综合征管系统中收集和掌握的信息，审核、分析纳税人纳税申报及其相关情况，相互对比查找疑点。

1. 税负率对比分析法

（1）原理描述。税负率即税收负担率，是指当期应纳税额与应税销售收入的比率；体现了企业实现税收的能力和负担水平。通过企业税负率与历史同期同行业税负率的对比，对税负率异常的企业围绕关联指标展开分析，可以发现企业在税收上的问题。

但由于汽车销售服务企业增值税税负受企业库存增减影响，弹性较大，正常计算的税负差异率不一定能完全真实地反映纳税差异情况，因此应予以修正，相互参考，相互比对，查找问题。

（2）评估模型：

税负率 = 当期应纳税额 ÷ 当期应税销售额 × 100%

修正后的企业增值税税负 = ［评估期应纳增值税税额 – 评估期期末增值税留抵税额 + 评估期期初增值税留抵税额 + 同期整车库存金额增量 ×（1 + 4%）×13%］/［同期销售额 + 同期整车库存金额增量 ×（1 + 4%）］×100%（整车销售毛利率 4%，配件增量影响忽略）

税负差异率 =（修正后的企业增值税税负 – 行业参考税收负担率）/行业参考税收负担率 × 100%

整车库存金额增量 = 期末整车库存金额 – 期初整车库存金额

（3）标准值参考范围。根据一般性汽车销售统计分析，汽车销售服务企业（一般纳税人）增值税平均税负为 0.68%，修正后参考税负约为 1.0%～1.5%。但因参考税负是依照整车销售毛利率及维修和配件销售毛利率计算出来的，而经销售商所销售的汽车品牌（豪华型或特殊车型毛利可达 10% 以上，而有些低端品牌经销商的毛利不足 3%）将会直接影响企业税负率，所以税负分析法的行业参照值不能简单使用，实际工作中要结合行业中的各种分类及经销车型的档次和经营情况具体分析，再作适当的调整。

（4）数据获取途径：

①企业增值税纳税申报的销售额、应纳增值税税额、留抵税额等数据。

②企业各类财务报表。

（5）疑点判断。评估企业税负率低于平均税负或修正后的增值税税负也小于参考税负，可考虑作为疑点企业。

（6）应用要点。税负率属综合类分析指标，影响该指标的因素较多，如季节性因素、价格因素、经销汽车品牌因素、企业业务构成因素，等等，还有随着所经销的车型及经营期的发展，企业整车销售收入及维修收入占总销售收入的比例，整车销售利润率和企业维修收入利润率都可能会逐年发生变化而形成差异，因此要结合企业每一期的实际情况具体分析。

另外，也要将整车与维修（含配件与精品销售）销售收入、销售成本分离开来，分别计算相关指标才能进一步分析，提高准确性。

2. 整车销售毛利率分析法

（1）原理描述。销售毛利率是指销售毛利占销售收入的比率。整车销售毛利率分析法是通过企业整车销售毛利率与同行业整车销售毛利率的对比，分析企业申报销售收入或进项成本的真实性，发现税收问题，找准评估及约谈方向。

（2）异常判断

评估期整车销售毛利 = 评估期整车销售额 –（评估期期初整车库存余额 + 评估期期间整车购进金额 – 评估期期末整车库存余额）

评估期整车销售毛利率＝评估期整车销售毛利/评估期整车销售额

（3）标准值参考范围。整车销售综合毛利率一般不会低于2%。

（4）数据获取途径：

①机动车统一销售开票；

②企业增值税纳税申报表；

③企业财务报表。

（5）疑点判断。评估期整车销售毛利率如果小于同行业同车型毛利率，疑点较大。可能存在的问题主要有：一是整车销售发票未全额开具，隐瞒部分销售额；二是汽车生产厂家的返利未冲抵进项税额；三是可能存在低开发票少计收入或由于特殊原因计税价格明显偏低销售情况。

（6）应用要点。汽车零售业的整车销售毛利一般由专用发票注明的折扣以及完成厂商销售计划的奖励与返利构成。整车毛利受市场供求关系影响较大，除极个别车型高于厂商零售指导价加价销售外，一般均为降价销售，毛利率没有一个绝对标准值，但综合毛利率一般不会低于2%。

另外，还要查看4S店与厂家签订的汽车购销协议，掌握厂家与授权4S店签署的具备法律效力的获利分配方案，该方案应明确4S店获得返利形式、依据、额度，切实了解4S店的真实返利。返点（利）分为明点和暗点两种形式，明点由增值税专用发票注明，暗点一般是冲抵购车款，隐蔽性较大。

3. 维修（含配件及精品销售）销售毛利率分析法

（1）原理描述。根据行业数据测算，汽车销售服务行业即4S店维修（配件及精品零售）的利润占60%~80%。随着经营期的延续，整车销售利润贡献呈下降趋势，而维修（配件及精品零售）利润贡献呈上升趋势，维修服务获利是汽车获利的主要部分。维修（含配件及精品销售）销售毛利率分析法就是通过对企业维修（含配件及精品销售）销售毛利率与经营规模相似的同行业维修（含配件及精品销售）销售毛利率进行比对，通过比对发现差异，以确定疑点，展开调查。

（2）异常判断

评估期维修配件实耗成本＝评估期期初配件库存余额＋评估期期间配件购进金额－评估期期末配件库存余额

评估期维修销售毛利＝评估期维修销售额－评估期维修配件实耗成本

评估期维修销售毛利率＝评估期维修销售毛利/评估期维修销售额

（3）标准值参考范围。根据行业数据测算，维修及配件销售毛利一般应大于35%，即维修及配件销售的毛利率平均标准下限可按35%计算（备注：高档汽车有的在40%~70%）。其中配件加价一般为15%~20%，人工费（工时）一般为15%~25%。

（4）数据获取途径。一是企业各类财务账及报表；二是实地到企业采集数据。

（5）疑点判断。评估期维修销售毛利率如果小于同行业同车型毛利率，疑点较大。可能存在的问题有：一是存在部分私家车车主维修车辆不开具发票，不计销售收入；二是企业为提高汽车销售量，所赠送的礼品、机油、汽油、内饰等不计销售收入；三是部分免费维修及配件销售收入不计销售收入。

（6）应用要点。维修及配件销售毛利率，在具体风险识别过程中，应根据企业实际情况，调整关键值。

由于4S店受汽车生产商的一定控制，其零配件供应及售后服务都有规定，因此经销商与生产企业之间都有一套完备的售后管理软件进行核算和监控，从零配件领料到维修出库、结算出厂等过程均有详细记录，较为真实、详细、准确地反映了企业生产经营的整个流程，在评估中，应充分利用这套核算软件与财务数据对比，来确认企业申报的真实性和维修收入比例，真正发现企业存在的纳税问题，从而提高工作效率。

4. 维修收入与整车销售收入和销售收入总额占比分析法

（1）原理描述。4S店的主要销售收入是整车销售与维修收入，通过计算企业维修销售收入与整车销售收入或总收入的比例关系进行分析，看其是否稳定，是否随着企业经营期的延长呈增加趋势，来发现税收问题。

（2）异常判断

企业维修销售收入占整车销售收入总额的比例＝评估期维修销售收入/整车销售收入额×100%

企业维修销售收入占销售收入总额的比例＝评估期维修销售收入/销售收入总额×100%

（3）标准值参考范围。根据行业数据测算，企业维修销售收入占整车销售收入的比例一般为8%～12%，企业维修销售收入占销售收入总额的比例一般为6%～10%，平均值为8%。但根据企业经营品牌及经营期等差异，该比例也有所不同。

（4）数据获取途径。一是企业增值税纳税申报表。二是企业财务账及报表。三是企业实地采集获取（企业售后维修管理系统）。

（5）疑点判断。如果企业维修销售收入占整车销售收入或销售收入总额的比例小于8%，可怀疑企业有隐瞒维修收入的可能。

（6）应用要点。由于企业所处的经营期存在差异，同时由于经营车型不同，销售单价差异较大，造成企业维修销售收入占销售收入总额的比例差异较大，且随着经营期的延长还会呈扩大趋势，最后趋于稳定，因此评估时要注意企业所属经营期及经销车型再进行合理测算。

十、道路货物运输业

（一）行业概述

1. 行业概况

按照《国民经济行业分类》（GB/T 4754—2011）的规定，道路货物运输行业属性及编号为：交通运输、仓储和邮政业（门类行业 行业代码：G）—道路运输业（大类行业 行业代码：54）—道路货物运输（中类行业 行业代码：543）—道路货物运输（小类行业 行业代码：5430），是指国民经济中专门从事运送货物的社会生产部门，在所有道路上通过交通工具开展货物运输和与之相关联的产业活动。本行业模型，主要指以载货汽车为主要运输工具，通过道路使货物产生空间位移的生产活动。

2. 行业特点

公路货物运输是现代运输主要方式之一，同时，也是构成陆上货物运输的两种基本运输方式之一。由于它具有适应性强、机动灵活、快速直达、方便和经济等特点，因此，在整个运输领域中占有重要的地位，并发挥着愈来愈重要的作用。可区分为长途和短途货物运输，其中，长途货物运输一般为跨地区的公路干线运输，平均日行程超过 200 公里，汽车在完成某一次运输任务时其周转时间长。在充分利用载重量的条件下，汽车的载重量越大，越适合于远距离运输，长途运输所采用的车辆主要是大吨位的汽车。运距在 50 公里及其以下为短途货物运输。短途货物运输的运输距离短、装卸次数多、车辆利用效率低；点多面广、时间要求紧迫；货物零星、种类繁杂、数量忽多忽少。行业特点有：

（1）进入门槛较低，经营主体复杂。按国家现行的货运市场准入政策，除根据道路危险货物运输管理规定对道路危险品运输的开业条件，需自有专用车辆 5 辆以上的限制性规定外，其他货运企业开业基本没有车辆数量要求。经营主体既有个体户、集体企业，也有国营、外资企业。整个行业呈现经营主体多、经营规模小、经营秩序较为散乱的特点。

（2）经营形式多样。公路货运以其小批量、多批次、灵活方便的优势可以实现门到门的运输，联结港口、铁路枢纽、机场和对外口岸，为其他运输方式提供集疏运服务。运输形式上，有散货运输、集装箱运输、灌装运输、冷藏运输等；经营方式有挂靠、外包、联运等；组织形式上，有定线运输、定客运输、联网联运等。

（3）不规范经营现象普遍，企业财务核算水平参差不齐。货运企业存在不同程度的超载、外包、联运、外挂（车辆异地上牌）、高吨低标（行驶证等证书上标示的吨位比实际载重吨位小）、混业经营等方式，经营者有意无意间，可能存在隐瞒、少计营业收入的情况，费用支出零碎、繁杂，油料费、路桥费等主要支出无法直接配比核实。随着市场竞争发展，货运协会等组织相继出现，同时产生一个行业内的相对平均价格，这使不同企业之间的运输力量、营业收入、主要费用三者之间也有一个趋于相近的平均值。

（4）道路运输经济高效。从各种运输方式的始建投资效果看，道路修建比铁路运输和航空运输投资少，周期较短；从各种运输方式的运送效果看，由于公路网密度大，加上道路运输适应性强，机动灵活，对汽车货运选择最佳线路提供了便利条件，因而可以在一定的经济区域内相应地缩短货物运输距离，降低商品周转费用，加速资金流动，增加货物流动的时间价值，并相应节约了运力和能源，能够获得良好的社会效益和经济效益。

3. 生产经营特点

（1）生产经营流程。主要流程包括：提出运输要求→承运验货→制定运输计划配货→派车运输→交货→运费结算等。

道路货物运输业作业基本流程如图 4－6 所示。

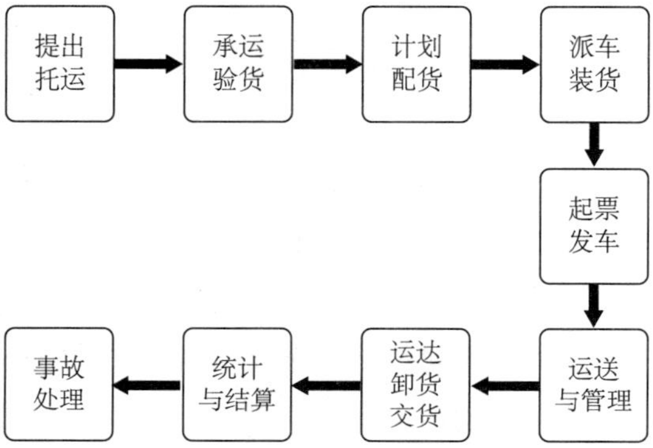

图 4－6　道路货物运输业作业基本流程

（2）生产经营方式。公路货运业的经营方式主要有以下五种：

①完全自营。纳税人利用自备车辆为客户提供运输业务，取得收入。该类企业具有营运资质，车辆所有权为运输企业自有，自行开具发票，独立核算收入、成本、费用和申报纳税。采用这种模式的多为小规模纳税人，一般纳税人多为大中型企业内部下属的汽车运输公司，主要承担本企业生产产品的销售外运、原材料采购等业务。

②承包（租赁）经营。该类企业具有营运资质，车辆所有权为运输企业自有，由承包人以内部承包方式进行经营，由运输企业提供开具发票、成本归集、财务结算、纳税申报等事项，承包人按规定上交承包费，承包费为定额方式，采取利润分成方式。

③挂靠经营。该类企业车辆由运输承运人自购，车辆所有权挂靠到运输企业，运输企业为挂靠人代开发票，收取管理费。因运输管理部门对个人货运车辆不发营运证，此类车辆名义上挂在某公司，但已不属于实质挂靠的性质。部分特种物品（危险品、易燃易爆品）货物运输的企业也采取挂靠方式。挂靠经营纳税人占总量的 20%～30%。

④混合经营。该类企业具有营运资质，拥有部分自有车辆，采取自营＋挂靠＋租赁混合经营模式，目前大多数纳税人都是采取混合经营的方式开展经营。混合经营模式是货运

行业采取的主要方式，约占总量的50%~60%。

⑤联运。是指两个或两个以上运输企业完成货物从发送地点到到达地点所进行的运输业务，联运业务表现为一次购买、一次收费、一票到底。

⑥其他。主要是货运代理、货运平台运营等各类新兴方式。

4. 财务核算特点

金额不大的零星业务一般使用现金结算，监管难度比较大。金额比较大或规模比较大的固定客户通常采用账户结算，但也可能存在多头账户结算等情况，为我们的监管带来一定难度。

5. 涉税难点

（1）实际运力难以掌握。货运企业经营方式灵活、管理方式松散，尤其是营改增以来，为税务机关核查和掌握货运企业实际运能和运力的真实性带来困难；行业经营方式复杂，税收控管难度大。从事道路运输业一般要具有三个资格证书，即《道路运输经营许可证》《车辆营运证》《营运性道路运输驾驶员从业资格证》。按照工商局的规定，个体户可以办理个体工商营业执照，但交通运管部门规定办理《道路运输经营许可证》需具有企业法人营业执照，个人及个体户则不能办理。《道路运输经营许可证》是单位、团体和个人有权利从事道路运输经营活动的证明，是从事物流和货运站场企业经营时必须取得的前置许可，并且它也是取得《车辆营运证》的必要条件，有该证的公司方才可以有营运的车辆，从事道路货物运输。目前，许多个体户和个人由于无法取得《道路运输经营许可证》和《车辆营运证》，但又想从事道路货物运营，只有采取两种行业经营模式：挂靠经营或开“黑车”。挂靠方（车主、船主通常为自然人）利用所挂靠的企业、组织等经济主体身份，获得自身难以取得的营运资格、开具货物运输业增值税专用发票的资格、交易信用等，而且在事故处理、保险赔付等方面获得一定的便利。被挂靠方则以收取“管理费”、“服务费”等名义获取利润、代开发票。挂靠经营双方虽然貌似利益共同体，但在实践中，被挂靠方对挂靠方的管理通常是松散的，实际车主和名义车主往往不一致，再加之规费收取利益驱动，导致部分车辆跨区域办理车辆登记及挂靠，车籍所在地、企业注册地和实际经营地往往不一致，挂靠方实际上处于个体经营状况，涉税风险大，税收难以控管。

（2）虚列成本费用可能较大。对于有挂靠车辆的货运企业在实际核算中，企业只收取管理费，收入、成本、费用都由车主自己核算，挂靠车为取得营运证必须把车辆过户到货运企业名下，而货运企业又承担替挂靠车辆开具运输发票并收回账款的责任，所以在表面上这些车辆都是公司的“自有车辆”，挂靠车辆的收入、成本、费用也都纳入货运企业的财务核算，这些货运企业不得不通过虚列成本费用的方式来平衡利润，造成收入、成本“两虚假”。此外，部分货运企业原始凭证混乱，利用虚假的路桥费、停车费、油料费等发票入账或利用驾驶员工资包干方式虚列费用，造成账面亏损，偷逃企业所得税。

（3）混业经营现象普遍，税率分歧产生漏洞，实务操作有空可钻。一些纳税人既从事货物运输，也从事港口码头服务、场站服务、货物运输代理、仓储和装卸搬运等物流辅助业务。“营改增”政策对提供运输服务和物流辅助服务规定了不同的税目税率。《应税服务范围注释》明确，货物运输业务属于交通运输业，适用9%增值税税率；货运代理、仓储、装卸搬运、港口码头服务等物流业务属于物流辅助业，适用6%增值税税率。判断货物运输还是货运代理则以是否直接提供货物运输劳务作为标准。实务中，税务机关和纳税人在税目、税率的适用上往往会产生分歧，易引发涉税风险。

（4）部分可抵扣项目难以取得抵扣凭据。一是异地加油难以取得进项发票。采取现金加油方式的长途货运车辆，因加油站开具专票要求不一，往往因备案资料准备不全（中国石化加油站对现金加油一律不予开具专票）造成难以取得专票；二是修理费获取抵扣发票难度较大，长途运输车辆在途中发生的修理费，往往因修理单位不是一般纳税人而无法取得进项发票，即便是一般纳税人也存在备案资料准备不全而难以取得进项发票的问题。

（5）区域财政税收奖补引发各种涉税风险。有些地区为了满足财政增长需要，采取财政返还的形式，降低企业实际税负，吸引外地税源。使这些地区某些企业铤而走险，采取虚开、多开货物运输业专用发票等方式来骗取财政返还，导致国家税收大量流失。

（6）账外经营比较普遍。货运企业的纳税意识比较淡薄，普遍存在现金交易不入账、不申报的情况，货运企业的车辆又存在不稳定、流动性大的特点，每辆车的收入与成本不能“一一对应”难以配比，造成部分货运企业通过“账外账”、“两本账”的方式逃避纳税，收入、成本长期账外循环。

（二）风险特征

1. 隐匿收入

因为账外经营、现金交易等特点突出，产业中流动性又较大，导致隐匿收入行为时有发生。

2. 虚增进项

因进项范围较小且较难完全取得抵扣凭证，虚增进项可能性较大；且存在多列经营范围，不断扩大进项核算的可能。

3. 虚列成本费用

该行业属于高投入和劳动密集型产业，尤其是下游行业的司机、车辆等多为个人所有，获取费用发票较为困难；运输整体外包的，可能存在以油费发票抵运输费发票等问题；账务核算随意性较大，虚列成本费用可能性较大。

（三）数据整备

1. 内部数据

包括纳税人登记信息、各税费种申报、财务报表、进销项发票等数据。

2. 外部数据

包括互联网信息以及第三方信息等数据。互联网信息，可以通过部分互联网平台获取纳税人承包信息等数据；第三方信息，可以通过交通运输部门采集车辆运营信息等数据。

3. 生产经营数据

包括车辆信息、过路过桥费、油费、维修费、装卸费、人员工资等信息。

（四）异常判断

1. 基础指标

主要包括纳税人营业收入变动、增值税税负及所得税贡献率等数据分析。

2. 通用指标

成本费用变动。

3. 属性指标

发票分析，比如油费抵扣、维修费抵扣。

（五）风险分析方法

1. 税负对比分析法

税负即税收负担率，是应纳税额与销售额的比率，它比较直观地体现了一个企业实现税收的能力和负担水平。行业内全部企业的应纳税总额与课税对象总额之比，即行业税负。行业税负反映了行业内企业的总体负担水平。行业中单个企业的税负在一定时期内对行业税负的背离，会造成企业税负与行业税负的差异。而税负对比分析法是税务部门对企业税负背离行业税负进行有效监控的方法之一。税负对比分析法属于综合分析法，影响因素较多，涉及税基的多个方面。因此，采用该法发现企业税负异常时，应结合其他分析方法进行多角度分析。

测算公式：税负 = 当期增值税税额/当期销售额。

实际测算企业的税负并与行业税负进行比较，低于行业税负的为税负异常企业，可适当考虑企业购进新车及允许抵扣的固定资产等特殊情况。

2. 油耗测算法

（1）原理描述。油耗测算法是根据纳税人评估期内所耗用的燃油数，利用耗油量、里程公里数、营运收入之间的关系，测算出与用油数相对应的营运收入，与纳税人账面收入进行比较的一种分析方法。

（2）计算公式

①营业收入测算指标：

测算营运收入 = Σ（汽车行程公里 × 每吨公里平均运费 × 平均载质量）

汽车行程公里 = Σ（四类车型货物运输耗油量/每百公里耗油量）

②指标项值的确定：

每百公里耗油量如表4－33所示。

表4－33　　每百公里耗油量　　单位：升

车型	每百公里耗油量（空载）	每百公里耗油量（满载）	每百公里耗油量（平均）
微型	8—10	10—12	8—12
轻型	12—14	14—18	12—18
中型	18—20	20—26	18—26
重型	26—28	28—32	26—32

在实际用车中油耗是由车龄、车的保养状况、磨损程度、载重、车速、驾驶技术等多种因素决定的。实际测算中可以根据上述影响因素进行测算的修正。

实际货物运输耗油量：实际货物运输耗油量（升）＝纳税人账列油费/油价

每吨公里平均运费：公路运费收费分为整车FCL和零担LCL两种，后者一般比前者高30%～50%，按我国陆路运输部门规定，一次托运货物在二吨半以上的为整车运输，适用整车费率，不满两吨半的为零担运输，适用零担费率。

平均载质量：平均载质量＝核定总载质量（考虑超载）/车辆数量

③营运收入测算举例：

假设某企业评估期内整车运输油费为15万元，油价为5元/升，每百公里耗油量为30升，整车平均载质量为30吨；按照整车平均运费表，则测算营运收入＝（150000/5/30）×100×30×0.289＝86.70（万元）。

④偏离值测算：

偏离值＝实际营业收入－测算营业收入

偏离系数＝偏离值/测算营业收入

⑤税收差异测算：

税收差异＝偏离值×适用税率

（3）数据获取途径。企业的油耗可从成本费用账上获取，应注意将货物运输的油耗和行政办公的油耗区分开。采取加油卡核算的可从加油站获取油耗信息。大型运输企业为了加强内部成本控制可能会有对燃料消耗的考核制度。其中的燃油消耗定额确定、油料消耗统计方法等指标对油耗的测算也有一定的帮助。

（4）疑点判断。该方法通过评估期测算营运收入和纳税人账面收入进行比对，能较为准确地发现该行业较普遍存在的虚列油费支出，偷逃所得税或虚开、代开货运发票的行为。若测算营运收入大于账面收入，有可能存在虚增成本费用的问题，若测算营运收入小于账面收入，有可能存在虚开或代开发票的问题。

（5）注意事项：

①油耗分析法的关键在于油耗的真实性，对于金额较大的油费发票可通过发函协查的方式进行验证。

②确定每百公里耗油量时，应充分了解企业车辆的营运情况，分车辆类型，分空载、满载，按平均值取值，同时还应充分考虑普遍存在的超载现象。

③确定每吨公里平均运费时，应充分了解车辆的承运类别，分整车、零担重货、零担轻货取值，同时要考虑到油价变动对运费的影响。

十一、农产品加工业

（一）行业概述

1. 行业概况

农产品加工行业是指对粮棉油薯、肉禽蛋奶、果蔬茶菌、水产品、林产品和特色农产品等进行生产加工，是对国民经济行业分类代码表中制造业门类下农产品相关行业的概括性表述。

农产品加工行业主要包括农副食品加工业（行业代码 C13），食品制造业（行业代码 C14），酒、饮料和精制茶制造业（行业代码 C15），卷烟制造业（行业代码 C16），纺织业（行业代码 C17），皮革、毛皮、羽毛及其制品和制鞋业（行业代码 C19），木材加工和木、竹、藤、棕、草制品业（行业代码 C20）等七大类行业。

2. 生产工艺流程及特点

农产品加工业是一个多工序的连续过程，行业生产工艺较为简单，一般经过原材料采购、挑选整理、材料入库、组织生产、成品入库、商品销售等环节。其经营管理特点主要体现在：

（1）采购。农产品加工企业采购农产品主要有三种渠道：

①购买农业生产者自产的农产品。农业生产者主要包括农户、农业合作社、公司加农户（即企业提供种子、种苗、化肥、饲料等，由农户种植或养殖，再由企业统一回购加工）。该环节的特点有：一是从销售方取得销售发票或自行开具农产品收购发票，可以抵扣进项税额；二是在采购时大多采取现金结算方式。

②通过流动商贩购买。通常有两种方式，一是流动商贩从农户手中零散收购初级农产品再销售给农产品加工企业；二是农产品加工企业委托流动商贩收购农产品，并按照收购数量或金额给予一定佣金。

③从批发零售商处购买。批发零售商从农户手中收购农产品后经简单挑选整理、分类分级、清洗包装、冷冻冷藏后销售给农产品加工企业。

（2）筛选。原材料入库前一般经过挑选整理，有一定比例的合理损耗。

（3）生产。相同行业生产工艺相近，投入产出比例相对固定；单位产成品所耗用电力、燃料等相对固定；产品产量与企业生产能力有一定的比例关系。

（4）销售。农产品加工企业生产的产品主要销售给下列三类购买方：①生产企业。将产品销售给生产企业用于连续生产。②经销商。将产品销售给代理商、批发零售商等。③消费者。以展销门店等形式，直接销售给消费者。

以农产品为原材料的食品类产品保质期较短，存货周转比较快。

3. 农产品进项税额的抵扣方式

（1）实行农产品核定扣除办法。对财政部 国家税务总局和省级税务机关规定纳入试点范围的增值税一般纳税人（以下称试点纳税人）① 购进农产品增值税进项税额，不再凭增值税扣税凭证抵扣增值税进项税额，而是按税务机关确定的方法和审定的扣除标准计算当期允许抵扣的农产品增值税进项税额。农产品是指列入《农业产品征税范围注释》（财税字〔1995〕52 号）的初级农业产品。

省级（包括计划单列市，下同）税务机关应根据下列核定方法顺序，确定试点纳税人适用的农产品增值税进项税额核定扣除方法。

①投入产出法：参照国家标准、行业标准（包括行业公认标准和行业平均耗用值）确定销售单位数量货物耗用外购农产品的数量（以下称农产品单耗数量）。

当期允许抵扣农产品增值税进项税额依据农产品单耗数量、当期销售货物数量、农产品平均购买单价（含税，下同）和农产品增值税进项税额扣除率（以下简称“扣除率”）计算。公式为：

当期允许抵扣农产品增值税进项税额 = 当期农产品耗用数量 × 农产品平均购买单价 × 扣除率/（1 + 扣除率）

扣除率为销售货物的适用税率。

当期农产品耗用数量 = 当期销售货物数量不含采购除农产品以外的半成品生产的货物数量 × 农产品单耗数量

②成本法：依据试点纳税人年度会计核算资料，计算确定耗用农产品的外购金额占生产成本的比例（以下称农产品耗用率）。当期允许抵扣农产品增值税进项税额依据当期主营业务成本、农产品耗用率以及扣除率计算。公式为：

当期允许抵扣农产品增值税进项税额 = 当期主营业务成本 × 农产品耗用率 × 扣除率/（1 + 扣除率）

---

① 试点范围：试点纳税人见《财政部 国家税务总局关于在部分行业试行农产品增值税进项税额核定扣除办法的通知》（财税〔2012〕38 号），《财政部 国家税务总局关于扩大农产品增值税进项税额核定扣除试点行业范围的通知》（财税〔2013〕57 号）。

农产品耗用率 = 上年投入生产的农产品外购金额/上年生产成本

“主营业务成本”“生产成本”中不包括其未耗用农产品的产品的成本。扣除率为销售货物的适用税率。

③参照法：新办的试点纳税人或者试点纳税人新增产品的，试点纳税人可参照所属行业或者生产结构相近的其他试点纳税人确定农产品单耗数量或者农产品耗用率。次年，试点纳税人向主管税务机关申请核定当期的农产品单耗数量或者农产品耗用率，并据此计算确定当年允许抵扣的农产品增值税进项税额，同时对上一年增值税进项税额进行调整。核定的进项税额超过实际抵扣增值税进项税额的，其差额部分可以结转下期继续抵扣；核定的进项税额低于实际抵扣增值税进项税额的，其差额部分应按现行增值税的有关规定将进项税额做转出处理。

（2）未实行核定扣除办法。纳税人购进农产品抵扣进项税额的方式与一般货物不同，纳税人不是按照扣税凭证上注明的增值税税额抵扣，而需根据农产品的用途不同，确定不同的扣除率，计算抵扣进项税额。

①扣除率。纳税人购进用于生产销售或委托受托加工 13% 税率货物的农产品，扣除率为 10%，其他用途的农产品，扣除率为 9%。

②进项税额的计算。纳税人购进农产品抵扣进项税额的方式包括以下三种：

第一，从一般纳税人取得增值税专用发票或从海关取得进口增值税专用缴款书的，以一般纳税人开具的增值税专用发票或海关进口增值税专用缴款书上注明的金额和扣除率计算可以抵扣的进项税额；

第二，从小规模纳税人取得增值税专用发票的，以增值税专用发票上注明的金额和扣除率计算可以抵扣的进项税额；

第三，从农业生产者购进农产品，取得农业生产者开具的农产品销售发票或自行开具收购发票的，以农产品销售发票或收购发票上注明的农产品买价和扣除率计算可以抵扣的进项税额。

③抵扣时限。纳税人购进农产品并取得扣税凭证的当期，无论用于何种用途，均按照 9% 的扣除率抵扣进项税额；在农产品领用时，根据用途确定能否加计扣除，即如果农产品用于生产销售或委托受托加工 13% 税率货物，可以加计扣除，计提 1% 的加计扣除税额，如果农产品用于其他用途，不可以加计扣除。

（二）风险特征

1. 采购环节的涉税风险

采购环节的涉税风险主要有虚开农产品收购发票或销售发票、违规使用农产品收购发票和农产品收购发票信息填写不规范等，具体为：

（1）没有发生实际业务，虚开农产品收购发票或取得农产品经销企业虚开的销售发票抵扣进项税额。

（2）农产品收购发票或销售发票上农产品收购数量、价格与实际不符，存在虚增收购数量、虚高收购价格的税收风险。

（3）将不属于农产品抵扣范围的费用支出开具农产品收购发票，抵扣进项税额，如在采购过程中发生的差旅费、运输费、装卸费、招待费等支出，摊入农产品单价。

（4）农产品收购发票中销售方身份证信息填写不准确、不真实。

（5）跨省收购农产品，未按规定向经营地税务机关领购开具农产品收购发票。按照发票管理办法的规定，纳税人外出经营应当凭所在地税务机关的证明，向经营地税务机关领购经营地的发票。

（6）自农产品经销企业或流动商贩采购农产品应取得而未取得发票，自行开具农产品收购发票抵扣进项税额。

（7）购进货物用于免税项目、集体福利或个人消费，不按规定转出进项税。

2. 仓储环节的涉税风险

因管理不善造成的存货被盗、丢失、霉烂变质等非正常损失，未及时转出进项税额。

3. 生产环节的涉税风险

存在农产品原材料投入大、产出小，投入产出比例不符合营业常规的税收风险。

4. 销售环节的涉税风险

（1）销售货物直接面对消费者，消费者不索取发票便不开具发票，不按规定确认收入。

（2）销售下脚料、副产品等不入账，隐匿销售收入。

（3）采取购进和销售均不入账，逃避缴纳税款。

（4）将自产、委托加工的货物用于集体福利或个人消费、对外投资、分配股利、无偿赠送他人等视同销售行为，不按规定计提销项税额。

（5）销售适用不同税率的产品，未按规定分别核算，统一按照低税率申报纳税。

（6）农产品加工企业购销异常，例如购进农产品，销售非农产品（如钢铁、煤炭等），存在虚开增值税专用发票的税收风险。

（7）存货与往来款项跨期结转异常，人为调整账面数据，隐匿销售收入或虚抵进项税额。

（三）数据整备

1. 内部数据

见第一节。

2. 外部数据

（1）充分利用政府网站，统计部门、物价部门等平台多方获取具有当地特色的农产品销售价格和产量，为加强农产品行业的税收风险管理掌握第一手的信息资料。

（2）根据行业特点，通过国家和行业标准、互联网平台查找与农产品加工相关的机器设备加工能力、生产要素参数、生产工艺流程等相关信息。

（3）通过第三方涉税信息平台采集纳税人的用水、用电、蒸汽、燃气等能耗信息，为测算产能储备基础数据。

（4）采集同行业相近规模企业的经营数据和涉税信息，开展类比分析。

（四）异常判断

1. 基础指标

见第一节。

2. 通用指标

见第一节。

3. 属性指标

结合农产品加工行业生产经营特点，设定农产品加工行业属性指标，如表4－34所示。

表4－34　　农产品加工行业属性指标相关信息表

指标名称	风险描述	分析思路	涉及税种
农产品收购发票抵扣进项占比过高	农产品收购发票抵扣进项占全部抵扣进项比例＝当期农产品收购发票抵扣进项税额÷当期全部抵扣进项税额×100% 通过对纳税人当期农产品收购发票抵扣进项税额占当期全部抵扣进项税额的比率计算，把比率高于行业预警值的列为疑点纳税人	核实企业是否存在虚开农产品收购发票，虚抵进项税额。结合企业往来款项情况，对企业存在大量应收、应付账款的情况，尤其是应收、应付余额与农产品购进金额、专用发票开具金额相近的，进行确认	增值税、企业所得税
农产品开具金额大于申报销售收入	将纳税人开具的农产品发票金额按年度汇总合计后，结合当期存货变动情况与当期申报销售收入进行比对，将比对结果异常的列为疑点纳税人	核实纳税人是否存在利用农产品收购发票，多抵进项税额，少计销售收入等	增值税、企业所得税
农产品收购发票销售方身份证信息异常	将18位身份证号码编码规则作为筛选依据，不符合编码规则的农产品收购发票列为异常抵扣凭证，把开具异常发票的列为疑点纳税人	对筛选出的异常发票进行重点核实，核实纳税人是填写错误或发票开具不规范还是存在虚开农产品收购发票情形	增值税、企业所得税

续表

指标名称	风险描述	分析思路	涉及税种
应收账款与主营业务收入比率分析	通过对纳税人应收账款当期发生额占当期主营业务收入的比率进行分析，判断纳税人应收账款是否存在异常	若纳税人当期产生的应收账款占本期主营业务收入的比率过大，则纳税人可能存在虚开发票或少计收入等疑点。纳税人当期产生的应收账款占本期主营业务收入的比率大于1，应作为重点核实的对象	增值税、企业所得税
存货与往来款项结转异常	通过对资产负债表的存货、应收账款、应付账款、预付账款等项目跨年度结转数据进行比对分析，将项目结转异常的列为疑点纳税人，可能存在隐匿销售收入或虚抵进项的问题	①应收账款、应付账款、预付账款等项目如跨年结转异常，可能存在隐匿销售收入的疑点。 ②存货项目跨年结转异常，可能存在账外销售存货，隐匿销售收入或虚抵进项税的疑点	增值税、企业所得税
应付账款占存货比例异常	应付账款占存货比例 =（应付账款期末数 − 应付账款期初数）/（存货期末数 − 存货期初数）×100%	应付账款占存货比例异常，可能存在虚抵进项税或虚增成本的疑点。对存货项目的疑点落实，重在核实存货数量的真实性与合理性。通过实地核查、账实比较、第三方信息采集等方法确认相关疑点信息。对应收账款、应付账款、预付账款科目数据的核实，重点核实款项的来源，必要时可采取协查的方法进行核实	增值税、企业所得税
存货周转率	存货周转率 = 主营业务成本 ÷ 平均存货成本 ×100%； 通过分析纳税人存货周转率与存货周转天数，若企业存货在流动资产中比例较高，而存货周转率过低或存货周转天数过长，则企业可能存在销售实现但不结转或不计收入、没有购进货物却以假发票或虚开发票入账、库存货物不真实等疑点	核实纳税人是否存在销售实现但不结转或不计收入、没有购进货物却以假发票或虚开发票入账、库存货物不真实等疑点。 该指标主要适用农副食品加工业、食品制造业，针对具体产品的保质期测算产品周转天数，更为有效	增值税、企业所得税
存货余额连续三个月为负数	通过对当期资产负债表存货期末数进行分析，将存货连续三个月出现大额负数的列为疑点纳税人	核实纳税人是否存在多结转主营业务成本或虚开增值税专用发票等疑点。应重点核实存货的真实情况	企业所得税
期末存货占全部销售收入比率异常	期末存货占收入比例 = 期末存货余额 ÷ 收入总额 ×100%； 根据企业期末存货余额与收入总额的比率测算，把超过预警值的列为疑点纳税人	核实纳税人是否存在实现销售但不结转或不计收入、少计收入；或者虚增存货，虚开农产品收购发票等问题。必要时，进行存货盘点，通过账实比对，核实企业实际库存情况	增值税、企业所得税

续表

指标名称	风险描述	分析思路	涉及税种
关键原料投入产出比异常	关键原材料投入比率＝关键原材料金额/（期末存货余额－期初存货余额＋主营业务成本） 关键原材料的投入量与产成品的产量存在相对固定的比例关系。提取关键原材料的购进金额与财务报表提取的存货数据和主营业务成本数据相比，计算关键原材料投入产出比率，将超过预警值的列为风险企业	若测算关键原料投入产出比率超过参考值，则企业可能存在迟计、未计销售收入、多开具农产品收购发票抵扣进项税的问题	增值税、企业所得税
一般纳税人电费占收入比率异常	电费占收入比率 ＝ 当期购入电费 ÷ 当期销售收入 ×100%； 通过对纳税人电费占收入比率进行测算，对明显低于或高于行业平均值的列为疑点纳税人	该比率高于同行业预警值，可能存在不计、少计销售收入的问题；该比率低于同行业预警值，对农产品加工企业来讲更有针对性，可能存在虚开增值税专用发票的问题	增值税、企业所得税
农产品加工企业购销异常	通过对购进发票和销售发票信息进行比对，对购销明显不符合经营常规和生产流程的列为疑点纳税人。 筛选商品编码前三位不包含在“101（农、林、牧、渔业类产品）、103（食品、饮料、烟、酒类产品）、104（纺织、服装、皮革类产品）、105（木制品、家具类产品）、106（纸、印刷品、软件、文教、工艺品类产品）”代码，将开具的非农产品发票金额超过预警值的列为疑点纳税人	如果农产品加工企业不存在兼营非农产品加工项目，则存在虚抵进项，虚开增值税专用发票风险	增值税

（五）风险分析方法

1. 重点关注事项：

①实行农产品核定扣除办法的纳税人，主要分析其申报的农产品单价是否偏高。

②对未实行农产品核定扣除办法的农产品加工企业进行风险分析，重点关注以下三方面的问题：

一是分析农产品发票方面的问题，包括取得的发票不规范，从农业合作社短期内取得农产品销售发票金额较大或者开具给单个自然人的农产品收购发票金额较大。

二是分析涉农企业抵扣方面的问题，包括取得的抵扣凭证少但是抵扣的进项税额多，取得的抵扣凭证多但申报的销售收入少，未生产适用高税率的产品但申报农产品加计扣除的进项税额。

三是分析涉农企业生产能力方面的问题，如耗用电量与销售收入或生产规模不匹配。

2. 实证摘要

指标1：农产品核定扣除企业申报单价异常

（1）风险描述。采用投入产出法核定农产品进项税额的企业，通过提高农产品单价，达到多抵扣进项税额的目的。通过采集纳税人申报数据计算其实际农产品单价，与所在地区平均单价相比，对当期购入农产品金额大于一定金额，且偏离度较高的企业进行逐户分析，结合相关产品的市场价格确定疑点企业。

（2）风险分析：

①数据来源：

第一，选取农产品核定扣除的企业登记信息，包括统一社会信用代码、企业名称、状态、行业明细、主管税务机关、所属地市。

第二，提取上述企业分析年度增值税申报表附表中《投入产出法核定农产品增值税进项税额计算表》中项目数据，包括：期初库存农产品数量、期初库存农产品购入单价，当期购入农产品数量、当期购入农产品购入单价。

②计算口径：

第一，计算企业实际单价：

期初库存农产品金额 = 期初库存农产品数量 × 期初库存农产品购入单价

当期购入农产品金额 = 当期购入农产品数量 × 当期购入农产品单价

企业的年度平均购入单价 = （期初库存农产品数量 × 期初库存农产品购入单价 + 当期购入农产品数量 × 当期购入农产品单价）/（期初库存农产品数量 + 当期购入农产品数量）

第二，计算市辖区内耗用农产品平均单价。

第三，计算各企业耗用农产品的平均单价与市辖区内耗用农产品的平均单价的偏离度。

计算公式如下：偏离度 = （各企业耗用农产品的平均单价 - 市辖区内耗用农产品的平均单价）/市辖区内耗用农产品的平均单价 × 100%

（3）风险判断及处理。对申报单价异常的企业购入的农产品具体核实三个问题：①产品价格的有效性；②投入产出的真实性；③购入农产品的渠道。

指标2：存货周转天数异常

（1）风险描述。存货周转天数是指企业从取得原材料开始，至消耗、销售为止所经历的天数。若存货周转天数大于产品保质期，属于周转天数异常。对于存货周转天数大于企业产品保质期一定比例的企业列为高风险纳税人；另外，将存货周转天数与行业平均周转天数相比，对于存货周转倍数大于行业平均周转天数两倍的企业列为高风险纳税人。

（2）风险分析：

①数据来源。资产负债表存货数据和利润表主营业务成本数据。

②计算口径：

存货周转天数 = 年（365 天）÷存货周转次数

存货周转次数 = 主营业务成本÷平均存货成本

平均存货成本 =（期初存货成本 + 期末存货成本）÷2

周转倍数 = 企业存货周转天数÷行业平均周转天数

（3）风险判断及处理。存货周转天数过长，可能存在销售实现但不结转或隐匿销售收入等问题，也可能存在没有购进货物却以假发票或虚开发票入账的问题，这会导致多抵扣进项税额。税务机关将会重点核查库存货物是否真实，账实是否相符。

指标 3：农产品发票进项税额申报异常

（1）风险描述。农产品发票申报抵扣异常分析，主要是分析比对纳税人农产品收购（销售）发票的申报抵扣与纳税人农产品收购发票的开具和销售发票的取得情况。

（2）风险分析：

①数据来源：

第一，取得的 3% 税率的农产品增值税专用发票份数、税额取自纳税人所属期内认证的份数、金额（不含税）。（只取商品编码前五位为 10101 的发票）

第二，取得的 0 税率农产品销售发票份数、金额取自所属期内纳税人取得的普通发票（纸质和电子）的份数、金额。

第三，开具农产品收购发票份数、金额取自纳税人所属期内收购发票的份数、金额。

②计算口径：

当期申报抵扣的农产品发票或销售发票税额 = 增值税纳税申报表附表（二）第 6 栏（农产品收购发票或销售发票）税额数

农产品发票合计金额 = 当期开具的农产品收购发票金额 + 取得的 3% 税率的农产品增值税专用发票金额（不含税）+ 取得的 0 税率农产品销售发票金额

测算农产品发票可抵扣进项税额 = 农产品发票合计金额 ×9%

测算农产品发票多抵扣税额 = 测算农产品发票可抵扣进项税额 − 当期申报抵扣的农产品发票或销售发票税额。

（3）风险判断及处理。通过分析纳税人农产品收购发票的开具和销售发票的取得情况，将取得的农产品类发票可抵扣的进项税额小于申报抵扣的增值税进项税额企业列为疑点企业。该指标运用时，注意剔除农产品核定扣除企业。

指标 4：农产品收购发票抵扣进项占比偏高

（1）风险描述。农产品收购发票抵扣进项占比过高指标主要是按月通过对当期有农产品收购发票抵扣进项的纳税人当期农产品收购发票抵扣进项税额占当期全部抵扣进项税额比率的计算，分析纳税人农产品收购发票抵扣进项的合理性，对比例高于同行业预警值的，核实是否存在虚开农产品收购发票、虚抵进项税额的问题。

（2）风险分析：

①数据来源：

第一，进项抵扣税额：增值税一般纳税人申报表主表第 12 行第 1、3 列之和；

第二，农产品销售发票或收购发票（含 3% 税率的农产品增值税专用发票）抵扣进项税额：增值税一般纳税人申报表附表二第 6 行第 3 列；

第三，专用发票税额：纳税人认证抵扣的 9% 税率农产品增值税专用发票份数、税额（只取商品编码前五位 10101）；

第四，加计扣除农产品进项税额：《增值税纳税申报表（一般纳税人适用）》附表二第 8a 栏。

②计算口径：

农产品发票抵扣进项占全部进项比例 = 当期取得农产品发票抵扣进项税额 ÷ 当期全部进项抵扣税额 ×100%

当期取得农产品发票抵扣进项税额 = 农产品销售发票或收购发票（含 3% 税率的农产品增值税专用发票）抵扣进项税额 + 取得的 9% 税率农产品增值税专用发票税额 + 加计扣除农产品进项税额

（3）风险判断及处理。可能存在虚开农产品收购凭证，虚假抵扣进项税额的问题。核实企业购进农产品业务真实性，货物购进地是否具有该农产品生产能力。核实企业账簿与购进货物凭证，落实企业货物流是否一致，购销链条是否完整，有无虚抵进项的风险。使用该指标时，注意剔除执行农产品核定扣除政策的企业。

指标 5：购进农产品增值税加计抵扣异常

（1）风险描述。纳税人购进农产品用于生产或受托加工 13% 税率的货物，进项税额扣除率为 10%，在农产品领用环节加计扣除 1%，纳税人提高加计扣除进项税额会导致当期抵扣的进项税额增加。

（2）风险分析：

①数据来源：

第一，确定目标企业。提取增值税纳税申报表附表二 8a 栏税额合计数，将大于 0 的企业确定为目标企业。

第二，提取相关验证数据：

提取目标企业取得的商品编码前 3 位为“101”的增值税专用发票金额合计数；

提取目标企业取得的商品编码前 3 位为“101”的增值税普通发票金额合计数；

提取目标企业开具的农产品收购发票金额合计数。

提取目标企业增值税申报表附表一第 1 栏第 9 列 13% 税率货物、第 16 栏第 9 列免抵退货物销售额；

提取目标企业增值税申报表主表第 1 栏第 2 列、第 4 列按适用税率、第 7 栏第 2 列、第 4 列免抵退出口货物销售额合计数。

②计算口径：

第一，测算加计扣除农产品进项税额：

测算加计扣除农产品进项税额 = 测算农产品发票金额合计 × 13% 税率销售额占比 ×（10% - 9%）

测算农产品发票金额合计 = 取得商品编码前 3 位为“101”的增值税专用发票金额合计数 + 商品编码前 3 位为“101”的增值税普通发票金额合计数 + 开具的农产品收购发票金额合计数

13% 税率销售额占比 = 增值税纳税申报表附表一第 1 栏第 9 列 13% 税率货物、第 16 栏第 9 列免抵退货物销售额 ÷ 主表第 1 栏第 2 列、第 4 列按适用税率、第 7 栏第 2 列、第 4 列免抵退出口货物销售额合计数

第二，计算测算加计扣除农产品进项税额与实际加计扣除农产品进项税额的差额：

测算加计扣除农产品进项税额与实际加计扣除农产品进项税额差额 = 提取增值税纳税申报表附表二 8a 栏实际加计扣除农产品进项税额 - 测算加计扣除农产品进项税额

筛选结果：将测算加计扣除农产品进项税额与实际加计扣除农产品进项税额差额较大的企业列为风险纳税人，重点核查 13% 税率货物及免抵退销售额合计数为 0 且存在农产品进项税加计扣除的纳税人。

（3）风险判断及处理。

第一，核对申报数据中加计扣除项填列的数据是否为农产品加计扣除原因填列，排除其他调账因素影响。

第二，对于不符合相关政策规定的需要作进项税额转出。

第三，对执行农产品核定扣除政策同时有农产品加计扣除数据的，需要核实是否存在非农产品核定扣除项目，且单独核算。

指标 6：农产品收购发票中销方身份证信息异常

（1）风险描述。加强农产品收购发票身份证信息的验证，能有效避免农产品收购企业采用虚假的身份证信息或错误的身份证信息填开农产品发票进行抵扣及虚列成本情况。

（2）风险分析：

①数据来源：

税务登记信息中的纳税人识别号、纳税人名称、主管税务机关、税收管理员。

增值税一般纳税人纳税申报表附表（二）第6栏“农产品收购发票或者销售发票”中份数、金额、税额及该申报表对应的纳税人识别号。

农产品收购发票开具信息：选取农产品收购发票对应的“发票代码”、“发票号码”、“金额”、“销货方名称”，“销方纳税人识别号”、“购货方名称”“购货方纳税人识别号”（身份证号码）字段。

特别说明：农产品收购发票信息中销售方信息为开票企业信息，购货方信息为销售个人信息。

②计算口径。将存在开具（农产品）收购发票中身份证号码不符合身份证号码校验算法的企业列为异常企业。

第一，筛选农产品收购发票中身份证号码大于和小于18位的为异常发票。

第二，筛选农产品收购发票中身份证号码信息18位均为“0”的为异常发票。

第三，筛选农产品收购发票中身份证号码信息为18位，但按照第二代身份证编码规则对第18位校验号码错误的为异常发票。

第四，摘取农产品收购发票中身份证号码第7至10位代表出生年份的四位数字，筛选小于1924或大于2024的为异常发票。

第五，筛选农产品收购发票中身份证号码为空的为异常发票。

（3）风险判断及处理。对存在身份证号码填列异常的发票，核实业务的真实性，并核实身份证号码与姓名是否一致。

指标7：收购疑点自然人农产品金额大于一定金额的企业

（1）风险描述。农产品收购发票限于向农民个人收购其自产的农产品时开具，向农产品流动商贩或经销企业购买农产品时，不得开具农产品收购发票，应取得销售方开具的发票。

限于生产能力，一般的农民销售自产的农产品销售额不会过大。从人均亩产价值角度分析，年度单农户产销农产品金额过大，应属辖区内种植（养殖）大户，需要规范管理。

（2）风险分析：

第一步，选取疑点自然人。

一是向企业销售农产品金额超过一定金额的自然人。

二是农产品收购发票开具信息：选取农产品收购发票对应的“发票代码”、“发票号码”、“金额”、“销货方名称”，“销方纳税人识别号”、“购货方名称”“购货方纳税人识别号”（身份证号码）字段。

三是身份证号码要满足第二代身份证编码规则。

第二步，将自疑点自然人处购入货物的企业列为疑点企业进行应对核查。

（3）风险应对。建议核实以下方面：①自然人进行农业生产的生产规模和生产能力；②货款的支付情况，货物的运输及仓储情况等，综合判断购销业务的真实性。

指标8：农产品开具金额大于申报销售收入

（1）风险描述。一般纳税人农产品发票开具金额大于申报销售收入是通过纳税人开具的农产品发票金额（不含税金额）按年度汇总合计后，结合当期存货变动情况与当期申报销售收入进行比对，将比对产生的差额进行分析。以有效防范可能存在虚开农产品收购发票，多抵进项税额、多列成本或少计销售收入等风险点。

（2）风险分析：

①数据来源：

第一，9%税率的农产品增值税专用发票份数、金额提取纳税人购进货物的9%税率农产品增值税专用发票份数、不含税金额（只取商品编码前三位101）；

第二，3%税率的农产品增值税专用发票份数、金额提取纳税人购进货物的3%税率的农产品增值税专用发票份数、不含税金额（只取商品编码前一位101）；

第三，农产品销售发票份数、金额提取纳税人购进货物0税率的农产品普通发票（含电子发票）份数、不含税金额；提取购进货物3%税率的农产品普通发票（含电子发票）份数、金额；

第四，当期开具农产品收购发票份数、金额提取农产品收购发票开具的份数、金额。

第五，申报销售收入：增值税一般纳税人纳税申报表［第1行“（一）按适用税率计税销售额”的“第1列与第3列”之和+第5行“（二）按简易办法计税销售额”的“第1列与第3列”之和+第7行“（三）免、抵、退办法出口销售额”第1列+第8行“（四）免税销售额”第1列］各月累加之和。

②计算口径：

农产品购进金额与申报销售收入差额（不含存货）=农产品购进金额（不含税）合计-申报销售收入

农产品购进金额与申报销售收入差额（含存货）=本年期初存货余额+农产品购进金额（不含税）合计-申报销售收入-期末存货余额

农产品购进金额=开具农产品收购发票金额（不含税）+取得的9%税率农产品增值税专用发票金额（不含税）+取得的3%税率的农产品增值税专用发票金额（不含税）+取得的农产品销售发票金额（不含税）

农产品购进金额与申报销售收入差额（不含存货）与农产品购进金额与申报销售收入差额（含存货），任一项差额大于预警值时为异常。

（3）风险应对：

①存货数据比对法：

第一，重点分析疑点企业的存货变动情况，查看企业年初存货余额与上年期末存货余额是否存在差额。

第二，核实账簿资料，重点关注两方面问题，一是通过开具农产品发票购入的农产品是否记入存货类科目，如未记入，应分析是否正常原因；二是对记入存货类科目农产品，其贷方发生额对应的借方科目是否正常。

②购入农产品合理性分析法：

第一，重点关注存在购销税率差异且向出口企业大额开具专用发票的企业。利用一般纳税人购销链条分析指标，结合疑点企业的生产经营范围和发票开具（取得）流向，分析纳税人有无利用虚开的农产品发票虚抵进项税额后，对外虚开增值税专用发票给下游企业，导致下游企业虚抵进项税额，甚至骗税。利用农产品发票虚抵进项税额后，对外虚开增值税专用发票的疑点企业一般具有如下特征：一是微利甚至主营业务成本大于主营业务收入；二是销售业务适用高税率，购进业务适用低税率，但申报税负偏低；三是应付账款和应收账款占收入比例较高；四是在本地临时租赁经营场所，生产设备基本没有而以委托加工形式生产产品；五是购销业务基本没有发生相关的运输费用；六是购进的农产品不是本地产品，开具专用发票的下游企业也不在本地。

第二，对通过农产品发票抵扣的农产品合理性进行分析，一是购入农产品的产地信息是否真实；二是购入原材料与主要产品是否存在合理的关联性。

第三，通过查阅相关购销合同及账簿资料，了解在收购农产品和销售产成品的过程中发生的运输费用等费用列支的情况，核实有无通过开具农产品发票列支非农产品项目情况。

指标 9：一般纳税人电量（费）与货物及劳务销售收入比率异常

（1）风险描述。一般情况下，相同行业的工艺流程有很大的相似性，单位收入用电量应该基本一致。通过对纳税人用电量、电费分别与收入进行比较分析，筛选出疑点纳税人，落实其是否存在少计销项、多抵进项问题。

（2）风险分析：

①数据来源：

第一，购入电量：纳税人购进发票中商品编码为“110010102”，且发票中货物单位为“kW·h”、“度”的票面数量合计数。

第二，销售收入累计：增值税及附加税费申报表（一般纳税人适用）》主表第 1 列一般货物及劳务和应税服务［1 行（按适用税率计税销售额）－4 行（纳税检查调整的销售额）+5 行（按简易征收办法征税货物销售额）－6 行（其中：纳税检查调整的货物销售额）+7行（免、抵、退办法出口货物销售额）+8行（免税货物及劳务销售额）］+申报表第3列即征即退［1行（按适用税率计税销售额）-4行（纳税检查调整的销售额）+5行（按简易征收办法征税货物销售额）-6行（其中：纳税检查调整的货物销售额）］本年累计收入+当期入库评估税款对应收入+当期入库稽查税税款对应收入。

②计算口径：

耗用电量比率 = 当期耗用电量÷当期销售收入×100%

同比增减幅度 =（本期比率数-上年同期比率数）/上年同期比率数×100%

将超过（低于）行业平均值或预警值的企业列为疑点企业进行核实。

(3) 风险判断及处理。生产加工企业的生产耗电、耗煤、耗汽、耗水等能耗情况与其产品产量及销售收入存在着相对固定的对应关系。同行业企业间的工艺流程有很大的相似性，单位收入耗能大致相同。根据纳税人评估期，利用单位产品能耗定额测算产品数量，进而测算其销售额和应纳税额，与申报信息进行比对分析，能有效防范一般纳税人隐匿产品销售收入，多抵扣进项税，多列成本或通过少结转成本隐匿收入的风险点。下面以耗电为例，例示采用“四步走”方法应对核实用电量（费）情况。

①排除非生产用电因素影响：

第一，确认疑点企业是否存在外销电情况。了解疑点企业是否存在外销售电的情况，如果存在，则应进一步了解清楚外销电的购电方、结算方式、外销售电量（费）计量方法等内容。

税务机关首先查看纳税人厂区是否有外接电线，是否多户共用一台变压器。针对多户共用变压器的情况，可通过协调供电部门等方法落实分户用电信息。

第二，核查在建工程用电情况。在建工程项目用的电量（费）核查。通过查阅“在建工程”“工程物资”等科目，核对用于建设项目的用电量（费）与实际生产经营情况是否相符。

第三，核查食堂、宿舍等集体福利项目用电情况。食堂、职工宿舍等集体福利项目对应“管理费用”科目，是否有相关电量（费）的记录，是否通过“应交税费——应交增值税（进项税额转出）”科目将不得抵扣的进项税额转出，并与实际情况核对。

②根据生产耗用电量测算产量：

第一，能耗分析法（主要分析方法）。通过疑点企业所属行业的单位产品耗电量参考值测算评估期间的产品产量。

评估期生产耗电量=评估期用电量-评估期外销电量-非增值税应税项目用电

评估期产品产量=评估期生产耗电量÷评估期单位产品耗电参考值

针对使用能耗分析法测算的结果纳税人不认可的，可采用原料、人工、设备生产能力等测算方法进行验证。

第二，原料（辅助材料）耗用测算法。农产品加工行业同一产品的投入产出率相对稳定，根据企业评估期实际投入原材料、辅助材料的数量，按照确定的投入产出比（定额）测算出企业评估期的产品产量，进一步测算产品的销售收入，并与纳税人申报信息进行对比分析，从中发现问题。

评估期产品数量 = 当期投入原材料数量 × 投入产出比

第三，包装物耗用测算法。采集农产品加工企业包装物耗用数量，利用包装物规格型号与产品数量的比例关系，测算评估期的产品生产量，进一步确认企业申报销售收入是否真实。

第四，副产品产量测算法。针对部分农产品加工企业的主要产品与副产品之间存在一定配比关系的特点，通过采集关键副产品的产量来测算主要产品的申报销售收入是否属实。该种方法应用的重点首先是要得到税企双方均认可的主、副产品的产出比例，第二是能准确取得副产品的产出数量。

第五，人员工资测算法。农产品加工行业大多属于劳动密集型产业，人员工资在生产成本中占比较大。对采取流程化生产的企业，通过采集关键岗位生产人员的计件工资，测算产品产量；对采取集约化生产的企业，通过采集人均产量和工人人数，测算产品产量。

计件（时）工资总额 = 底薪 + 提成（非生产性） + 计件（时）工资

评估期产品产量 = 评估期生产人员计件（时）工资总额 ÷ 单位产品耗用工时（工资）

第六，设备生产能力测算法。根据农产品加工企业生产所需关键设备的规格型号、自动化程度、日产量等功能参数信息，参照设备的使用说明信息，结合工人工作时间和所生产产品的特点，推算出产成品的生产产量。

③库存盘点。通过调阅企业库存盘点原始记录或查阅库存管理台账等方法对企业期初库存、本期生产、本期销售、期末库存实行“四核对”，掌握企业库存情况，同时根据企业发票开具及当期实际情况采集市场价格，为核实企业销量、确定销售价格打下基础。

④评估期销量测算。以测算的企业产量为基础，结合库存变化情况，测算出当月实际销量。将核算出的销量与企业申报数进行比对，准确核实其实际销售额。针对比对异常，测算数与申报数的差额，查找原因。通过约谈、企业自查、实地核查等确定是否有账外经营、隐匿收入的情况。

在使用以上方法测算出评估期产品产量后，按以下公式测算销售收入。

评估期产品销售数量 = 评估期期初库存产品数量 + 评估期产品产量 − 评估期期末库存数量

评估期销售收入测算数 = 评估期产品销售数量 × 评估期产品销售平均单价

评估差异 =（测算应税销售收入 - 企业实际申报应税销售收入）×适用税率（征收率）

（六）典型案例

依托风险模型　深入分析得真相

——××鱼油有限公司纳税评估案例

一、企业基本情况

××鱼油有限公司成立于2009年10月11日，所属行业：鱼油提取及制品制造；注册类型：其他有限责任公司；经营项目：鱼露加工销售（有效期限以许可证为准），鱼油加工销售，经营备案范围内货物和技术的进出口业务；现有职工8人，注册资本50万元，实行独立核算，自负盈亏，执行小企业会计准则，企业所得税征收方式为查账征收，2010年6月1日认定为增值税一般纳税人，纳税信用等级为B级。

该纳税人2016年全年销售收入1041.00万元，其中应税收入227.30万元，免税收入813.80万元。2017年全年销售收入2410.00万元，其中应税收入81.00万元，免税收入2329.00万元。2018年全年销售收入2001.00万元，其中应税收入197.00万元，免税收入1804.00万元。2016—2018年每个年度纳税及发票情况详见表4-35和图4-7。

表4-35　　2016—2018年度发票情况表　　单位：份、元

项目 年份	开具收购发票份数	开具收购发票金额	用于应税项目抵扣税额	进项税额转出金额	取得其他专用发票金额	取得其他专用发票税额	用于应税项目抵扣税额	进项税额转出
2016	157	11418520.30	258420.31	1034210.23	138267.80	21610.23	10821.30	98520.34
2017	211	19783482.00	116341.21	2268211.03	386286.18	61030.53	3852.21	57630.00
2018	174	16636304.9	262484.08	1490767.52	242575.39	116408.70	3426.44	13520.00

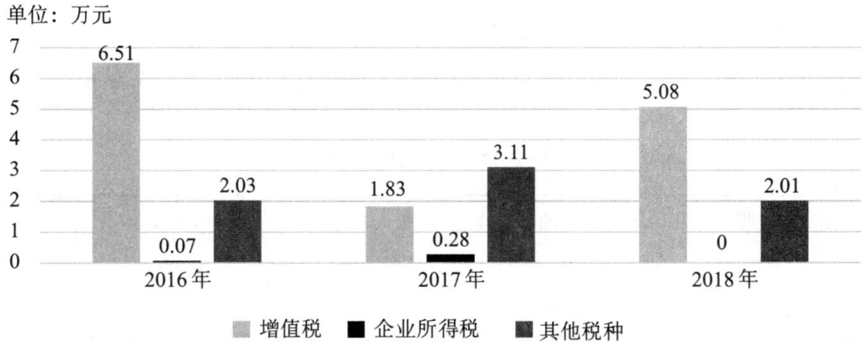

图4-7　2016—2018年纳税情况

适用税收优惠政策：根据《财政部 国家税务总局关于饲料产品免征增值税问题的通知》（财税〔2001〕121号）规定，“免税饲料产品范围包括：（一）单一大宗饲料。指以一种动物、植物、微生物或矿物质为来源的产品或其副产品。”另根据《国家税务总局关于饲用鱼油产品免征增值税的批复》（国税函〔2003〕1395号）的规定，自2003年1月1日起，对饲用鱼油产品按照现行“单一大宗饲料”的增值税政策规定，免予征收增值税。

二、数据采集及分析

从收购发票、农产品进项税额占比、第三方数据、投入产出比、上下游链条、经营规模及资产结构等方面采集数据进一步开展详细的审核分析。

（一）农产品收购发票抵扣进项税额占比过高（见表4－36）

表4－36　**2016—2018年度抵扣进项占比情况表**　单位：份、元

年度	抵扣农产品发票份数	抵扣农产品发票金额	抵扣农产品发票税额	抵扣金额合计	抵扣税额合计	农产品抵扣占比
2016	120	9983464.00	1297850.34	10113811.14	1318523.58	98.43%
2017	211	19783482.00	2357489.86	20169768.18	2418520.39	97.48%
2018	174	16636304.90	1725590.67	16878880.29	1753251.60	98.42%
总计	505	46403250.90	5380930.87	47162459.61	5490295.57	98.01%

该纳税人农产品进项占比达到98.01%，存在虚开虚抵农产品收购发票的风险。

（二）经营规模及资产结构分析

根据纳税人申报数据，2016年免税销售额813.00万元，2017年免税销售额2329.00万元，2018年免税销售额1804.00万元，该纳税人固定资产原值仅有50.80万元，结合发票数据进行分析，收入与资产规模不配比。

疑点指向：存在资产不入账的风险。

（三）利用第三方数据，进行收入创价比分析

参考该纳税人2015—2018年度耗用电费明细，对收入创价比做纵向分析（见表4－37）。

表4－37　**2015—2018年度耗用电费明细**　单位：元

所属期	主营收入	净利润	净利润率%	用电金额	收入创价比
2015	1809456.54	－13997.73	－0.77	28616.51	63.23
2016	10411408.45	7371.17	0.07	34173.35	304.66
2017	24106965.80	1368.97	0.01	27334.23	881.93
2018	20011793.48	10349.04	0.05	28348.99	705.91

注：收入创价比是指每元的电费所创造的收入。

通过各年度用电金额对比，2015 年、2016 年、2017 年、2018 年在用电金额基本相同的情况下收入创价比相差较大，各年度收入与电费不配比。

疑点指向：隐匿销售收入。

（四）财务指标综合分析（见表 4 – 38）

表 4 – 38　　　　企业经营综合指标

指标名称	模型筛选标准	2016 年	2017 年	2018 年
净资产收益率	≤4.75%	0.23%	0.08%	–0.85%
销售毛利率	≤20%	2.53%	0.85%	1.17%
销售利润率	≤5%	0.07%	0.01%	–0.08%
营运资本周转率	≥6%	1.34%	163.55%	344.73%
现金比率	≤1%	0.24%	11.19%	31.72%
资产负债率	≥50%	88.86%	77.86%	78.83%
存货周转率	≥3%	10.29%	17.61%	17.91%
非流动资产周转率	≥3%	60.68%	72.41%	62.75%

财务数据分析如下：

1. 获利能力指标：净资产收益率、销售毛利率、销售利润率指标均远低于总局行业模型筛选标准，获利能力较低，连续 3 年处于微利或亏损状态，可能存在虚列成本、隐匿收入等问题。

2. 运营能力指标：营运资本周转率、存货周转率、非流动资产周转率都高于总局行业模型筛选标准，资金、存货周转过快，不符合生产加工行业经营规律，可能存在经营项目未如实进行账务核算、虚列成本、虚开销售发票等问题。

3. 偿债能力指标：现金比率偏低、资产负债率较高，资金流动能力较差，偿债能力较差，各项指标异常，可能存在账外经营的问题。

综上分析，以上财务指标数据偏离标准值较大，可能存在经营项目未如实进行账务核算、虚列成本、虚开农产品收购发票等问题。

（五）产成品的投入产出比分析

鱼露投入产出比为：鱼露由鳀鱼发酵而成，产出比为每吨原料鱼产 0.26 吨鱼露。

通过统计 2016—2018 年农产品收购发票记载的的鳀鱼数量（详见表 4 – 39），根据行业投入产出比，测算出鱼露为 4497012（17296200 × 0.26）千克，实际出库 4067846 千克，可能存在多开收购发票金额 400 多万元，多抵扣进项税额 50 多万元。

疑点指向：虚开增值税普通发票抵扣进项税。

表4-39　　主要原料（鳀鱼）购进情况表　　单位：元

开票日期起	开票日期止	自然人	购进鳀鱼数量（kg）	金额	应生产食用鱼露出库（kg）	实际出库鱼露重量（kg）
2016.01.01	2018.12.31	A	10085270	25515733.10	4497012	4067846
2017.03.01	2018.04.30	B	3410470	8969536.10		
2016.04.01	2018.04.30	C	3800460	10223237.40		
合计			17296200	44797158.00		

（六）企业生产经营链条分析

该纳税人上下游企业交易关系较为简单，下游受票企业共有30户，鱼油主要销售给饲料生产企业，应税项目的鱼露主要销售给食品贸易公司，免税货物销售与应税货物销售去向清晰，所生产鱼油为饲用鱼油属免税项目，食用为应税项目。此项目从现有资料结合跨区域协查结果，暂未发现问题（见表4-40）。

表4-40　　部分下游企业进销明细表　　单位：元

企业名称	下游企业名称	往来金额	下游企业进销统计
××鱼油有限公司	××饲料有限公司	1283600.10	进项：57560W 玉米：13% 豆粕：10% 菜粕：9% 米糠：7% 鱼粉：6% 棉粕：2% 小麦：2% 玉米酒糟粕：2% 玉米蛋白粉：2% 全脂米糠：1% 销项：番鸭后期配合饲料559F-16%-40：2% 混养鱼配合饲料862-28%-3.0mm-40：2% 混养鱼配合饲料862-28%-2.5mm-40：2% 仔猪配合饲料502-16%-40：2%
	××生物科技有限公司	955201.31	进项：80279W 鱼粉：44% 豆粕：10% 面粉：5% 鸡肉粉：3% 玉米蛋白粉：2% a-淀粉：2% 肉骨粉：1% 包装袋：1% 饲料用鱼粉：1% 牛肉骨粉：1% 销项：88197W 龟用配合饲料：37% 甲鱼（鳖）用配合饲料：27% 其他水产用配合饲料：2% 黄鱼用配合饲料：1% 鱼粉：1%
	××生物科技有限公司	191825.30	进项：895W 鱼粉：38% 糠麸（小麦次粉）（50kg）：10% 通粉小麦粉（25kg）：9% 喷浆玉米皮：8% 小麦粉（饲料原料）（25kg）：6% 饲用鱼油：2% 销项：923W 鲈鱼配合饲料4#：53% 鱼虾蟹混养609-3：47%

续表

企业名称	下游企业名称	往来金额	下游企业进销统计
××鱼油有限公司	××实业有限公司	2074894.00	进项：15389W 鱼粉：30% 饲用鱼油：20% 秘鲁红鱼粉：16% 鱼油：7% 饲料：5%　饲料用鱼油：1% 代理运杂费：1% 鱼油加工费：1% 销项：100031W 鱼粉：92% 饲料用鱼油：5% 中国半精炼鱼油：1% 鱼油：1% 房租费：0%
	××国际贸易有限公司	493541.69	进项：1727W 硫脲：64% 氯化钙：8% 焦亚硫酸钠：6% 代理海运费：4% 鱼油：3% 销项：1949W 硫脲：66% 氯化钙：13% 焦亚硫酸钠：6% 熟石灰：3% 鱼油：3% 五水偏硅酸钠：1% 黄血盐钾：1%

三、风险点落实

（一）购进鳀鱼生产应税货物鱼露，投入产出比不符

饲用鱼油免征增值税、不免企业所得税，而食用鱼露没有税收优惠。生产饲用鱼油外购的毛油，部分取得不了发票，就利用收购发票进行成本列支，业务均是真实的。

（二）农产品收购发票抵扣进项税占比过高

生产鱼油及鱼露，除用盐外，不添加其他辅料，燃料耗用为用电及天然气，因有未认证抵扣电费发票，导致农产品收购发票抵扣进项占比过高，评估人员指出，仅季度电费未抵扣，不能明显影响进项占比。

（三）经营规模及资产结构分析

公司新建钢结构车间没有取得发票、生产设备分离机60多万元未取得发票，无法进行记账核算，导致账载的非流动资产总量较低，形成申报收入与生产经营规模不匹配。

（四）农产品收购发票分析

鱼油产品主要通过采购半成品毛油进行深加工；收购的鳀鱼主要用于生产鱼露。但收购半成品毛油未能足额取得发票，开具了部分农产品收购发票进行账务处理，业务均是真实的。

四、风险处理

企业对部分税收政策把握不清，导致管理出现问题，进行自查整改。具体自查问题如下：

（一）未取得符合规定的抵扣凭证，应作进项税额转出

企业用自开农产品发票替代部分外购毛油，2016年违规抵扣进项税额26.70万元；2017年违规抵扣进项税额11.30万元；2018年违规抵扣进项税额21.30万元。由于购进半成品毛油未能取发票（上游企业存在隐匿收入的问题），三年共计违规抵扣农产品发票

税额59.30万元，应作进项税额转出。

（二）企业所得税成本列支不实，不得税前扣除

企业部分外购的货物用农产品收购发票列支成本，根据《企业所得税税前扣除凭证管理办法》（国家税务总局公告2018年第28号）第十三条："企业应当取得而未取得发票、其他外部凭证或取得不合规发票、不合规其他外部凭证的，若支出真实且已实际发生，应当在当年度汇算清缴期结束前，要求对方补开、换开发票、其他外部凭证符合规定的可以作为税前扣除凭证。"企业已自查改正。

（三）企业对提出的疑点问题认真分析自查

企业补缴了评估所属期的税费款66.70万元（包括增值税59.29万元、城市维护建设税4.15万元、教育费附加1.78万元、地方教育附加1.19万元、地方水利建设基金0.30万元），并根据《中华人民共和国税收征收管理法》第三十二条的规定，加收滞纳金2.52万元。

十二、废旧物资回收行业

（一）行业概述

1. 行业概况

废旧物资是指在社会生产和生活消费过程中产生的，已经失去原有全部或者部分使用价值，经过回收、加工处理，能够使其重新获得使用价值的各种废弃物。包括废旧金属、废旧电器电子产品、报废设备及其零部件、废造纸原料（如废纸、废棉等）、废轻化工原料（如橡胶轮胎、塑料、农药包装物、动物杂骨、毛发等）、废玻璃等。其所属行业名称为"再生资源回收与批发"，行业代码"6391"。

2. 货物来源

废旧物资来源有下列四种情形：

（1）产品生产过程中的共（次）生产品。是指企业在生产产品过程中与正常经营产品并生的其他低附加值产品。如酒厂在产酒过程中同时产生的酒糟、化学原料生产中与化工产品并生的"三废"、钢厂生产钢材过程中产生的初轧切头、切尾、铸钢的桶底、废锭、废模和渣钢、废次钢材等。

（2）产品加工过程中原料耗用产生的废弃物。如机械加工和制造过程中的各种车屑、切屑、料头，以及配件生产冲压成型过程中的各种边角料等，木材加工中的锯末、刨花等，成衣加工过程中产生的边角料与废料等以及相关产品原料包装、运输等产生的其他废旧物料。

（3）自然消费过程中损耗产生的废旧物和废弃品。如生产性废旧金属（生产性废旧金属，是指用于建筑、铁路、通信、电力、水利、油田、城市公用事业及其他生产领域，

已失去原有全部或部分使用价值的金属材料和金属制品）、非生产性废旧金属，各种折旧报废的机械设备，各种用过的、损坏的钢铁、塑料、橡胶、玻璃制品。

（4）人们日常生活中的废纸、废布、废旧金属、塑料制品等生活用品。

3. 行业特点

废旧物资行业主要有以下经营特点：

（1）备案管理：

一是废旧物资回收企业和个体经营者应向再生资源回收利用行政主管部门进行备案，方可从事废旧物资收购业务。

二是废旧物资回收企业和个体经营者回收生产性废旧金属或者非生产性废旧金属，应当向公安机关备案。

（2）税负畸高。通常情况下，废旧物资回收企业不是直接从产废单位和居民个人处收购废旧物资，而是由个体户或流动商贩从产废单位和个人手中收购废旧物资，然后再销售给回收企业，个体户或流动商贩为了逃避纳税义务，通常拒绝开具增值税专用发票，在此情况下，回收企业无法取得增值税进项税额扣税凭证；同时废旧物资回收的下游销售对象则主要是再生资源加工利用企业，再生资源加工利用企业一般都需要增值税专用发票用于抵扣税款与所得税税前扣除。这导致废旧物资回收企业增值税税负率畸高，部分回收企业增值税税负率甚至接近或等于增值税适用税率。

4. 业务流程

废旧物资回收主要采取上门回收、流动回收与定点回收三种模式。其业务流程根据回收个体的不同，大致分为以下两类：

（1）规模较小的个体回收点：

流程如图 4－8 所示。

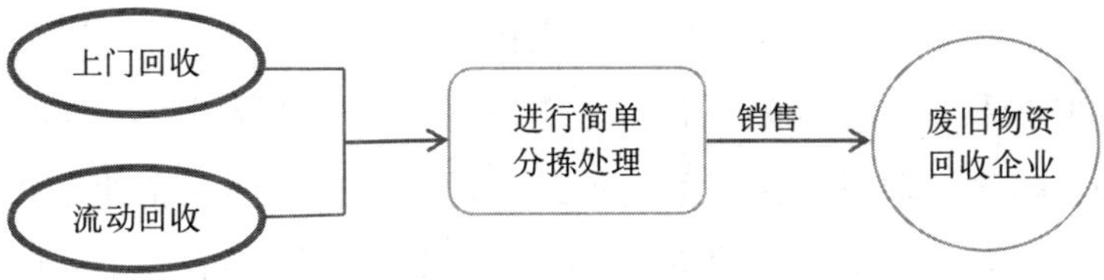

图 4－8　规模较小的个体回收点业务流程

（2）经营规模较大的回收企业：

经营规模较大的回收企业，具有集中的分拣处理场所，其业务流程如图 4－9 所示。

（二）风险特征

废旧物资回收经营企业，受经营规模与经营模式影响，风险大小不一。

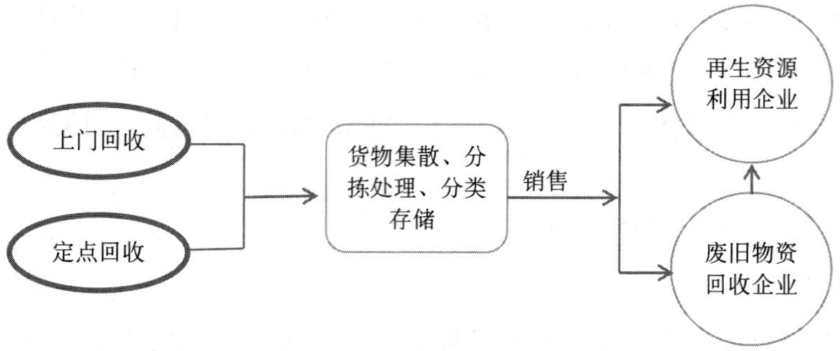

图4-9 经营规模较大的回收企业业务流程

1. 个体回收户

就个体经营者而言，经营规模相对较小，大多未依法进行注册登记，其销售业务一般不开具发票，即使销售额超过小微企业免税标准也不申报纳税，所以，存在的主要税收风险是隐瞒销售收入，逃避缴纳税收。

2. 废旧物资回收经营企业

就从事废旧物资经营的企业而言，在增值税方面存在的主要税收风险是虚开增值税专用发票，在企业所得税方面存在的主要税收风险是虚列成本和费用，未取得合法税前扣除凭证。

（1）虚开增值税专用发票。随着科学技术的进步与社会经济的发展，以“废钢、废铁、废铜、废纸”等货物为原料的用“废”企业对取得专用发票作为增值税进项税额扣税凭证和企业所得税成本费用税前扣除凭证的需求越来越大，给废旧物资回收企业虚开增值税专用发票创造了需求。

虚开增值税专用发票的行为通常是与下游企业串谋共同实施的，为了掩盖虚开发票的违法行为，一些不法纳税人经常将购销资金通过对公账户收付，然后，以账下回转的形式进行体外循环，形成“账外账”形式的资金流转。

（2）企业所得税税前扣除凭证不合法。作为从事废旧物资回收经营企业来讲，存在的主要涉税风险为未按规定取得合法有效凭证列支成本。中小回收企业在收购废旧物资时，大多无法取得销售方开具的增值税发票，在财务核算时，多以自制入库单、过磅单等原始凭证入账，不符合税前扣除凭证合法性要求；大中型回收企业，在购进废旧物资时，一般要求上游销售方提供销售发票，但上游企业为了少缴税款或实现其他非法目的，常常存在虚开增值税发票问题，导致回收企业税前扣除成本凭证不合法。

（三）数据整备

1. 内部数据

见第一节。

2. 外部数据

（1）工化和信息化局数据。通过工信局等部门获取备案从事废旧物资收购业务的个体经营者和企业信息。

（2）公安机关数据。通过公安机关获取备案回收生产性废旧金属或者非生产性废旧金属企业和个体经营者信息。

3. 生产经营数据

（1）通过企业资料举证，获取企业成本费用列支明细表，税前扣除凭证，企业应收、应付，其他应收款、其他应付款明细表等生产经营明细数据。

（2）通过实地调查，获取仓储场所规模、存货库存数量等数据。

（四）异常判断

指标 1. 增值税应缴税负偏高

（1）风险描述。通过对废旧物资回收经营纳税人一定时期内（月度、季度或年度）企业应缴增值税占增值税销售收入比率进行分析，并与本地区同行业纳税人应缴税负进行关联比对，以确定该行业纳税人中增值税应缴税负是否偏高，进而研判是否存在虚开增值税专用发票风险。

（2）异常判断：

增值税应缴税负 = ∑应纳增值税额 ÷ ∑增值税销售收入 ×100%

（3）数据来源：

通过增值税纳税申报表申报数据，采集纳税人某一特定时期的“销售额”和“应纳税额”数据。

（4）疑点判断。若应缴增值税税负率明显偏高（接近增值税适用税率）或应缴增值税税负高于同行业一定比例以上的纳税人，则可能存在虚开发票涉税风险。

（5）应用要点。在该指标应用过程中，应充分考虑企业存货多少对税负率的影响，应将企业存货与本期销售收入进行数据关联分析。对无存货或存货余额占同期销售额比例很低的，可将其纳入高风险企业范围。

指标 2. 进项税额与销项税额对比异常

（1）风险描述。通过对废旧物资回收经营企业增值税一般纳税人进项税额变动和销项税额变动情况进行分析，在同期销项税额明显增长但进项税额为零或仅有零星税款抵扣，二者同步变化异常，超出正常范围的纳税人，可能存在虚构经营业务虚开增值税专用发票问题。

（2）异常判断：

进项税额变动率 =（当期进项税额 − 上年同期进项税额）÷上年同期进项税额

销项税额变动率 =（当期销项税额 − 上年同期销项税额）÷上年同期销项税额

（3）数据来源。通过增值税纳税申报表申报数据，采集一定时期纳税人申报的销项税、进项税金额，以及上年同期的销项税、进项税金额。

（4）疑点判断。销项税额变动率大于一定比率，并且进项税额为零或仅有零星税款抵扣。

指标 3. 专用发票用量变动异常

（1）风险描述。在正常生产经营活动中，纳税人的发票用量在一定时期内一般不应有大的波动。若纳税人增值税专用发票用量发生突增或开票限额提高，可能存在虚开增值税专用发票问题。根据分析，针对发票管理中的薄弱环节，从发票领购数量、开具额等变动情况，加强对发票领购使用的控管。

（2）指标模型：

①专用发票用量环比变动率 =（本月专用发票开具份数 - 上月专用发票开具份数）÷上月专用发票开具份数 ×100%

②三个月内专用发票用量环比变动率 =（本月专用发票开具份数 - 上推三个月专用发票开具最小份数）÷上推三个月专用发票开具最小份数 ×100%

③专用发票开具金额环比变动率 =（本月专用发票开具金额 - 上月专用发票开具金额）÷上月专用发票开具金额 ×100%

④专用发票开具金额同比变动率 =（本月专用发票开具金额 - 上年同期专用发票开具金额）÷上年同期专用发票开具金额 ×100%

（3）数据来源：

①采集一定时期纳税人增值税专用发票开具份数及开具金额。

②提取纳税人登记、申报信息和增值税发票管理系统纳税人发票信息。

③取数口径说明：本指标为月度指标（本月数据）。

（4）疑点判断：

①增值税发票“最高开票限额”大于一定金额。

②当期专用发票开具金额大于一定金额。

③当期增值税专用发票开具份数大于一定份数。

④专用发票用量环比变动率大于一定比率或专用发票用量环比变动率大于一定比率，或当期调高“最高开票限额”。

⑤专用发票开具金额环比变动率大于一定比率或专用发票开具金额环比变动率大于一定比率；且被认定为一般纳税人超过一年的，专用发票开具金额同比变动率大于一定比率。

对预警值同时满足上述五个条件中四个以上的，可能存在虚开发票风险，应确定为风险疑点纳税人。

指标 4. 开具增值税专用发票数量占比偏高

（1）风险描述。将废旧物资回收经营纳税人近三个月（不统计当前月份）开具增值税专用发票实际数量，同近三个月每月增值税专用发票最高购票数量进行比对，增值税专用发票开具数量占比较高的企业可能存在虚开增值税专用发票风险。

（2）异常判断：

开具增值税专用发票数量占比 = 近三个月开具增值税专用发票数量之和 ÷ ∑近三个月每月增值税专用发票最高购票数量

（3）数据来源。选取行业为再生物资回收与批发的增值税一般纳税人。

①统计纳税人近三个月开具增值税专用发票数量之和。

②统计每月增值税专用发票最高购票数量。

（4）疑点判断。将开具增值税专用发票数量占比大于一定比例的纳税人作为疑点企业。

指标 5. 工资、社保等人工支出与销售收入不匹配

（1）风险描述。企业的工资、社保等人工支出应当同企业的经营规模成一定比例，工资支出较少、无社保缴纳，可能存在虚构经营业务、虚增销售收入、虚开增值税专用发票问题。

（2）数据来源。①通过纳税人的企业所得税年度申报表申报数据，采集企业所得税年度纳税申报表—期间费用明细表中职工薪酬一栏数据。②通过社保费收费汇总信息，查询企业缴纳社保费情况。

（3）疑点判断。将职工薪酬小于一定金额，或未缴纳社保费的纳税人列为疑点对象。

（4）应用要点。该指标应综合各项筛选指标综合分析，同时结合企业经营场所、经营规模综合分析。

指标 6. 应付账款占主营业务成本比率异常

（1）风险描述。通过对废旧物资回收经营纳税人当期产生的应付账款占当期主营业务成本的比率进行对比分析，反映纳税人应付账款是否存在异常，以此来分析纳税人是否存在虚假货物购进、进而判定是否存在虚开发票风险。

（2）异常判断：

应付账款占主营业务成本比率 =（本期应付账款期末数 - 上期应付账款期末数）÷ 本期主营业务成本 × 100%

（3）数据来源。通过纳税人的财务报表申报数据，采集纳税人的“本期应付账款期末数”、“上期应付账款期末数”以及“本期主营业务成本”的数据。

（4）疑点判断。应付账款占主营业务成本比率大于一定比例的纳税人，可能存在虚假业务购进、虚开发票的风险，应确定为风险疑点纳税人。

指标 7. 应收账款占主营业务收入比率异常

（1）风险描述。通过对废旧物资回收经营纳税人当期产生的应收账款占当期主营业务收入的比率进行分析，反映纳税人应收账款是否存在异常，以此来分析纳税人是否存在虚开发票的风险。

（2）异常判断：

应收账款占主营业务收入比率 =（本期应收账款期末数 - 上期应收账款期末数）÷本期主营业务收入 ×100%

（3）数据来源。通过纳税人的财务报表申报数据，采集纳税人的“本期应收账款期末数”、“上期应收账款期末数”以及“本期主营业务收入”的数据。

（4）疑点判断。应收账款占主营业务收入比率大于一定比例的纳税人，可能存在虚开发票的风险，确定为风险纳税人。

指标 8. 涉嫌虚开增值税发票分析识别

（1）风险描述。废旧物资回收经营纳税人法人、财务负责人交叉，法人身份多不在本地，且利用增值税纳税申报时部分行次数据不进行自动检测的漏洞，冲减应税收入或在未取得进项发票时虚填进项税额，不缴或少缴税款，可能存在虚构经营业务虚开增值税专用发票问题。

（2）数据来源。

①税务登记信息。选取“最近两年成立废旧物资企业”、“同一法人注册多家商贸企业”、“同一团伙成员交叉担任新设立商贸企业法人代表等”、“法人代表身份证为外市证件号码”、“登记信息中联系电话为‘170’开头的网络虚拟号码”等疑点信息。

第一，最近两年成立废旧物资企业：税务登记信息“开业（设立）日期”为预警所属期往前推两年。

第二，同一法人注册多家商贸企业：商贸企业法人代表为同一身份证号码两次（含）以上的。

第三，同一团伙成员交叉担任新设立商贸企业的法人代表、财务负责人或办税人员：商贸企业法人代表与其他商贸企业财务负责人或办税人员为同一身份证号码的。

第四，法人代表身份证为外市证件号码：纳税人法人代表身份证号码前四位与所属税务机关当地居民身份证号码前四位不一致的。

第五，登记信息中联系电话为“170”开头的网络虚拟号码：税务登记信息中法定代表人的联系电话或者财务负责人的联系电话前三位为“170”的。

第六，同一地址多户注册：纳税人税务登记信息的“注册地址”与其他纳税人一致的。

②增值税纳税申报信息。

“未开具发票销售额和销项（应纳）税额为负数”、“其他扣税凭证—其他”、“代扣代缴税收缴款凭证”、“进项转出为负数”、“分次预缴税额”、“增值税税控系统专用设备及技术维护费”、“本期应补（退）税额”等相关栏次数据。

“未开具发票销售额和销项（应纳）税额为负数”：增值税一般纳税人增值税申报表附表（一）取“未开具发票”销售额和销项（应纳）税额统计期间各月合计数小于一定金额的纳税人数据。

“其他扣税凭证—其他”填写进项税额：增值税一般纳税人增值税申报表附表（二）取第 8 行第 3 列“一、申报抵扣的进项税额……（二）其他扣税凭证—其他”进项税额统计期间各月合计数大于一定金额的纳税人数据。

“代扣代缴税收缴款凭证”填写进项税额：增值税一般纳税人增值税申报表附表（二）取第 7 行第 3 列“一、申报抵扣的进项税额……（二）其他扣税凭证—代扣代缴税收缴款凭证”进项税额统计期间各月合计数大于一定金额的纳税人数据。

“进项转出为负数”：增值税一般纳税人增值税申报表（二）取第 13 行第 3 列“本期进项税额转出数”。

“分次预缴税额”填写预缴税额：增值税一般纳税人增值税申报表主表取第 28 行第 1 列“分次预缴税额”统计期间各月合计数大于一定金额的纳税人数据。

“增值税税控系统专用设备及技术维护费”：增值税一般纳税人增值税申报表附表（四）取第 1 行第 4 列“增值税税控系统专用设备及技术维护费—本期实际抵减税额”统计期间各月合计数大于一定金额的纳税人数据。

（3）疑点判断。符合计算口径中“税务登记异常”第 1 条和其他若干条件，且同时符合“增值税异常申报”任意条件的纳税人，作为涉嫌虚开增值税发票纳税人。对存在冲减应税收入、虚填进项税额等风险疑点的纳税人应作为重点风险防控对象，防止纳税人不缴或少缴税款。

（4）应用要点。该指标应综合各项筛选指标综合分析，同时结合纳税申报异常指标（增值税应纳税额 = 0，或者增值税应纳税额小于一定金额）、夜间开票指标、有销无进、有进无销、企业购销不符等预警指标与经营规模综合进行分析确认。

指标 9. 企业所得税申报与增值税申报比对异常

（1）风险描述。该指标主要是对同时缴纳流转税和企业所得税的企业，将其企业所得税的申报情况与增值税的申报情况进行比对，统计比对结果异常的企业及其占全部实行查账征收方式企业的比例，用于分行业、分地区分析反映企业的所得税管理状况。企业所得税申报应税收入低于增值税申报收入一定幅度的，可能存在少计应税收入的问题。

（2）异常判断：

增值税申报收入 - 企业所得税申报收入（营业收入 + 视同销售收入）>0。

（3）数据来源：

①“企业所得税收入”：《中华人民共和国企业所得税年度纳税申报表（A类）》（A100000表）第1行“营业收入”+A105010视同销售和房地产企业特定业务纳税调整明细表第1行“视同销售（营业）收入”第1列。

②“增值税收入（增值税一般纳税人）”：《增值税纳税申报表（一般纳税人适用）》第1栏次“（一）按适用税率计税销售额”“本年累计”一般项目+“本年累计”即征即退项目+第5栏次“（二）按简易办法计税销售额”“本年累计”一般项目+“本年累计”即征即退项目+第7栏次“（三）免、抵、退办法出口销售额”“本年累计”一般项目+第8栏次“（四）免税销售额”“本年累计”一般项目。

③“增值税收入（增值税小规模纳税人）”：《增值税纳税申报表（小规模纳税人适用）》第1栏次“（一）应征增值税不含税销售额”“本年累计”货物及劳务+“本年累计”服务、不动产和无形资产+第4栏次“（二）销售、出租不动产不含税销售额”“本年累计”服务、不动产和无形资产+第7栏次“（三）销售使用过的固定资产不含税销售额”“本年累计”货物及劳务+第9栏次“（四）免税销售额”“本年累计”货物及劳务+“本年累计”服务、不动产和无形资产+第13栏次“（四）出口免税销售额”“本年累计”货物及劳务+“本年累计”服务、不动产和无形资产。

（4）疑点判断。可能存在虚开增值税发票、少计应税收入的问题。

（五）风险分析方法

废旧物资回收经营行业存在的主要风险是涉嫌虚开发票。因此，税务机关会结合废旧物资经销企业的实际情况，以增值税专用发票开具信息为切入点，加强数据关联分析，有效应对企业虚开发票问题。

（1）废旧物资购进核查。根据开具的增值税专用发票信息，反向落实货物购进情况，落实具体业务购进起因与细节，是否签订相应的货物购销合同，其购进业务签订内容是否完备，同时与具体业务参与人员落实业务商谈情况，核查收购环节过磅、司磅等验货人员。如购进商品名称、数量、如何支付款项、货物如何运输、销售方经办人具体信息等检查时，应根据其人员分工情况，重点对验货人员进行询问，证实是否有实际货物入库或购进业务；对购进货物要与增值税专用发票开具的货物名称进行对比，核实二者间对应的项目内容是否一致。同时，要特别关注单笔购进数额较大的交易，注意销售方是否有能力开展经营，其款项是否长期挂账处理。

（2）交易款项收付核查。结合发票开具信息、合同签订内容，落实了解款项如何支付或收取，并区别不同业务情况进行分类应对。查看现金、银行存款日记账、应付账款等明细账，对一次性购进（销售）且金额较大的，若长期未支付（收取）货款、大额现金支付或通过承兑汇票支付的，应作为重点核查对象开展落实；对已支付款项的，重点查看是否存在将款项支付第三方（或通过第三方渠道将款项转回）、大额现金、承兑汇票或留有较大额度余额不再追索问题，必要时要到相关金融机构查询现金的支付、资金运转等明细，取得有效的证据。若企业存在应收、应付账款明显异常的，应作为核查主攻方向。

资金流核查的重点是看是否存在购进一笔货物、同时存在两笔资金流转的情况，进而通过核查银行交易信息固定资金回流证据。主要包括：

①核查交易信息，确定资金最终流向。一般银行卡资金支取主要有两种交易方式：一是提现，二是转账支取。转账支取又包括柜面转入其他账号、电话银行转入其他账号、网上银行转入其他账号、个人本票支取等形式，核查时根据不同的交易方式调取相应交易凭证。核查银行卡交易时，先根据开票方提供的卡号或身份证号码到开卡行或其上级行调取相应时间段的交易记录，结合开票方提供的资料，对比分析，找出需查核的交易记录，并根据交易方式分类整理，分别采取不同的核查方式：

一是网点交易。对网点交易，根据有关交易记录的凭证号到有关交易网点调取交易凭证。对大额提现的可通过银行监控录相、签字笔迹等查清提现者身份等相关信息，还要注意查核同一时间段的其他凭证，看是否有再解入银行的情况，如有则要查清收款方账号及卡主，进一步核实资金去向。柜面转账的交易，可直接查到收款方账号及卡主。

二是电话银行。通过电话银行转账的交易，可根据账号，由相关银行逐级向省行提交业务需求（时间段、交易方向、支付还是收款），取得有关交易记录，并对收款方进一步核实。

三是网银交易。核查网银交易需要整理好有关的交易记录，提供账号、交易日期、凭证号、交易金额等信息，由银行逐级提交业务需求，取得有关的交易记录，并对收款方进一步核实。

此外，对于通过第三方交易平台如支付宝、微信等进行款项支付的，应在锁定交易人的基础上，协同公安经侦部门依法查询相关款项往来交易记录。

②抓住关键环节，锁定资金回流证据。

一是查人头。资金回流不可能直接转回到用废企业账面，一般是回到用废企业相关人员个人卡或提现，有时一笔资金流转多个环节，最终回流。在核查中要充分掌握用废企业相关当事人（企业股东、管理层、相关亲属等）的信息，通过公安部门调查持卡人、收款人的社会关系，分析与用废企业的关联关系，找到相应持卡人、收款人调查了解并制作笔录。

二是查实质。发现资金回流问题后，纳税人往往会绞尽脑汁进行狡辩，借口通常有两个：一是谎称个人借款，二是称为归还以前的借款。这就需要核查人员从资金流向上、时点上、额度上、比例关系上进行全面比对分析，揭开其本来面目。

三是查操控。重点是确定资金流转的实际控制人与回转渠道。由于物资回收企业将资金打给中间人（虚假供废人）后还要回流到用废企业，为保证资金安全，一般会用中间人的身份证办一张银行卡，而卡和密码、资金划转都由物资回收企业或用废企业掌握。对电话银行转账的方式，可通过其绑定的交易电话号码确定实际操控人。

四是查对应。采取逆查方式，核查用废企业账面有无大额其他应付款、短期借款，核实用废企业实收资本、资本公积、盈余公积的异常变化，以及用废企业银行对账单上有无企业账面无记录的资金进出。

五是固证据。定性的每一张发票都要有充分证据，符合证据规范要求，从开票方、受票方、中间人三方取证，锁定资金回流的轨迹，连同其他书证、言证一起形成完整证据链条，防止孤证，打造铁案。

（3）货物运输环节核查。对于货物购进业务，要结合相应的货物购进合同，落实货物是自行运输，还是销售方负担，对于自行运输的，要落实是否具有相应的承运能力，具体运输费用要结合当前销售货物情况判定是买方市场，还是卖方市场。对于购销货物自行负担相应运输费用的，要根据货物名称、货物数量、运输里程、运费单价，测算相应的运输费用，将购进运费取得增值税专用发票上列示的起运地、到达地、货物名称、数量、吨公里单价、金额等项目进行核对，并与负担的相应费用进行数据比对，查看具体的比对结果是否正常；是否存在货物本地销售，异地大量购进，购进成本、费用高出本地购进情况；对于销售方负担的运输费用，要询问企业相关人员的货物购进渠道，了解企业购进货物的收验货方式和流程，进一步查看企业的入库收货单、出门记录等内部资料，是否与所述收货流程相符。也要根据相应的货物名称、货物数量、运输里程、运费单价，测算相应的运输费用，并与销售货物金额合计，计算其销售业务是否符合经营常规。

（4）货物仓储业务核查。以购销环节企业收取或开具的相关原始凭证注明的货物名称、规格、型号等为依据，结合仓库保管账、同期的出入库收发记录情况，与纳税人实际生产经营场所存放的货物进行对比，查看是否相符。一是落实货物购进入库是否进行过磅核对；二是购进货物填制入库单、库存台账是否与购进发票信息相匹配；三是开具的风险发票涉及货物是否与同期其他货物出入库情况相吻合。

十三、高新技术企业

（一）高新技术企业概述

根据《高新技术企业认定管理办法》（国科发火〔2016〕32 号），高新技术企业是指在国家重点支持的高新技术领域内，持续进行研究开发与技术成果转化，形成企业核心自主知识产权，并以此为基础开展经营活动，在中国境内（不包括港、澳、台地区）注册的居民企业。高新技术企业可依照有关规定，申报享受税收优惠政策。

1. 高新技术企业认定标准

（1）企业申请认定时须注册成立一年以上；

（2）企业通过自主研发、受让、受赠、并购等方式，获得对其主要产品（服务）在技术上发挥核心支持作用的知识产权的所有权；

（3）对企业主要产品（服务）发挥核心支持作用的技术属于《国家重点支持的高新技术领域》规定的范围；

（4）企业从事研发和相关技术创新活动的科技人员占企业当年职工总数的比例不低于10%；

（5）企业近三个会计年度（实际经营期不满三年的按实际经营时间计算，下同）的研究开发费用总额占同期销售收入总额的比例符合如下要求：

①最近一年销售收入小于5000万元（含）的企业，比例不低于5%；

②最近一年销售收入在5000万元至2亿元（含）的企业，比例不低于4%；

③最近一年销售收入在2亿元以上的企业，比例不低于3%。

其中，企业在中国境内发生的研究开发费用总额占全部研究开发费用总额的比例不低于60%；

（6）近一年高新技术产品（服务）收入占企业同期总收入的比例不低于60%；

（7）企业创新能力评价应达到相应要求；

（8）企业申请认定前一年内未发生重大安全重大质量事故或严重环境违法行为。

2. 高新技术企业认定程序

（1）企业申请。企业对照国科发火〔2016〕32号文件规定进行自我评价。认为符合认定条件的在“高新技术企业认定管理工作网”注册登记，向认定机构提出认定申请。

（2）专家评审。认定机构应在符合评审要求的专家中，随机抽取组成专家组。专家组对企业申报材料进行评审，提出评审意见。

（3）审查认定。认定机构结合专家组评审意见，对申请企业进行综合审查，提出认定意见并报领导小组办公室。认定企业由领导小组办公室在“高新技术企业认定管理工作网”公示10个工作日，无异议的，予以备案，并在“高新技术企业认定管理工作网”公告，由认定机构向企业颁发统一印制的“高新技术企业证书”；有异议的，由认定机构进行核实处理。

3. 高新技术企业认定申请提交材料

企业认为符合认定条件的在“高新技术企业认定管理工作网”注册登记，向认定机构提出认定申请。申请时提交下列材料：

（1）高新技术企业认定申请书；

（2）证明企业依法成立的相关注册登记证件；

（3）知识产权相关材料、科研项目立项证明、科技成果转化、研究开发的组织管理等相关材料；

（4）企业高新技术产品（服务）的关键技术和技术指标、生产批文、认证认可和相关资质证书、产品质量检验报告等相关材料；

（5）企业职工和科技人员情况说明材料；

（6）经具有资质的中介机构出具的企业近三个会计年度研究开发费用和近一个会计年度高新技术产品（服务）收入专项审计或鉴证报告，并附研究开发活动说明材料。

4. 高新技术企业选定中介机构

（1）选定中介机构条件。

①具备独立执业资格，成立三年以上，近三年内无不良记录。

②承担认定工作当年的注册会计师或税务师人数占职工全年月平均人数的比例不低于30%，全年月平均在职职工人数在20人以上。

③相关人员应具有良好的职业道德，了解国家科技、经济及产业政策，熟悉高新技术企业认定工作有关要求。

（2）中介机构职责。接受企业委托，委派具备资格的相关人员，依据相关规定和文件客观公正地对企业的研究开发费用和高新技术产品（服务）收入进行专项审计或鉴证，出具专项报告。

（3）中介机构纪律。中介机构及相关人员应坚持原则，办事公正，据实出具专项报告，对工作中出现严重失误或弄虚作假等行为的，由认定机构在“高新技术企业认定管理工作网”上公告，自公告之日起3年内不得参与高新技术企业认定相关工作。

5. 高新技术企业“申请认定时须注册成立一年以上”

“须注册成立一年以上”是指企业须注册成立365个日历天数以上；“当年”、“最近一年”和“近一年”都是指企业申报前一个会计年度；“近三个会计年度”是指企业申报前的连续三个会计年度（不含申报年）；“申请认定前一年内”是指申请前的365天之内（含申报年）。

6. 高新技术企业“知识产权”

（1）高新技术企业认定所指的知识产权须在中国境内授权或审批审定，并在中国法律的有效保护期内。知识产权权属人应为申请企业。

（2）不具备知识产权的企业不能认定为高新技术企业。

（3）高新技术企业认定中，对企业知识产权情况采用分类评价方式，其中：发明专利（含国防专利）、植物新品种、国家级农作物品种、国家新药、国家一级中药保护品种、集成电路布图设计专有权等按Ⅰ类评价；实用新型专利、外观设计专利、软件著作权等（不含商标）按Ⅱ类评价。

（4）按Ⅱ类评价的知识产权在申请高新技术企业时，仅限使用一次。

（5）在申请高新技术企业及高新技术企业资格存续期内，知识产权有多个权属人时，只能由一个权属人在申请时使用。

（6）申请认定时专利的有效性以企业申请认定前获得授权证书或授权通知书并能提供缴费收据为准。

（7）发明、实用新型、外观设计、集成电路布图设计专有权可在国家知识产权局网站查询专利标记和专利号；国防专利须提供国家知识产权局授予的国防专利证书；植物新品种可在农业农村部植物新品种保护办公室等网站查询；国家级农作物品种是指农业农村部国家农作物品种审定委员会审定公告的农作物品种；国家新药须提供国家市场监督管理总局签发的新药证书；国家一级中药保护品种须提供国家市场监督管理总局签发的中药保护品种证书；软件著作权可在国家版权局中国版权保护中心网站查询软件著作权标记（亦称版权标记）。

7. 高新技术企业“高新技术产品（服务）与主要产品（服务）”

高新技术产品（服务）是指对其发挥核心支持作用的技术属于《国家重点支持的高新技术领域》规定范围的产品（服务）。

主要产品（服务）是指高新技术产品（服务）中，拥有在技术上发挥核心支持作用的知识产权的所有权，且收入之和在企业同期高新技术产品（服务）收入中超过50%的产品（服务）。

8. 高新技术企业“高新技术产品（服务）收入占比”

高新技术产品（服务）收入占比是指高新技术产品（服务）收入与同期总收入的比值。

（1）高新技术产品（服务）收入。高新技术产品（服务）收入是指企业通过研发和相关技术创新活动，取得的产品（服务）收入与技术性收入的总和。对企业取得上述收入发挥核心支持作用的技术应属于《国家重点支持的高新技术领域》规定的范围。其中，技术性收入包括：

①技术转让收入：指企业技术创新成果通过技术贸易、技术转让所获得的收入；

②技术服务收入：指企业利用自己的人力、物力和数据系统等为社会和本企业外的用户提供技术资料、技术咨询与市场评估、工程技术项目设计、数据处理、测试分析及其他类型的服务所获得的收入；

③接受委托研究开发收入：指企业承担社会各方面委托研究开发、中间试验及新产品开发所获得的收入。

企业应正确计算高新技术产品（服务）收入，由具有资质并符合相关条件的中介机构进行专项审计或鉴证。

（2）总收入。总收入是指收入总额减去不征税收入。

收入总额与不征税收入按照《中华人民共和国企业所得税法》（以下称《企业所得税法》）及《中华人民共和国企业所得税法实施条例》（以下称《实施条例》）的规定计算。

9. 高新技术企业“企业科技人员占比”

企业科技人员占比是企业科技人员数与职工总数的比值。

（1）科技人员。企业科技人员是指直接从事研发和相关技术创新活动，以及专门从事上述活动的管理和提供直接技术服务的，累计实际工作时间在183天以上的人员，包括在职、兼职和临时聘用人员。

（2）职工总数。企业职工总数包括企业在职、兼职和临时聘用人员。在职人员可以通过企业是否签订了劳动合同或缴纳社会保险费来鉴别；兼职、临时聘用人员全年须在企业累计工作183天以上。

（3）统计方法。企业当年职工总数、科技人员数均按照全年月平均数计算。

月平均数=（月初数+月末数）÷2

全年月平均数=全年各月平均数之和÷12

年度中间开业或者终止经营活动的，以其实际经营期作为一个纳税年度确定上述相关指标。

10. 高新技术企业“企业研究开发费用占比”

企业研究开发费用占比是企业近三个会计年度的研究开发费用总额占同期销售收入总额的比值。

（1）企业研究开发活动确定。研究开发活动是指为获得科学与技术（不包括社会科学、艺术或人文学）新知识，创造性运用科学技术新知识，或实质性改进技术、产品（服务）、工艺而持续进行的具有明确目标的活动。不包括企业对产品（服务）的常规性升级或对某项科研成果直接应用等活动（如直接采用新的材料、装置、产品、服务、工艺或知识等）。

企业应按照研究开发活动的定义填写《高新技术企业认定申请书》中的“四、企业研究开发活动情况表”。

（2）研究开发费用的归集范围：

①人员人工费用。包括企业科技人员的工资薪金、基本养老保险费、基本医疗保险费、失业保险费、工伤保险费、生育保险费和住房公积金，以及外聘科技人员的劳务费用。

②直接投入费用。直接投入费用是指企业为实施研究开发活动而实际发生的相关支出。包括：

——直接消耗的材料、燃料和动力费用；

——用于中间试验和产品试制的模具、工艺装备开发及制造费，不构成固定资产的样品、样机及一般测试手段购置费，试制产品的检验费；

——用于研究开发活动的仪器、设备的运行维护、调整、检验、检测、维修等费用，以及通过经营租赁方式租入的用于研发活动的固定资产租赁费。

③折旧费用与长期待摊费用。折旧费用是指用于研究开发活动的仪器、设备和在用建筑物的折旧。长期待摊费用是指研发设施的改建、改装、装修和修理过程中发生的费用。

④无形资产摊销费用。无形资产摊销费用是指用于研究开发活动的软件、知识产权、非专利技术（专有技术、许可证、设计和计算方法等）的摊销费用。

⑤设计费用。设计费用是指为新产品和新工艺进行构思、开发和制造，进行工序、技术规范、规程制定、操作特性方面的设计等发生的费用。包括为获得创新性、创意性、突破性产品进行的创意设计活动发生的相关费用。

⑥装备调试费用与试验费用。装备调试费用是指工装准备过程中研究开发活动所发生的费用，包括研制特殊、专用的生产机器，改变生产和质量控制程序，或制定新方法及标准等活动所发生的费用。为大规模批量化和商业化生产所进行的常规性工装准备和工业工程发生的费用不能计入归集范围。

试验费用包括新药研制的临床试验费、勘探开发技术的现场试验费、田间试验费等。

⑦委托外部研究开发费用。委托外部研究开发费用是指企业委托境内外其他机构或个人进行研究开发活动所发生的费用（研究开发活动成果为委托方企业拥有，且与该企业的主要经营业务紧密相关）。委托外部研究开发费用的实际发生额应按照独立交易原则确定，按照实际发生额的 80% 计入委托方研发费用总额。

⑧其他费用。其他费用是指上述费用之外与研究开发活动直接相关的其他费用，包括技术图书资料费、资料翻译费、专家咨询费、高新科技研发保险费，研发成果的检索、论证、评审、鉴定、验收费用，知识产权的申请费、注册费、代理费、会议费、差旅费、通讯费等。此项费用一般不得超过研究开发总费用的 20%，另有规定的除外。

（3）企业在中国境内发生的研究开发费用。企业在中国境内发生的研究开发费用，是指企业内部研究开发活动实际支出的全部费用与委托境内其他机构或个人进行的研究开发活动所支出的费用之和，不包括委托境外机构或个人完成的研究开发活动所发生的费用。受托研发的境外机构是指依照外国和地区（含港澳台）法律成立的企业和其他取得收入的组织；受托研发的境外个人是指外籍（含港澳台）个人。

（4）企业研究开发费用归集办法。企业应正确归集研发费用，由具有资质并符合相关条件的中介机构进行专项审计或鉴证。

企业的研究开发费用是以单个研发活动为基本单位分别进行测度并加总计算的。企业应对包括直接研究开发活动和可以计入的间接研究开发活动所发生的费用进行归集，并填写《高新技术企业认定申请书》中的“企业年度研究开发费用结构明细表”。

企业应按照“企业年度研究开发费用结构明细表”设置高新技术企业认定专用研究开发费用辅助核算账目，提供相关凭证及明细表，并按要求进行核算。

（5）销售收入。销售收入为主营业务收入与其他业务收入之和。主营业务收入与其他业务收入按照企业所得税年度纳税申报表的口径计算。

11. 高新技术企业“企业创新能力评价”

企业创新能力主要从知识产权、科技成果转化能力、研究开发组织管理水平、企业成长性四项指标进行评价。各级指标均按整数打分，满分为100分，综合得分达到70分以上（不含70分）为符合认定要求。四项指标分值结构详见表4－41。

表4－41

序号	指　标	分值
1	知识产权	≤30
2	科技成果转化能力	≤30
3	研究开发组织管理水平	≤20
4	企业成长性	≤20

（1）知识产权（≤30分）。由技术专家对企业申报的知识产权是否符合有关规定和文件要求，进行定性与定量结合的评价（见表4－42）。

表4－42

序号	知识产权相关评价指标	分值
1	技术的先进程度	≤8
2	对主要产品（服务）在技术上发挥核心支持作用	≤8
3	知识产权数量	≤8
4	知识产权获得方式	≤6
5	（作为参考条件，最多加2分） 企业参与编制国家标准、行业标准、检测方法、技术规范的情况	≤2

①技术的先进程度：

A. 高　（7—8分）　　B. 较高（5—6分）

C. 一般（3—4分）　　D. 较低（1—2分）

E. 无　（0分）

②对主要产品（服务）在技术上发挥核心支持作用：

A. 强　（7—8分）　　B. 较强（5—6分）

C. 一般（3—4分）　　D. 较弱（1—2分）

E. 无　（0分）

③知识产权数量：

A. 1项及以上（Ⅰ类）（7—8分）

B. 5 项及以上（Ⅱ类）（5—6 分）

C. 3～4 项 （Ⅱ类）（3—4 分）

D. 1～2 项 （Ⅱ类）（1—2 分）

E. 0 项 （0 分）

④知识产权获得方式：

A. 有自主研发 （1—6 分）

B. 仅有受让、受赠和并购等 （1—3 分）

⑤企业参与编制国家标准、行业标准、检测方法、技术规范的情况（此项为加分项，加分后“知识产权”总分不超过 30 分。相关标准、方法和规范须经国家有关部门认证认可。

A. 是（1—2 分）

B. 否（0 分）

（2）科技成果转化能力（≤30 分）。依照《促进科技成果转化法》，科技成果是指通过科学研究与技术开发所产生的具有实用价值的成果（专利、版权、集成电路布图设计等）。科技成果转化是指为提高生产力水平而对科技成果进行的后续试验、开发、应用、推广直至形成新产品、新工艺、新材料，发展新产业等活动。

科技成果转化形式包括：自行投资实施转化；向他人转让该技术成果；许可他人使用该科技成果；以该科技成果作为合作条件，与他人共同实施转化；以该科技成果作价投资、折算股份或者出资比例以及其他协商确定的方式。

由技术专家根据企业科技成果转化总体情况和近三年内科技成果转化的年平均数进行综合评价。同一科技成果分别在国内外转化的，或转化为多个产品、服务、工艺、样品、样机等的，只计为一项。

A. 转化能力强， ≥5 项（25—30 分）

B. 转化能力较强，≥4 项（19—24 分）

C. 转化能力一般，≥3 项（13—18 分）

D. 转化能力较弱，≥2 项（7—12 分）

E. 转化能力弱， ≥1 项（1—6 分）

F. 转化能力无， 0 项（0 分）

（3）研究开发组织管理水平（≤20 分）。由技术专家根据企业研究开发与技术创新组织管理的总体情况，结合以下几项评价，进行综合打分。

①制定了企业研究开发的组织管理制度，建立了研发投入核算体系，编制了研发费用辅助账；（≤6 分）

②设立了内部科学技术研究开发机构并具备相应的科研条件，与国内外研究开发机构

开展多种形式产学研合作；（≤6 分）

③建立了科技成果转化的组织实施与激励奖励制度，建立开放式的创新创业平台；（≤4 分）

④建立了科技人员的培养进修、职工技能培训、优秀人才引进，以及人才绩效评价奖励制度。（≤4 分）

（4）企业成长性（≤20 分）。由财务专家选取企业净资产增长率、销售收入增长率等指标对企业成长性进行评价。企业实际经营期不满三年的按实际经营时间计算。计算方法如下：

①净资产增长率。

净资产增长率 = 1/2 ×（第二年末净资产 ÷ 第一年末净资产 + 第三年末净资产 ÷ 第二年末净资产） − 1

净资产 = 资产总额 − 负债总额

资产总额、负债总额应以具有资质的中介机构鉴证的企业会计报表期末数为准。

②销售收入增长率。

销售收入增长率 = 1/2 ×（第二年销售收入 ÷ 第一年销售收入 + 第三年销售收入 ÷ 第二年销售收入） − 1

企业净资产增长率或销售收入增长率为负的，按 0 分计算。第一年末净资产或销售收入为 0 的，按后两年计算；第二年末净资产或销售收入为 0 的，按 0 分计算。

以上两个指标分别对照表 4 − 43 评价档次（ABCDEF）得出分值，两项得分相加计算出企业成长性指标综合得分。

表 4 − 43

成长性得分	指标赋值	分数					
		≥35%	≥25%	≥15%	≥5%	> 0	≤0
≤20 分	净资产增长率 赋值≤10 分	A 9—10 分	B 7—8 分	C 5—6 分	D 3—4 分	E 1—2 分	F 0 分
	销售收入增长率 赋值≤10 分						

12. 高新技术企业享受“税收优惠”

①自认定当年起，企业可持“高新技术企业”证书及其复印件，按照《企业所得税法》及《实施条例》等有关规定，在企业所得税纳税申报时，享受税收优惠。

②未取得高新技术企业资格或不符合《企业所得税法》及其《实施条例》等有关规

定条件的企业，不得享受高新技术企业税收优惠。

③高新技术企业资格期满当年内，在通过重新认定前，其企业所得税暂按 15% 的税率预缴，在年度汇算清缴前未取得高新技术企业资格的，应按规定补缴税款。

13. 高新技术企业“企业年报”

企业获得高新技术企业资格后，在其资格有效期内应每年 5 月底前通过“高新技术企业认定管理工作网”，报送上一年度知识产权、科技人员、研发费用、经营收入等年度发展情况报表；在同一高新技术企业资格有效期内，企业累计两年未按规定时限报送年度发展情况报表的，由认定机构取消其高新技术企业资格，在“高新技术企业认定管理工作网”上公告。

认定机构应提醒、督促企业及时填报年度发展情况报表，并协助企业处理填报过程中的相关问题。

（二）风险特征

1. 高新技术产品收入占当年总收入的比例未到 60% 享受了税收优惠。

2. 研发人员数量未达到企业职工总数的 10% 享受了税收优惠。

3. 高新技术企业研发费占当年销售收入比例未达到法定比例。[①上一年销售收入小于 5000 万元（含），上一年高新技术企业研发费 ÷ 上一年销售收入 < 5%；②上一年销售收入 5000 万元至 20000 万元（含），上一年高新技术企业研发费 ÷ 上一年销售收入 < 4%；③上一年销售收入在 20000 万元以上的，上一年高新技术企业研发费 ÷ 上一年销售收入 < 3%]。

4. 研究开发费用中的其他费用占全部研发费用总额超过 20% 而享受了税收优惠。

5. 委托境外研发费用税前可扣除金额超过法定比例而享受了税收优惠。[委托境外机构进行研发活动发生的费用 × 80% > （自主研发、合作研发、集中研发 + 委托境内机构或个人进行研发活动所发生的费用 × 2/3）]。

6. 发生研发费用产生边角废料等未按规定确认收入。

7. 高新技术企业因发生重大安全、重大质量事故或有严重环境违法行为（环保处罚 1 万元以上）受到行政处罚但依然享受享受税收优惠。

8. 高新技术企业在优惠资格有效期内存在偷骗税等行为，但依然享受税收优惠。

9. 企业发生不征税收入而对应的成本费用参与研发费用加计扣除或税前摊销扣除。

10. 政府补贴收入不按规定确认收入。

（三）数据整备

纳税申报表数据、财务报表数据、发票数据等基础数据；关键数据项，如增值税、企业所得税关键数据；第三方数据、生产经营数据等需要补充的数据。

（四）异常判断

指标 1. 高新技术产品收入占年总收入比例风险

风险描述：在一个纳税年度内，高新技术产品收入占当年总收入的比例未到60%享受了税收优惠。

计算公式：上一年高新技术产品（服务）收入÷（上一年企业总收入－不征税收入）<60%。

数据来源：高新技术企业优惠情况明细表——本年高新技术产品（服务）收入（5行）、本年企业总收入（7行）。

涉及税种：企业所得税。

疑点提示：核实纳税人高新技术产品是否未达到比例，未达到比例的应提请认定机构复核。复核后确认不符合认定条件的，由认定机构取消其高新技术企业资格，并通知税务机关追缴其证书有效期内自不符合认定条件年度起已享受的税收优惠。

指标 2. 研发人员占当年职工总数比例不符合要求

风险描述：在一个纳税年度内，研发人员数量未达到企业职工总数的10%享受了税收优惠。

计算公式：本年研发人员数÷本年职工总数<10%。

数据来源：高新技术企业优惠情况明细表——本年研发人员数（11行）、人个所得税扣缴申报人数。

涉及税种：企业所得税。

疑点提示：审核纳税人留存备查资料查核出现风险的原因，未达到比例的应提请认定机构复核。复核后确认不符合认定条件的，由认定机构取消其高新技术企业资格，并通知税务机关追缴其证书有效期内自不符合认定条件年度起已享受的税收优惠。

指标 3. 高新技术企业研发费占当年销售收入比例

风险描述：高新技术企业研发费占当年销售收入比例未达到法定比例。

计算公式：

上一年销售收入小于5000万元（含），上一年高新技术企业研发费÷上一年销售收入<5%；

上一年销售收入5000万元至20000万元（含），上一年高新技术企业研发费÷上一年销售收入<4%；

上一年销售收入在20000万元以上的，上一年高新技术企业研发费÷上一年销售收入<3%。

数据来源：高新技术企业优惠情况明细表——本年归集的高新研发费用金额（15行）、年度纳税申报表——营业收入（1行）＋A105000纳税调整项目明细表——视同销售收入（2 行）。

涉及税种：企业所得税。

疑点提示：核实纳税人在一个纳税年度内研究开发费用占比是否符合条件，未达到比例的应提请认定机构复核。复核后确认不符合认定条件的，由认定机构取消其高新技术企业资格，并通知税务机关追缴其证书有效期内自不符合认定条件年度起已享受的税收优惠。

指标 4. 高新技术企业研究开发费用中其他费用占比异常

风险描述：在一个纳税年度内，研究开发费用中的其他费用占全部研发费用总额超过 20% 而享受了税收优惠。

计算公式：当年申报高新技术企业研发费用明细“其他费用”÷当年高新技术企业研发费用总额 >20%。

数据来源：高新技术企业优惠情况明细表—可计入研发费用的其他费用（24 行）、本年归集的高新研发费用总额（15 行）。

涉及税种：企业所得税。

疑点提示：在一个纳税年度内，高新技术企业其他费用超过法定比例的，应提请认定机构复核。复核后确认不符合认定条件的，由认定机构取消其高新技术企业资格，并通知税务机关追缴其证书有效期内自不符合认定条件年度起已享受的税收优惠。

指标 5. 委托境外研发费用超过税法规定扣除风险

风险描述：在一个纳税年度内，委托境外研发费用税前可扣除金额超过法定比例而享受了税收优惠。

计算公式：委托境外机构进行研发活动发生的费用 ×80% >（自主研发、合作研发、集中研发 + 委托境内机构或个人进行研发活动所发生的费用 ×2/3）。

数据来源：研发费用加计扣除优惠明细表——自主研发、合作研发、集中研发（2 行），委托境内机构或个人进行研发活动所发生的费用（36 行）、委托境外机构进行研发活动发生的费用（37 行）、允许加计扣除的委托境外机构进行研发活动发生的费用（38 行）。

涉及税种：企业所得税。

疑点提示：核实企业享受加计扣除的委托境外进行研发活动所发生的费用是否符合规定比例，如未达到比例，需要进行企业所得税纳税调增。

指标 6. 研发费用产生边角废料等未按规定确认收入风险

风险描述：在一个纳税年度内，发生了允许扣除的研发费用及相应的材料而未进行抵减税收风险。

计算公式：（特殊收入部分 + 当年销售研发活动直接形成产品（包括组成部分）对应的材料部分 + 以前年度销售研发活动直接形成产品（包括组成部分）对应材料部分结转金

额）<30 万元。

数据来源：企业所得税申报信息清册——A107012 研发费用加计扣除优惠明细表——特殊收入部分（45 行）、当年销售研发活动直接形成产品（包括组成部分）对应的材料部分（47 行）、以前年度销售研发活动直接形成产品（包括组成部分）对应材料部分结转金额（48 行）。

涉及税种：企业所得税。

疑点提示：核实纳税人是否存在研发过程中形成的下脚料、残次品、中间试制品等未按会计制度规定进行归集核算行为，如果属实应进行纳税调整。

指标 7. 高新技术企业有行政处罚风险

风险描述：在一个纳税年度内，高新技术企业因发生重大安全、重大质量事故或有严重环境违法行为受到行政处罚但依然享受享受税收优惠。

前置条件：填报 A107041 高新技术企业优惠情况及明细表企业。

计算公式：罚没支出 >1 万元（实际应用中，建议通过手机 APP 企查查等方式获取第三方信息，交互验证）。

数据来源：一般企业成本支出明细表——罚没支出（23）。

通过第三方平台获取纳税人因发生重大安全、重大质量事故或有严重环境违法行为受到行政处罚信息。

涉及税种：企业所得税。

疑点提示：核实企业罚款支出明细是否为发生重大安全、重大质量事故或有严重环境违法行为的罚款。如果为发生重大安全、重大质量事故或有严重环境违法行为的罚款，应提请认定机构复核。复核后确认不符合认定条件的，由认定机构取消其高新技术企业资格，并通知主管税务机关追缴其证书有效期内自不符合认定条件年度起已享受的税收优惠。

指标 8. 享受研发费用加计扣除企业不征税收入对应的成本费用加计扣除或税前摊销扣除风险

风险描述：在一个纳税年度内，企业发生不征税收入而对应的成本费用参与研发费用加计扣除或税前摊销扣除风险。

计算公式：不征税收入 >0。

数据来源：研发费用加计扣除优惠明细表——本年研发费用加计扣除总额（50 行）。

涉及税种：企业所得税。

疑点提示：核实纳税人不征税收入使用情况，结合 A105000 纳税调整项目明细表、A105040 专项用途财政性资金纳税调整明细表，查看其发生的成本费用是否没有进行纳税调整，从而违反规定加计扣除或形成的资产税前摊销扣除。

（五）风险分析方法

根据高新技术企业认定要求、风险特征，高新技术企业风险分析及核实重点如下：

1. 高新技术企业基本情况核实

逐项核实高新技术企业是否满足以下七条要求：

（1）企业申请认定时是否注册成立一年以上。

（2）企业是否通过自主研发、受让、受赠、并购等方式，获得对其主要产品（服务）在技术上发挥核心支持作用的知识产权的所有权。核实要点：企业取得知识产权的情况。

（3）对企业主要产品（服务）发挥核心支持作用的技术是否属于《国家重点支持的高新技术领域》规定的范围。核实要点：企业的产品或服务属于《国家重点支持的高新技术领域》明细项目。

（4）企业从事研发和相关技术创新活动的科技人员占企业当年职工总数的比例是否不低于10%。核实要点：企业科技人员占比是企业科技人员数与职工总数的比值。

①科技人员。是指直接从事研发和相关技术创新活动，以及专门从事上述活动的管理和提供直接技术服务的，累计实际工作时间在183天以上的人员，包括在职、兼职和临时聘用人员。

② 职工总数。包括企业在职、兼职和临时聘用人员。在职人员可以通过企业是否签订了劳动合同或缴纳社会保险费来鉴别；兼职、临时聘用人员全年须在企业累计工作183天以上。

③ 统计方法。企业当年职工总数、科技人员数均按照全年月平均数计算。

月平均数 =（月初数 + 月末数）÷2

全年月平均数 = 全年各月平均数之和 ÷12

年度中间开业或者终止经营活动的，以其实际经营期作为一个纳税年度确定上述相关指标。

（5）企业近三个会计年度（实际经营期不满三年的按实际经营时间计算，下同）的研究开发费用总额是否占同期销售收入总额的比例符合如下要求：最近一年销售收入小于5000万元（含）的企业，比例不低于5%；最近一年销售收入在5000万元至2亿元（含）的企业，比例不低于4%；最近一年销售收入在2亿元以上的企业，比例不低于3%。其中，企业在中国境内发生的研究开发费用总额占全部研究开发费用总额的比例是否不低于60%。核实要点：重点关注企业报送的研究开发费用数据是否与A104000期间费用明细表第三列的19行“研究开发费用”数据是否一致。

企业账面要设置研发支出或研发费用科目，归集的研发费用要达到比例，同时要设置研发费用辅助账，辅助账应该对每个研发项目发生的研发费用进行归集。一是企业应按照

“企业年度研究开发费用结构明细表”设置高新技术企业认定专用研究开发费用辅助核算账目，提供相关凭证及明细表，重点核实企业报送研发费用有无账簿支持，有无凭证支持。二是企业研究开发费用应正确归集，具体如下：

①人员人工费用。包括企业科技人员的工资薪金、基本养老保险费、基本医疗保险费、失业保险费、工伤保险费、生育保险费和住房公积金，以及外聘科技人员的劳务费用。核实累计工作183天研发人员情况。

②直接投入费用。是指企业为实施研究开发活动而实际发生的相关支出。包括直接消耗的材料、燃料和动力费用，重点关注材料应该是在研究开发过程中直接消耗的材料；用于中间试验和产品试制的模具、工艺装备开发及制造费，不构成固定资产的样品、样机及一般测试手段购置费，试制产品的检验费；用于研究开发活动的仪器、设备的运行维护、调整、检验、检测、维修等费用，以及通过经营租赁方式租入的用于研发活动的固定资产租赁费。

③折旧费用与长期待摊费用。折旧费用是指用于研究开发活动的仪器、设备和在用建筑物的折旧。长期待摊费用是指研发设施的改建、改装、装修和修理过程中发生的费用。

④无形资产摊销费用。是指用于研究开发活动的软件、知识产权、非专利技术（专有技术、许可证、设计和计算方法等）的摊销费用。

⑤设计费用。是指为新产品和新工艺进行构思、开发和制造，进行工序、技术规范、规程制定、操作特性方面的设计等发生的费用。包括为获得创新性、创意性、突破性产品进行的创意设计活动发生的相关费用。

⑥装备调试费用与试验费用。装备调试费用是指工装准备过程中研究开发活动所发生的费用，包括研制特殊、专用的生产机器，改变生产和质量控制程序，或制定新方法及标准等活动所发生的费用。其中，为大规模批量化和商业化生产所进行的常规性工装准备和工业工程发生的费用不能计入归集范围。试验费用包括新药研制的临床试验费、勘探开发技术的现场试验费、田间试验费等。

⑦委托外部研究开发费用。是指企业委托境内外其他机构或个人进行研究开发活动所发生的费用（研究开发活动成果为委托方企业拥有，且与该企业的主要经营业务紧密相关）。委托外部研究开发费用的实际发生额应按照独立交易原则确定，按照实际发生额的80%计入委托方研发费用总额。

⑧其他费用。是指上述费用之外与研究开发活动直接相关的其他费用，包括技术图书资料费、资料翻译费、专家咨询费、高新科技研发保险费，研发成果的检索、论证、评审、鉴定、验收费用，知识产权的申请费、注册费、代理费、会议费、差旅费、通讯费等。此项费用一般不得超过研究开发总费用的20%，另有规定的除外。

（6）近一年高新技术产品（服务）收入占企业同期总收入的比例是否不低于60%（总收入是指收入总额减去不征税收入。收入总额与不征税收入按规定计算）。核实要点：企业报送的年度申报表中销售收入是否与金税三期系统内一致。

（7）企业申请认定前一年内是否未发生重大安全、重大质量事故或严重环境违法行为。

2. 高新技术企业报送资料核实

（1）近三个会计年度的企业所得税年度纳税申报表（主表及附表），税务人员需要核对纳税人报送报表是否与金税三期系统内报表数据一致，重点关注企业的收入、研究开发费用是否与报表一致。

（2）企业职工和科技人员情况说明材料，包括在职、兼职和临时聘用人员人数，人员学历结构，科技人员名单及其工作岗位等。

（3）《高新技术企业认定申请书》中的“企业年度研究开发费用结构明细表”。

3. 高新技术企业报送资料与账面数据是否相符

企业账面数据应该与企业申报高新技术企业基本资料一致，与金税三期年度所得税申报表、企业报送至金税三期内的财务报表相关数据一致。重点核实企业报送资料中相关的收入、费用、人员及占比是否与账面数据一致。

（六）典型案例

案例一：2019年8月8日上市公司A晚间公告，子公司B由于发生重大安全事故，自2019年起被取消B公司高新技术企业资格。

B公司2018年2月份通过高新技术企业认定，发证时间为2018年12月5日，证书有效期为三年。据国家对高新技术企业的相关税收优惠政策，B公司自获得高新技术企业认定后三年内，将享受国家关于高新技术企业的相关优惠政策，按15%的税率缴纳企业所得税。此次取消B公司高新技术企业资格，将对公司的经营发展产生一定的影响。

案例二：2015年6月15日，原北京市某区国家税务局稽查局对C公司2013年1月1日至2013年12月31日涉税情况进行检查，由于偷逃增值税，稽查局决定追缴该公司2013年9月及10月的增值税及滞纳金，并决定对C公司处以偷税数额一倍罚款。2017年2月4日，相关部门发布公告取消C公司2013—2015年的高新技术企业资格。

税务机关在对该单位2013年1月1日起至2015年12月31日的纳税申报情况进行纳税评估后，发现以下涉税问题：因C公司被取消2013—2015年的高新技术企业资格，需补缴已减免的企业所得税款，并于七个工作日内自行到税务机关补缴，且在规定日期内提交自行改正的书面说明。

【风险点睛】

上述案例中，两家企业分别因为发生重大安全事故和偷逃增值税导致被取消高新技术企业资格。

安全事故的发生某种程度上既是天灾也是人祸，企业如果事前做好足够的防范和监管措施，也能有效避免意外的发生。因此企业在享受高新技术企业优惠的同时，也要真正承担起作为高新技术企业的职责，注意防范安全生产事故，否则将面临被取消相关资格，无法继续享受优惠的风险。

企业偷漏税一直是税局监管的重点。C公司因少缴增值税被查处，进而被取消高新技术企业资格，除了被追缴税款和罚款，还需要补缴因取消高新技术企业资格已减免的税款及滞纳金。

【政策点睛】

1.《税收征收管理法实施细则》（2016年修订）第四十三条规定，享受减税、免税优惠的纳税人，减税、免税期满，应当自期满次日起恢复纳税；减税、免税条件发生变化的，应当在纳税申报时向税务机关报告；不再符合减税、免税条件的，应当依法履行纳税义务；未依法纳税的，税务机关应当予以追缴。

2.《国家税务总局关于实施高新技术企业所得税优惠有关问题的通知》（国税函〔2009〕203号）第六条规定，未取得高新技术企业资格或虽取得高新技术企业资格但不符合企业所得税法及实施条例以及本通知有关规定条件的企业，不得享受高新技术企业的优惠；已享受优惠的，应追缴其已减免的企业所得税税款。

3. 根据《科技部 财政部 国家税务总局关于修订印发〈高新技术企业认定管理办法〉的通知》（国科发火〔2016〕32号）第十九条，已认定的高新技术企业有下列行为之一的，由认定机构取消其高新技术企业资格：

（1）在申请认定过程中存在严重弄虚作假行为的；

（2）发生重大安全、重大质量事故或有严重环境违法行为的；

（3）未按期报告与认定条件有关重大变化情况，或累计两年未填报年度发展情况报表的。

对被取消高新技术企业资格的企业，由认定机构通知税务机关按《税收征管法》及有关规定，追缴其自发生上述行为之日所属年度起已享受的高新技术企业税收优惠。

【结论】

获得高新技术企业资格，并不意味着企业必定可以完全地享受相关税收优惠，还应注意其他方面的规范。目前税法上对于高新技术资格的认定和取缔都有明确的要求，任何弄虚作假行为、发生重大事故等都将导致资格的取消，并且一旦被取消，还会对已享受的高新技术企业税收优惠进行追缴。因此企业在日常生产经营活动中，要明确相关具体要求，并且严格遵循，避免安全质量事故、偷漏税等风险的发生。

十四、股权转让

（一）股权转让概述

股权转让，是指公司股东依法将自己的股东权益有偿转让给他人，使他人取得股权的民事法律行为。股权转让协议是当事人以转让股权为目的而达成的关于出让方交付股权并收取价金，受让方支付价金得到股权的意思表示。股权转让是一种物权变动行为，股权转让后，股东基于股东地位而对公司所发生的权利义务关系全部同时移转于受让人，受让人因此成为公司的股东，取得股东权。在股权转让中，股东分为法人股东和自然人股东，转让价格分为平价转让、折价转让和溢价转让。这里注意股权转让与转让上市公司股票的区别，上市公司股票是金融商品，转让上市公司股票应征增值税（企业及其他单位转让股票除特定主体享受免缴增值税政策外，其他主体应按照规定计算应纳增值税），而股权转让则不需要缴纳增值税。

（二）风险特征

股权转让中的涉税风险主要体现为：股权转让中的企业所得税、个人所得税和印花税的足额缴纳问题。在税法上，股权转让只涉及企业所得税、个人所得税和印花税。以下分自然人股东与法人股东分别介绍。

（三）数据整备

1. 内部数据：见第一节。

2. 企业涉税信息采集：股权转让人提供股权转让协议、章程、合同等资料，以及被投资企业股权转让发生前一个月（或最近时间）的财务报表。

3. 第三方信息采集：市场监管理局股权变更信息、企查查、巨潮资讯网、全国中小企业股份转让系统、中国证券信息网、同花顺等查询平台。

（四）异常判断

1. 自然人转让股权的税收风险

指标1：股权转让协议履行完毕与否的税收风险

风险描述：在一个纳税年度内，自然人股东收回转让的股权未缴个人所得税风险。

数据来源：“企查查”软件或市场监管部门公开的股东变更信息。

涉及税种：个人所得税。

疑点提示：根据《国家税务总局关于纳税人收回转让的股权征收个人所得税问题的批复》（国税函〔2005〕130号）的规定，个人转让股权的所得税按以下两种情况处理：一是股权转让合同履行完毕、股权已作变更登记，且所得已经实现的，转让人取得的股权转让收入应当依法缴纳个人所得税。转让行为结束后，当事人双方签订并执行解除原股权转让合同、退回股权的协议，是另一次股权转让行为，对前次转让行为征收的个人所得税款不予退回。基于此规定，如果股权转让协议已经履行，履行的标志是受让人已经向转让方支付了股权转让款，并在当地市场监管部门办理了工商变更登记手续。则当事人双方签订并执行解除原股权转让合同、退回股权的协议，对前次转让行为征收的个人所得税款不予退回。二是股权转让合同未履行完毕，因执行仲裁委员会作出的解除股权转让合同及补充协议的裁决、停止执行原股权转让合同，并原价收回已转让股权的，由于其股权转让行为尚未完成、收入未完全实现，随着股权转让关系的解除，股权收益不复存在，根据个人所得税法和税收征管法的有关规定，以及从行政行为合理性原则出发，纳税人不应缴纳个人所得税。

指标 2：个人转让股权未缴纳或未及时缴纳个人所得税风险

风险描述：在一个纳税年度内，自然人股东转让的股权未缴纳个人所得税或未及时缴纳个人所得税。

数据来源："企查查"软件或市场监管部门公开的股东变更信息、个人所得税电子税务局税务端。

涉及税种：个人所得税。

疑点提示：个人转让股权有关个人所得税缴纳的税收风险主要体现在以下两方面：一是自然人股东发生股权转让时，没有在规定的时间内申报个税或根本没有进行个税申报直接办理工商变更登记手续。在实践中总是存在一种现象：转让方和受让方私自签订平价或折价的股权转让协议，不通过当地的税务机关，而直接通过社会关系在当地的市场监督管理局办理工商变更登记手续。根据《股权转让所得个人所得税管理办法（试行）》（国家税务总局 2014 年公告第 67 号）第五条、第六条、第二十条的规定，自然人股东发生股权转让时，个人股权转让所得个人所得税，以股权转让方为纳税人，以受让方为扣缴义务人。扣缴义务人应于股权转让相关协议签订后 5 个工作日内，将股权转让的有关情况报告主管税务机关。被投资企业应当详细记录股东持有本企业股权的相关成本，如实向税务机关提供与股权转让有关的信息，协助税务机关依法执行公务。具有下列情形之一的，扣缴义务人、纳税人应当依法在次月 15 日内向主管税务机关申报纳税：①受让方已支付或部分支付股权转让价款的；②股权转让协议已签订生效的；③受让方已经实际履行股东职责或者享受股东权益的；④国家有关部门判决、登记或公告生效的；⑤以下行为已经完成的：股权被司法或行政机关强制过户；以股权对外投资或进行其他非货币性交易；以股权抵偿债务；其他股权转移行为。⑥税务机关认定的其他有证据表明股权已发生转移的情形。根据国家税务总局 2014 年公告第 67 号第二十四条、第二十五条的规定，税务机关应加强与工商部门合作，落实和完善股权信息交换制度，积极开展股权转让信息共享工作。税务机关应当建立股权转让个人所得税电子台账，将个人股东的相关信息录入征管信息系统，强化对每次股权转让间股权转让收入和股权原值的逻辑审核，对股权转让实施链条式动态管理。二是股权转让协议中的转让价格往往不符合独立交易原则，即不符合税收法律规定的折价或平价条件，而少申报缴纳个人所得税。根据国家税务总局2014年公告第67号第十一条第（一）项和第十二条的规定，自然人股东转让股权申报的股权转让收入明显偏低且无正当理由的，主管税务机关可以核定股权转让收入。以下六种情况视为股权转让收入明显偏低：①申报的股权转让收入低于股权对应的净资产份额的。其中，被投资企业拥有土地使用权、房屋、房地产企业未销售房产、知识产权、探矿权、采矿权、股权等资产的，申报的股权转让收入低于股权对应的净资产公允价值份额的；②申报的股权转让收入低于初始投资成本或低于取得该股权所支付的价款及相关税费的；③申报的股权转让收入低于相同或类似条件下同一企业同一股东或其他股东股权转让收入的；④申报的股权转让收入低于相同或类似条件下同类行业的企业股权转让收入的；⑤不具合理性的无偿让渡股权或股份；⑥主管税务机关认定的其他情形。

指标3：自然人转让股权计税依据明显偏低

风险描述：在一个纳税年度内，自然人股东转让的股权计税依据明显偏低。

数据来源："企查查"软件或市场监管部门公开的股东变更信息。

涉及税种：个人所得税。

疑点提示：根据《股权转让所得个人所得税管理办法（试行）》（国家税务总局2014年公告第67号）的规定，自然人转让股权计税依据明显偏低，应按照以下方法核定股权转让收入。如果没有正当理由，一般按照每股净资产或股权对应的净资产份额核定。

相关案例：

2019年10月，王女士以现金100万元创办一家企业，2021年2月，王女士与李先生签订股权转让协议，协议约定："王女士以90万元的价格低于成本价将100%股权转让给李先生。"截至转让前，被转让企业的所有者权益为150万元，其中注册资本为100万元，未分配利润和盈余公积为50万元。请进行涉税分析？

分析：税务机关认为该项股权转让价格明显偏低且无正当理由，对股权转让收入依据所有者权益150万元核定。因此，该项股权转让的财产转让所得为：150－100＝50（万元）。应缴纳个人所得税50×20%＝10（万元）。假设本案例的转让价格为120万元，如果按照申报的转让价格120万元计算，应缴纳（120－100）×20%＝4（万元）个人所得税，而税务机关认为低于对应净资产份额，核定计税依据150万元，即应缴纳个人所得税10万元。本案例说明了两种情况：第一种是申报价格低于初始投资成本，第二种是虽然高于初始投资成本，但是低于对应的净资产份额，也应按照每股净资产或股权对应的净资产份额核定股权转让收入。

指标4：净资产份额未评估风险

在净资产份额的计算中，知识产权、土地使用权、房屋、探矿权、采矿权、股权等合计占资产总额比例达20%以上的企业，净资产额须经中介机构评估核实。

风险描述：在一个纳税年度内，自然人股东转让的股权转让收入明显偏低，且申报的股权转让收入低于股权对应的净资产份额的，净资产份额的计算中，知识产权、土地使用权、房屋、探矿权、采矿权、股权等合计占资产总额比例达20%以上的企业，净资产额未经中介机构评估核实。

数据来源："企查查"软件或市场监管部门公开的股东变更信息、中介机构资产评估报告。

涉及税种：个人所得税。

疑点提示：根据《股权转让所得个人所得税管理办法（试行）》（国家税务总局2014年公告第67号）的规定，自然人转让股权计税依据明显偏低，应按照以下方法核定股权转让收入。申报的股权转让收入低于股权对应的净资产份额的。其中，被投资企业拥有土地使用权、房屋、房地产企业未销售房产、知识产权、探矿权、采矿权、股权等资产的，申报的股权转让收入低于股权对应的净资产公允价值份额的，按净资产核定法核定个人所得税，被投资企业拥有土地使用权、房屋、房地产企业未销售房产、知识产权、探矿权、采矿权、股权等资产占企业总资产比例超过20%的，主管税务机关可参照纳税人提供的具有法定资质的中介机构出具的资产评估报告核定股权转让收入。

相关案例：

王先生持有M公司60%的股份，2020年2月将股份转让给李先生，转让价款为6000万元。转让前M公司的所有者权益为8000万元，其中注册资本1亿元，未分配利润-2000万元。M公司账面上有预收账款2亿元。王先生申报个人所得税的财产转让所得为0。理由是按照对应的M公司净资产份额为4800万元，而转让价格为6000万元，并不低于占有M公司账面净资产份额。知识产权、土地使用权、房屋、探矿权、采矿权、股权往往蕴含着较高的隐含增值，在本例中虽然M公司利润为负数，那是因为预收账款尚未结转会计收入的原因，一旦结转收入将会有大量的会计利润产生，从而抬高所有者权益份额。再如股权，在成本法下，尽管被投资企业已经实现了大量利润，在被投资企业分红时，此时投资企业不做任何会计处理，因此该项股权隐含着大量的增值。由于以上原因，根据国家税务总局2014年公告第67号第十四条第（一）项的规定，被投资企业的土地使用权、房屋、房地产企业未销售房产、知识产权、探矿权、采矿权、股权等资产占企业总资产比例超过20%的，主管税务机关可参照纳税人提供的具有法定资质的中介机构出具的资产评估报告核定股权转让收入。本例中，假设经评估机构核实，M公司净资产公允价值为3亿元，因此王先生持有股权的转让价格应核定为3×60%=1.8（亿元），财产转让所得=1.8亿元-6000万元=1.2亿元，应缴纳个人所得税1.2亿元×20%=2400万元。

指标5：非直系亲属或非直接抚养及赡养关系低价转让股权风险

股权转让给配偶、父母、子女、祖父母、外祖父母、孙子女、外孙子女、兄弟姐妹以及对转让人承担直接抚养或者赡养义务的抚养人或者赡养人，属于计税依据明显偏低的正当理由，不需要进行纳税调整。

风险描述：在一个纳税年度内，自然人股东将股权转让给配偶、父母、子女、祖父母、外祖父母、孙子女、外孙子女、兄弟姐妹以及对转让人承担直接抚养或者赡养义务的抚养人或者赡养人，属于计税依据明显偏低的正当理由，不需要进行纳税调整。

数据来源："企查查"软件或市场监管部门公开的股东变更信息。

涉及税种：个人所得税。

疑点提示：国家税务总局公告2014年第67号明确界定将股权转让给配偶、父母、子女、祖父母、外祖父母、孙子女、外孙子女、兄弟姐妹以及对转让人承担直接抚养或者赡养义务的抚养人或者赡养人，属于计税依据明显偏低的正当理由。也就是说，如果将股权低价转让给以上列举以外的人，而且计税依据明显低于其对应的净资产份额的，就应该按照净资产份额确定计税依据；或者说将股权无偿赠送给配偶、父母、子女、祖父母、外祖父母、孙子女、外孙子女、兄弟姐妹以及对捐赠人承担直接抚养或者赡养义务的抚养人或者赡养人，不需要缴纳个人所得税；如果捐赠给以上列举以外的人，则应该按照净资产份额确定计税依据，按财产转让所得缴纳个人所得税。

相关案例：

张先生持有M公司50%股权，M公司所有者权益为1000万元，其中注册资本500万元，未分配利润和盈余公积为500万元。张先生将股权无偿赠送给李先生，张先生和李先生不属于国家税务总局公告2014年第67号中所列举的亲属关系，税务机关认为，张先生对应的净资产份额为500万元，因此其计税依据明显偏低并无正当理由，应按照500－500×50%＝250（万元）确认财产所得，从而缴纳个人所得税250×20%＝50（万元）。

指标6：受让股权再转让风险

对接受转让股权再转让计算个人所得税时，其股权转让的成本为前次转让的交易价格及买方负担的相关税费，这里的"交易价格"有两层含义：如果前次转让的交易价格是正当理由的，则"交易价格"是符合正当理由的价格；如果前次转让的交易价格是不正当理由的，交易价格是按照税务主管部门核定后的计税依据。

相关案例：

张先生将股权转让给王先生，并向税务机关申报交易价格1000万元，税务机关认为计税价格明显偏低，核定计税价格为1500万元。王先生将取得股权转让给李先生，转让价格为2000万元。此时，股权转让的成本为前次转让的交易价格。这里的交易价格究竟为1500万元，还是1000万元呢？当然应按照1500万元计算股权转让的成本。

2. 法人股东转让股权的税收风险

风险描述：在一个纳税年度内，法人股东转让的股权未缴纳企业所得税。

数据来源："企查查"软件或市场监管部门传递的股东变更信息。

涉及税种：企业所得税。

疑点提示：《中华人民共和国企业所得税法实施条例》（中华人民共和国国务院令第512号）第八十三条规定，企业所得税法第二十六条第（二）项所称符合条件的居民企业之间的股息、红利等权益性投资收益，是指居民企业直接投资于其他居民企业取得的投资收益。企业所得税法第二十六条第（二）项和第（三）项所称股息、红利等权益性投资收益，不包括连续持有居民企业公开发行并上市流通的股票不足12个月取得的投资收益。国税函〔2010〕79号明确转让股权收入扣除为取得该股权所发生的成本后，为股权转让所得。企业在计算股权转让所得时，不得扣除被投资企业未分配利润等股东留存收益中按该项股权所可能分配的金额。《国家税务总局关于企业所得税核定征收有关问题的公告》（国家税务总局公告2012年第27号）第二条规定："依法按核定应税所得率方式核定征收企业所得税的企业，取得的转让股权（股票）收入等转让财产收入，应全额计入应税收入额，按照主营项目（业务）确定适用的应税所得率计算征税；若主营项目（业务）发生变化，应在当年汇算清缴时，按照变化后的主营项目（业务）重新确定适用的应税所得率计算征税。基于以上税收法律的规定，法人转让股权协议中的税收风险主要体现在两点：①被投资企业有多年累积的未分配利润和盈余公积时，法人转让股权的转让价格中含有被投资企业多年累积的未分配利润和盈余公积与转让方股东所占股权比例的乘积部分，而使股权转让价格是溢价转让从而使转让方股东多缴纳企业所得税。②按核定应税所得率方式核定征收企业所得税的企业，发生股权（股票）转让时，按照转让收入扣除股权（股票）投资成本作为应税收入额，使企业少缴纳企业所得税。根据以上涉税风险分析，法人转让股权合同中的涉税风险应采取以下控制措施：①如果股东是企业或法人，在发生转让股权时，为了实现少缴纳企业所得税，则可以先将留存收益进行分配，降低净资产，再转让股权，从而降低转让所得，减少企业所得税。②依法按核定应税所得率方式核定征收企业所得税的企业，取得的转让股权（股票）收入等转让财产收入，应全额计入应税收入额，按照主营项目（业务）确定适用的应税所得率计算征税。

相关案例：

2020年3月16日，甲公司拟将其持有的乙公司60%的股权转让给丙公司，希望取得收入600万元，该项股权的计税成本为350万元。股权转让时，乙公司的所有者权益为1000万元，其中税后留存收益700万元。

（1）甲公司直接向丙公司转让其持有的乙公司60%的股权，转让价为600万元，甲公司的纳税额为：$(600-350)\times25\%=62.5$（万元）。

（2）甲公司先从乙公司分配股息300万元，而后以300万元的价格将所持股权转让给丙方。甲公司股权转让所得为300－350＝－50（万元），纳税额为0。

以上两种方案相比，甲方的收入同为600万元，但节省企业所得税62.5万元。

A公司拥有B公司100%的股权，初始投资成本为100万元，B公司截至2020年6月底账面净资产200万元，其中注册资本100万元、盈余公积30万元、未分配利润70万元，现A公司按220万元出售予境内C企业。

（1）由于留存收益包括未分配利润和盈余公积两部分，上述盈余公积30万元、未分配利润70万元不得扣减。则A公司应确认股权转让所得120（220－100）万元，而不是20（220－100－30－70）万元。企业转让股权所得的企业所得税为120×25%＝30（万元）。

（2）先将留存收益进行分配，降低净资产，再转让，从而降低转让所得。A公司先将未分配利润70万元以股利形式分回，享受符合条件的居民企业之间的股息、红利收入，为免税收入。企业再以150万元的价格转让，则股权转让所得50（150－100）万元，转让所得的企业所得税为50×25%＝12.5（万元），相比减少30－12.5＝17.5（万元）。

（五）典型案例

1. 案情介绍

某实业有限公司成立于2017年9月，注册资本为100万元，经营范围：生产、销售服装、纺织品、布匹、服装辅料、皮具、服装染料。其股东结构和出资情况如表4－44所示。

表4－44

股东姓名	认缴出资额	出资方式	认缴期限	实缴出资额	股权比例
甲	40万元	现金	30天	40万元	40%
乙	30万元	现金	30天	30万元	30%
丙	30万元	现金	30天	30万元	30%

2020年3月28日，某房地产有限公司的三位股东A、B和C平价收购某实业有限公司自然人乙和丙的股权，即A受让乙转让某实业有限公司20%的股权；B受让丙转让某实业有限公司20%的股权；C受让乙、丙各自转让某实业有限公司10%的股权。股权转让后的股东结构和各股东出资情况如表4－45所示。

表4－45

股东姓名	股权比例	出资额	出资方式
甲	40%	40万元	现金
A	20%	20万元	现金
B	20%	20万元	现金
C	20%	20万元	现金

以上自然人签订的股权转让协议，没有在当地税务部门进行备案，接受当地税务部门是否需要进行纳税、不纳税或免税的审查，直接在当地市场监督管理局办理了工商变更登记手续。而且股权转让协议约定：“乙股权转让前在公司形成的债权债务由乙享有和承担；股权转让后由C和B享有和承担。丙股权转让前在公司形成的债权债务由丙享有和承担；股权转让后由C和B享有和承担。”根据2020年2月29日的资产负债表显示：在2020年3月28日股权转让前，某实业有限公司的债权为6629303.45元，分别为：其他应收款5466977.4元，预付账款1162326.05元。某实业有限公司的债务为17362457.23元，分别为：应付账款960.71元，预收账款2450073.1元，应付工资157036.84元，应交税费8510.18元，其他应付款4745876.4，长期借款10000000元。根据股权转让协议中的债权和债务承担规定，2020年3月28日前，乙和丙享有的债权共为：6629303.45×60%＝3977582.07（元），乙和丙承担的债务共为：17362457.23×60%＝10417474.34（元）。另外，某实业有限公司拥有224.16亩工业用地，该用地的计税基础即土地购买款为613万元，请分析某房地产有限公司的三位股东A、B和C平价收购某实业有限公司自然人乙和丙股权过程中存在的税收风险。

2. 税收风险分析

某房地产有限公司的三位股东A、B和C平价收购某实业有限公司自然人乙和丙股权的过程中存在较大的税收风险，分析如下：第一，国家税务总局公告2014年第67号规定，扣缴义务人应于股权转让相关协议签订后5个工作日内，将股权转让的有关情况报告主管税务机关。被投资企业应当详细记录股东持有本企业股权的相关成本，如实向税务机关提供与股权转让有关的信息，协助税务机关依法执行公务。被投资企业发生个人股东变动或者个人股东所持股权变动的，应当在次月15日内向主管税务机关报送含有股东变动信息的《个人所得税基础信息表（A表）》及股东变更情况说明。税务机关应加强与工商部门合作，落实和完善股权信息交换制度，积极开展股权转让信息共享工作。根据国家税务总局公告2014年第67号第十一条第（一）项和第十二条的规定，自然人股东转让股权申报的股权转让收入明显偏低且无正当理由的，主管税务机关可以核定股权转让收入。以下六种情况视为股权转让收入明显偏低：①申报的股权转让收入低于股权对应的净资产份额的。其中，被投资企业拥有土地使用权、房屋、房地产企业未销售房产、知识产权、探矿权、采矿权、股权等资产的，申报的股权转让收入低于股权对应的净资产公允价值份额的；②申报的股权转让收入低于初始投资成本或低于取得该股权所支付的价款及相关税费的；③申报的股权转让收入低于相同或类似条件下同一企业同一股东或其他股东股权转让收入的；④申报的股权转让收入低于相同或类似条件下同类行业的企业股权转让收入的；⑤不具合理性的无偿让渡股权或股份；⑥主管税务机关认定的其他情形。符合下列条件之一的股权转让收入明显偏低，视为有正当理由：①能出具有效文件，证明被投资企业因国家政策调整，生产经营受到重大影响，导致低价转让股权；②继承或将股权转让给其能提供具有法律效力身份关系证明的配偶、父母、子女、祖父母、外祖父母、孙子女、外孙子女、兄弟姐妹以及对转让人承担直接抚养或者赡养义务的抚养人或者赡养人；③相关法律、政府文件或企业章程规定，并有相关资料充分证明转让价格合理且真实的本企业员工持有的不能对外转让股权的内部转让；④股权转让双方能够提供有效证据证明其合理性的其他合理情形。被投资企业的土地使用权、房屋、房地产企业未销售房产、知识产权、探矿权、采矿权、股权等资产占企业总资产比例超过20%的，主管税务机关可参照纳税人提供的具有法定资质的中介机构出具的资产评估报告核定股权转让收入。第二，《国家税务总局关于股权转让收入征收个人所得税问题的批复》（国税函〔2007〕244号）第二条第（一）项规定："对于原股东取得转让收入后，根据持股比例先清收债权、归还债务后，再对每个股东进行分配的，应纳税所得额的计算公式为：应纳税所得额＝（原股东股权转让总收入－原股东承担的债务总额＋原股东所收回的债权总额－注册资本额－股权转让过程中的有关税费）×原股东持股比例。其中，原股东承担的债务不包括应付未付股东的利润。"第二条第（二）项规定："对于原股东取得转让收入后，根据持股比例对股权转让收入、债权债务进行分配的，应纳税所得额的计算公式为：应纳税所得额＝原股东分配取得股权转让收入＋原股东清收公司债权收入－原股东承担公司债务支出－原股东向公司投资成本。"

3. 税收风险判断及处理

某实业有限公司的224.16亩工业用地占某实业有限公司资产总额比例达50%以上。根据国家税务总局公告2014年第67号第十四条第（一）项的规定某实业有限公司的自然人股东在转让股权时，必须经过中介机构评估核实。而本案例中，某实业有限公司的自然人股东乙和丙在转让股权的过程中，没有对公司占资产总额50%以上的土地使用权进行评估，而以平价转让给某房地产有限公司的三位股东A、B和C，不符合税法的规定，将会受到税务部门的稽查而背上税收处罚的风险。由于某实业有限公司的土地是工业用地，在转让股权时，也按照工业用地的价格进行评估，通过调研发现，某实业有限公司所在县工业用地的评估市场价大概为11万元/亩，由于某实业有限公司的土地使用面积为224.16亩，则到2020年3月28日，某实业有限公司的资产（含土地使用权613万元）为16735408.89元，负债为17362457.23元，净资产为－627048.34元。而且股权转让协议约定："乙股权转让前在公司形成的债权债务由乙享有和承担；股权转让后由C和B享有和承担。丙股权转让前在公司形成的债权债务由丙享有和承担；股权转让后由C和B享有和承担。"按照国家税务总局公告2014年第67号和《国家税务总局关于股权转让收入征收个人所得税问题的批复》（国税函〔2007〕244号）的规定，某实业有限公司应该代扣转出去的自然人股东乙和丙的个人所得税总共为：[（224.16×11－6130000－627048.34）×60%＋3977582－

10417474］×20% ×20% =86.01（万元），可是某实业有限公司在转让股权时，没有对公司占资产总额的50%以上的土地使用权进行评估，如果被税务机关稽查发现，将接受每天万分之五的滞纳金和应缴税款50%以上5倍以下的税收罚款。基于以上税收风险分析，建议某房地产有限公司的自然人股东A、B和C履行转出方自然人股东乙和丙股权转让的个人所得税86.01万元。

第五章

税收风险管理展望

国家税务总局将风险管理作为税收征管导向以来，税收风险管理工作得到了扎实开拓，税收大数据的逐步形成进一步加速了税收风险管理的发展，基于大数据的风险管理已经逐步成为驱动和组织税收管理的“发动机”。从面向税收征管改革规划和数据技术新发展的趋势来看，当前的税收风险管理仍然处在发展的初步探索和基础开创时期，大数据和风险管理的开展还存在很多问题和短板。随着“金税四期”建设，两办意见的出台以及区块链、5G、人工智能、虚拟互联网等数据技术的突破和应用不断加快，这些因素对税收风险管理的长足进步提供了动力、空间和前景，同时也提出了问题、任务和挑战。

第一节　当前风险管理存在的问题

前期的实践，使税收数据和风险管理在税收征管中占据了一席之地，形成了理念，开启了建设，积累了数据，探索了经验，初步形成了体系。受发展的阶段性影响，相关工作的进展还存在局限。

（1）认识理念不足。数据意识仍然不足，各级税务机关对大数据的认识，较多还停留在概念化的认知层面，系统的理论认识体系和建设思路体系相对缺乏。对风险管理作用的认识表现出一定程度的“上热中温下冷”。“上热”主要集中于税务机关上层组织对风险管理的总体性导向不断增强，“中温”主要体现为各级风险部门及相关方的努力推进，“下冷”主要表现为风险实务中的落实质量和效率。传统征管观念和习惯的扭转仍然需要较长的过程，大数据支撑下的风险管理在广大税务人员中的群体认识基础还较薄弱，税务干部数据理念、风险意识还有待长足提升。前期某省税务局对大数据应用问题开展了 15 场专项调研、走访了 100 多个基层分局，组织了两百余名税务干部座谈。调研发现超过 50% 的税务干部不清楚大数据的理念，超过 40% 的干部不能熟练运用现有的税收数据开展工作。纳税人对税收风险管理的认识不足，企业建立内部税收风险监控制度或者规范的比例不高。相对于税务机关正在发展的风险管理方式和相关活动，纳税人在业务中的遵从配合意识还处于培养阶段。

（2）数据基础薄弱。涉税基础数据质量不高，数据的完整性、准确性、规范性等方面与“以数治税”的要求还有很大差距，整体有效的数据质量控制机制尚未形成。如，纳税申报表为空表或数值全部为零，申报数据之间没有勾稽关系，基础数据不能反映真实生产经营情况，导致无法准确、合理设置预警值，影响风险分析的针对性和指向性。税务机关数据采集渠道范围单一，当前一般只注重对纳税人的申报表、税务登记、税款入库和发票等静态的数据收集，而对日常调查巡查中纳税人的生产经营情况、往来款项支付情况等动态数据的采集有所忽视。数据共享不足，由于政府信息共享机制尚在建设之中，部门间数据统计口径多不一致。纳税人数据、第三方数据、互联网数据采集在广度和深度上还有很大局限，不能充分支撑解决征管活动中遇到的问题。数据分析工具缺失，仅能对数据进行简单的加工、归集，难以处理涉及海量数据的对象，能否建立强大的数据分析平台是大数据支撑风险管理长足发展的关键。

（3）风险能力滞后。从开展依据来看，风险管理尚未写入征管法，相应的制度不完善，开展依据的法定性力度较弱。从人才力量来看，国地税机构合并之后，数据管理开始设置专门部门。相对于后改革时期大数据与风险管理的专门化、大企业及各角度税收管理的风险化要求，人才培养储备严重不足，专业的数据处理和风险管理人才非常匮乏，相应的工作团队规模不足。风险能力培养配备与风险工作普遍开展和专业化开展之间的矛盾很大，各级在工作开拓中都表现出职能运行乏力的情况。从风险业务实施来看，通过简单数据比对即可扫描锁定的浅表性、简单性风险，通常表现为低等级风险，其发现能力增强较快。中高等级风险通常产生于复杂主体和复杂业务活动，如大型企业集团的涉税经营活动和会计活动，通常表现为复杂疑难、综合深度的特点，需要专业化、系统性研判。中高风险发现能力所需要的数据集成、指标模型、专家团队、组织机制等关键支撑要素，均处在建设发展、尚不成熟阶段。

（4）组织体系不畅。发展和实施税收风险管理是系统工程，需要构建组织体系作为支撑，税收管理体系也需要因之而做出调整。需要合理设定总局及省、市、县、乡各级税务机关的相关职能，相应进行机构设置、岗责体系、机制衔接和流程设定。当前组织体系初步建立，还存在作用定位模糊、职能交叉重叠、工作界限不清、流程衔接不畅、制度落实不够等诸多问题，需要理顺层级间、部门之间的纵横关系，按照税收风险管理实施要求，形成业务先导、技术推动、数据支撑的协调关系，业务序列化、链条式开展，职能协作式、系统化运转，形成高效化运行、可持续发展的新格局。在组织税收管理运行上，还需要发挥税收风险管理的作用，进一步融入征、管、查、服务各专业工作过程，深化征管改革中对风险管理导向的落实。

（5）开展层次不高。风险分析深度不足，当前风险点发现的有效性和集成化存在不少问题，造成风险应对环节无用功占比仍然较大，解决问题的性价比有待进一步提高。解读和锁定数据背后深层“故事”的能力还不理想，中高风险的发现和应对能力偏弱。风险涉及广度不够，相对于纳税遵从的风险，程序性风险发现概率提高较快，实体性风险与应对发现还存在很大局限；主要关注对纳税人纳税风险状态的管理，对征税人行为风险的关注未能同步；仍然集中于税收风险，社保非税领域基本尚未涉及。风险活动协同性不强，风险管理过程中的内外“精诚共治”局面尚未形成，提升纳税人地位，促进纳税人自治，征纳合作遵从、防控风险的理念尚未确立。风险支撑先进性不足，人机结合的开展方式基本表现为“指标模型＋专家团队”，人工及其经验起作用的比重仍然很大，分析“智慧”不足，应对自动化程度不足。

第二节　风险管理的近期发展趋势

一、征管改革提出的新要求

（1）“智慧税务”的新蓝图。随着数字经济正在成为重组全球要素资源、重塑全球经济结构的关键力量，数字技术在国家治理中得到越来越多的重视和应用。两办《关于进一步深化税收征管改革的意见》的主调就是描绘了数字化背景下智慧税务建设蓝图。

（2）“金税四期”的新跨越。国家税务总局落实两办《意见》要求，提出建设“金税四期”的设想，并于2021年完成了顶层架构设计，依托“金税四期”推进税收征管数字化，围绕构建智慧税务推进“两化、三端、四融合”。描绘了我国税收征管方式从“收税”到“报税”再到“算税”，征管流程从“上机”到“上网”再到“上云”，征管效能从“经验管税”到“以票控税”再到“以数治税”的智慧税务蓝图。推动税收征管从“经验管税”到“以票控税”再到“以数治税”转变，实现“金税四期”支撑下的“四精”具体目标，需要在战略、战役、战术各层面进一步解决信息不对称的问题，以大数据驱动税收征管的“智慧化”组织实施，必须首先提高数字化决策的能力。风险管理基于数据、应用数据，提高数据决策效能需要以风险管理为基本方式和重要途径才能实现。以税收大数据为驱动，建设科学精准高效的风险管理，是税收征管迈向“四精”和“智慧”的必由之路和基本动力（见图5－1）。

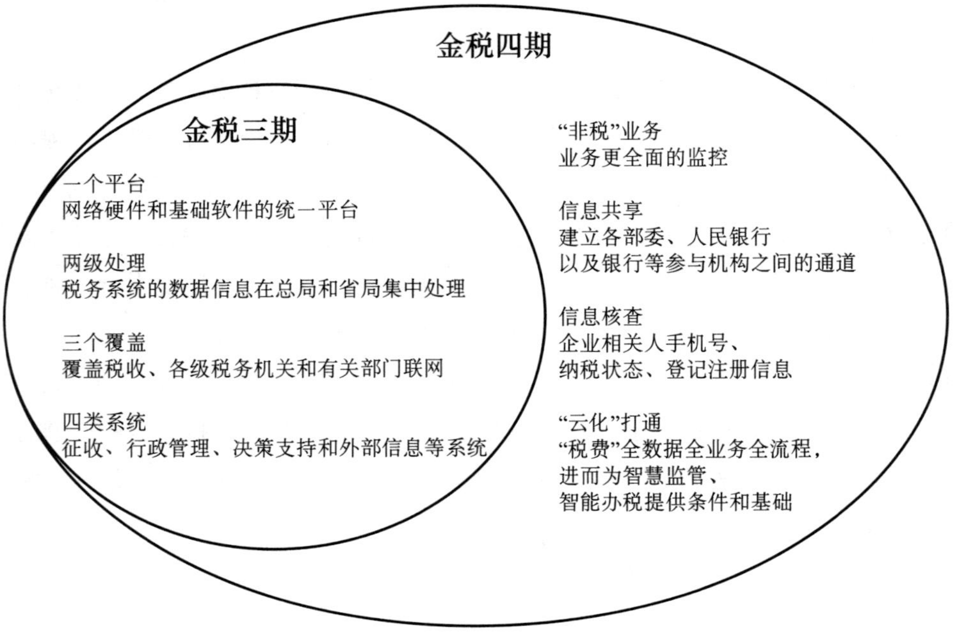

图5－1　金税三期和金税四期比较

二、风险管理面临新变化

两办《意见》是新时期税收征管改革的路线图，“金税四期”则是实施改革突破的关键载体，二者对进入大数据时代的税收管理提出了更高的要求。从官方发布和相关探讨提供的信息来看，“金税四期”建设将促使新时期风险管理中的数据赋能更有效、组织实施更高效，税收风险管理将加快走向“智慧化”。

（1）风险管理在征管工作中的地位更加突出。当前以电子发票改革为突破口，推动业务标准化、数据化，基于大数据、云计算、人工智能、区块链等新信息技术，使数字化升级后的税费征管信息，能够进一步实现数据、信息的更加集成和自动灵活组合，并通过其反映现状、揭示问题、预测未来，更好地服务纳税人缴费人，防范化解征管风险。智慧税务力求实现从“算量、算法、算力”到“技术功能、制度效能、组织机能”，从“税务、财务、业务”到“治税、治队、治理”的一体化深度融合，需要突出风险管理方式以充分发挥大数据的价值。风险管理的理念方式、业务实施、组织状态和职能效应对推动新时期征管变革作用极为关键。税收风险管理导向作用更加突出，开始成为推进税收征管改革的核心要素，将会发挥引领性、基础性、突破性的战略作用。

（2）风险管理中的数据支撑应用更加有力。“金税四期”建设以纳税人、税务人和决策者三类应用主体为对象，打造“三端”智能应用平台体系。对纳税人端，通过打造“一户式”和“一人式”税务数字账户，实现每户纳税人为单位的税费信息智能归集和智敏监控；对税务人端，通过打造“一局式”和“一员式”应用平台，对总局、省局、市局、县局、分局五级税务机关和全部税务工作人员信息，分别按单位和员工进行智能归集和智效管理；对决策人端，通过打造“一览式”应用平台，为管理指挥提供一览可知的信息。税收征管数字化升级和智能化改造，不仅使利用纳税人信息更为便捷，也将长足提升税收征管数据丰富性和可利用度。“金税四期”将使征管数据基础集成度更高、数据获得更加高效，为风险管理活动提供更加可靠的数据支撑条件。

（3）风险管理“智慧”进一步提升。以“金三”应用和“金四”规划建设相比照，税务信息平台从“金三”过渡到“金四”是跨时代的进步。已有的数据平台将在整合中更加完善和强大，前期风险管理实践的经验将得到继承和发扬，长期积累的数据将会得到更为有效的价值挖掘，风险管理实施集约化和风险管理建设的系统化程度也将大大增强。如，已有的大数据和风险管理业务条线、大企业管理条线、各税费专门职能条线、征管法制服务条线等形成的风险指标模型体系必将开始融合，并走向集成集约，迈入更加系统化、高水平的建设阶段。“金税四期”建设有利于大跨度提升税收风险活动的支撑平台，促进风险业务实施的进一步充分拓展。

（4）风险管理促进征管体系再变革。把握税务执法时度效，推动经验式执法向科学精确执法转变，实现“无风险不打扰、有违法要追究、全过程强智控”，需要解决的首要问题就是利用大数据准确锁定执法风险焦点靶向；从无差别服务向精细化、智能化、个性化服务转变，也需要建立基于大数据的纳税人服务需求洞察和快反体系，同样离不开风险管理作为基本建设途径；建立健全以“信用＋风险”为基础的新型监管机制，推动从“以票管税”向“以数治税”分类精准监管转变，需要大力提升风险发现和应对的能力，通过风险等级差异化响应，更为有效地实施分级分类管理；推进精诚共治，加强部门协作，扩大税收治理的“朋友圈”，不仅会提升大数据和风险管理的水平，也需要大数据和风险管理的反向支撑，风险管理活动所具备的柔性化执法、合作性遵从特性，也利于把服务管理对象纳入共治主体范畴，从而调动征纳双方的主动性，使精诚共治更加具备深刻性。风险管理对管理决策和行为组织的强参与性特点，将会渗透改造各项传统业务的开展方式，影响到税收征管体系的职能分配、业务实施、流程再造、组织优化和资源配置。风险管理对建设“智慧税务”具有关键性，加快的发展风险管理将会催生征管组织体系的新优化。

第三节　技术进步带来的长期前景

中国坚持扩大改革开放不动摇，在经济、社会、科技诸多领域持续深化与国际接轨交融，并在一些方面包括高新技术发展和应用上开始追求领先和异军突起。从政策上看，《国家创新驱动发展战略纲要》和《国家信息化发展战略纲要》对发展数字经济和大数据战略做出了重要规划，经济社会发展对新技术的进一步突破和扩大应用也提供了强劲的需求，将为对大数据和风险管理提供极为广阔的发展空间。当前一些主要技术发展强劲，“金税四期”建设中也逐步吸收这些新兴技术。然而，新技术已经显露对税收大数据和风险管理具有更为长远的影响，预示了下一个时代的发展需求。

一、大数据技术的新发展

基于互联网的大数据技术正不断加快发展和应用，在数据价值上区块链技术正在突破，在数据应用上 AI 技术快速发展，在数据传输、运算和存储上 5G 技术、云技术正在加快应用。涉及大数据运行的主要维度，相关技术正在全方位步入加快成熟的过程，应用前景可观，显示了系统变革、治理革命的前奏。

（1）大数据的急剧膨胀。根据中国电子信息产业发展研究院发布的《2021 中国数字经济发展形势报告》，2021 年上半年，电子信息制造、软件和信息技术服务业等多个数字经济核心产业增速超过 20%，全国网上零售额达 6. 11 万亿元，同比增长 23. 2%，数字经济领域上市企业总市值达 14. 5 万亿元，环比增长 19. 8%，11 家企业入围全球市值前三十。信息技术的高速发展，使得移动互联网、智能终端、新型传感器快速渗透到地球的每个角落，处处可上网、时时可连线，互联网、物联网、云计算、智慧城市、智能生产、数字化交易等使“一切都被记录，一切都被分析”，经济社会运行加速进入数据化时代，大数据呈现出几何式急剧膨胀。当前税收风险管理活动对数据支撑的依赖性，仍然主要表现为较小数据涉及范围、数据准确程度和数据因果关系。大数据往往混合了多个数据源的多维度信息，聚合更多数据源，增加数据维度，将不断提高数据应用的价值。税收大数据的全域全量全时汇集与应用是“智慧税务”的要求，也是社会及税务数字技术应用推动的发展趋势。大数据发展也将推进税收数据应用思维的变革，税收风险管理走向利用所有数据而不仅、不再是一小部分数据；风险识别关注的不仅、不再是数据精确性，而是数据多样性；风险分析强调的不仅、不再是因果关系，而是相关关系。大数据的爆炸式增长将为经验管理转向数字治理准备雄厚的生产资料基础，大数据掀起的是面向治理的新革命。

（2）人工智能技术（AI）。AI 是会学习的计算机程序，深度学习 + 大数据 = 人工智能。大数据是 AI 的生存土壤，AI 解决大数据价值密度低的要害问题。“互联网 +”的理念已经向各行业、各应用的纵深不断渗透、落地，逐渐积累起来的高质量大数据为许多前沿行业打下了全面运用人工智能的基础。一般认为，可以称得上是人工智能的程序大概需要具备以下六方面的能力：①存在不确定因素时进行推理的能力；②使用策略、解决问题、制定决策的能力；③知识表示的能力，包括常识性知识的表示能力；④规划能力；⑤学习能力；使用自然语言进行沟通交流的能力；⑥将上述能力整合起来实现既定目标的能力。“在不久的将来，我们认为深度学习将取得更多成就，因为它只需要极少的人工参与，所以它能轻而易举地从计算能力提升和数据增长中获得裨益。目前正在开发的用于深层神经网络的新型学习算法和体系结构正在加速这一进程。”（《Nature 重磅：Hinton、Lecun、Bengio 三巨头权威科普深度学习》）。近期 ChatGPT 迅速火爆、出尽风头，反映出 AI 基于大数据、大模型、大算力的突破性能力。国家税务总局长期关注新技术的税务应用，一些地方的税务部门开始了 AI 应用于税收管理的探讨，在一些基础问题上开始取得突破，并获得了相关专利。AI 专家有一个共识，开展人工智能需要相对的探索过程，但是一旦突破，将会引发人机和人际关系、流程和组织架构的变革，而且可能会很剧烈地进行，AI 是加快治理革命的又一个强大因素。近阶段税收风险活动关注了数据集成，但对数据应用这个核心环节尚未作出长远的明确规划。税务 AI 是构成税务“智慧”的最核心技术要素，税务 AI 的发展将在不断集成税收数据基础上把税务“智慧”推向新高度。

（3）区块链技术。区块链技术根据其设计理念具有去中心化、数据信息不可篡改、全网可见并可追溯的信息、数据可信等特点。区块链成为互联网的二次革命，使信息互联跨越到价值互联。区块链作为一种去中心化和去第三方信任的数字记账解决方案，正逐渐被市场上的财务、审计、金融等相关机构重视，而这些领域与税收高度相关。在解决信息不对称中走向共通共享共治时代是趋势，“区块链 +”也必将大行其道，政府服务是区块链技术最直接、最显著的应用领域之一。我国已经率先试点推出了数字人民币，数字人民币是以经过改进后的区块链技术为基础的一种具有价值特征及 MO 属性的法定数字货币。数字人民币会在我国引发货币流通强监管效应，而国家对货币流通的强监管即可视为对涉税信息的强采集。纳税人在经济活动过程中形成的，作为税收决策与征管基础的收入、支出、财产、行为、货币资金等流量性和存量性涉税信息被税务机关所全面、精准掌握，形成涉税信息高度透明化现象将是对涉税信息进行强采集的结果。通过货币的匿名支付脱离监管，从而实现逃税在数字人民币普遍推行后几乎是不可能的。中国国际税收研究会顾问王力在有关会议上表示，“区块链技术是提升税收治理能力的新型技术手段，是助推实现税收治理现代化的良好契机和重要抓手。”中国也是国际上“区块链 + 税务”应用领域的先行者，2018 年深圳试点推出了第一张区块链电子发票，具备“交易即开票、全信息上链、全流程打通”的特点，我国即将实现电子发票“全覆盖”，这不仅实现了“区块链+税务”的突破，也表明“区块链+税务”技术应用前景将越来越广阔。同时，区块链技术也有利于改造业务组织的方式和流程。通过构建基于区块链技术的管理平台，利用区块链技术使管理要素精准，为业务管理的简化优化提供了可靠手段。区块链技术赋予了数据信用功能，改变了数据的基础价值特性，这将对大数据构成、运行规则和应用理念都将带来进一步变革。以可靠、可信为特征的数据质量全面提升，将会大大降低数据应用的成本，使风险管理的质量与效率发生质的飞跃。对推进税收治理而言，区块链技术本身就是革命性因素。

（4）5G技术。中国信息通信研究院发表的《中国5G应用发展白皮书（2019）》指出，2020—2025年，中国5G商用将带来10.6万亿元的经济总产出，5G投资额将达到9000亿元到15000亿元。5G作为全新的网络架构，有着数十倍于4G的峰值速率、毫秒级的传输时延和亿万级的连接能力，将构筑一个新型网络基础设施，支撑产业实现更快速发展和跃升。5G技术将用于云计算、人工智能、物联网等新兴领域，尤其是在远程医疗、智能制造、无人驾驶等领域，5G技术的应用取得了一定成果。5G应用带来海量数据的新积累并能够高速传输，这将改变会计运行的规则和状态，税收大数据和风险管理的运行基础也会因之而发生改变。中国掌握着世界上最先进的5G技术，应用程度居世界前列，5G对我国税收征管的促进改造作用也将不同凡响。

（5）云技术。云技术是指在广域网或局域网内将硬件、软件、网络等系列资源统一起来，实现数据的计算、储存、处理和共享的一种托管技术。云技术（Cloud technology）将基于云计算商业模式应用的网络技术、信息技术、整合技术、管理平台技术、应用技术等综合起来，可以组成资源池，按需所用，灵活便利。以兆亿为单位计量的超大规模数据，需要超大规模的存储能力和超大规模的计算能力。“税务云”的探索已经开始，云存储对实现对海量数据的储存和更加便捷调用提供支持，云计算将对数据处理和税务AI的实现提供强大算力。作为支持“智慧”税务决策和贯穿税务活动过程的核心要素，大数据驱动的风险管理必然会占在未来强大税收算力金字塔的塔尖。

二、“智慧”型风险管理的变革方向

（1）税收征管数字化促使风险管理走向高度智敏化。新技术的发展应用，将使税收大数据构成在新的概念、新的维度、新的范畴、新的结构上发展，大数据应用能力同步伴生质的飞跃。大数据及其应用的发展会进一步使税收风险分析在超前性、深刻性、系统性和准确性上大为增强，税收风险应对的实时化、自动化程度也将同步提升。普遍化的风险导向，专业化的风险流程，分布式和集中型的风险实施，面向纳税人和征税人、面向实体和程序的全风险防控，人机深度结合、案头作业高效率、业务过程自动化、征纳衔接非接触化，这些在风险管理的发展中都将进一步得到实现。税收风险业务将有更加充分的条件实现特征化、颗粒化、套餐化，业务组合化实施将更多出现，将具备“变形金刚”的特点，从而能够增强风险管理业务实施的针对性、系统性和灵活性。风险管理甚至可以预判相关、相类对象的风险行为取向，预设预防型措施体系。税务机关将更有能力实现纳税人缴费人的状态“画像”、行为分析、生命周期管理，通过灵敏精准识别风险，确定实施监管与服务的需求和对应措施。大数据技术的发展对风险管理能力的提升，可以因对象行为状态、行为趋势甚至行为模式，实现风险管理的相机响应，这是“智敏化”的趋势。深圳市税务局课题研究提出大数据条件下，税收风险管理在内涵上出现“智能化、自动化、系统化”明显特征，内置于系统的数字化风险岗责体系出现“业务模块化、流程定制化、角色个性化”的趋向，业务规则将会更多面向“操作标准化、内容实体化、一页式集成”。风险管理活动也将实现内控，风险管理实施更为动态、主动。大数据条件下的风险管理，通过实现业务流程数字化升级、业务规则数字化改造、业务体系数字化驱动和支撑，可以实现业务效能的跨越式突破。(《税务研究》2020 年第 10 期《风险管理数字化转型》)

（2）数据能力普遍化要求促使人力资源结构加快转型。大数据时代要求人们建立数据思维，税务组织及其成员需要建立掌握数据和运用数据的能力。基于大数据的税收征管运行体系，将会拉动税务人员数据意识的整体提升，数据应用和风险管理能力将会成为每个岗位要求的必备内容。在大数据技术高度发展特别是人工智能时代，人们不得不开始思考，我能做什么？而结论必然是我能做与机器不一样的事儿。税务人员在素质技能上需要既能在数据风险能力基础上融合，又有专业领域的区别，在建立大数据相应的组织运行机制中，特别需要与数据、与机器、与团队、与机制、与对象能够打合作型交道的人。税收政策及征管知识仅仅是税务知识的基础，现阶段的骨干人才的作用将相当程度上被平台和机制以某种方式所转换和取代。“智慧”税务要求全新的专业性集成，如同金融系统已经发生的情况一样，税务组织也将会迅速出现人员的分化，高超水平的专家团队、精干的骨干团队以及客户接待型的执行人员将进行组合，一个合格税务人员所应具备的基础综合知识水平将会被大大拉高，而税务队伍中人员知识能力的差异和差距都将被拉大，呈现出很高的“基尼系数”。知识管理将与能力管理相融合，并脱离传统构建模式，个体学习方式和静态单一知识的批量培训将不再是主要形态。知识能力建设将表现为人与平台紧密结合，跨专业知识技能的动态组合，以及知识能力的团队化集成、团队式成长、团队型运用。在相当一个阶段，数据型、风险式、复合型、高精尖、适应团队化作业的人才将显得更加稀缺，“智慧”税务呼唤学习型、研究型、复合型专业团队的大量出现，税务组织评价人、使用人、激励人、管理人的理念和方法体系必将受到重大挑战。税务组织对内也必须调整人力资源规划，建立吸纳、培养、整合新型队伍的全新机制。对外则需要建立开放式的人才支撑体系，如需要顶尖的 AI 科学家，税务组织必须引入这方面的高水平人才，同时要学会与所有新型应用技术开发商、运维商及高端技术人才甚至相关科学家们打交道。著名人工智能科学家、斯坦福大学人工智能实验室和视觉实验室主任李飞飞提出一个发人深省的问题："AI 的未来掌握在那些创造、开发和使用者的手中。无疑 AI 会改变世界，但这里真正的问题是，改变 AI 的又是谁呢?"有更优的人才，才能适应更快的变化，创造更好的未来。

（3）风险实施高效化必将推动税收业务不断再重构。依据数据技术实施的各种活动需要相应的过程控制和组织管理，衔接数据管理和业务管理活动的高效化风险管理也将改变税务活动决策与组织的流程和方式。数据管理业务流程将首先面临新再造。数据采集、清洗、归集、存储、抽取、传输、共享、运算、保密、开发等各个环节，需要形成整套的业务规程和工作规则体系。专业化、自动化、日常性、系统性的数据管理活动，人机结合的管理方式、专门机构与组织协同的数据管理机制，将成为税务管理的基本活动和重要内容，相应的岗位、部门，以及相应的数据管理责任与评价考核机制也将应运而生，并较快在税收工作中占据重要的位置。

征管业务实施走向动态化、灵敏型。管理的灵魂在于决策，随时发生的分布在战略战役战术层面的管理决策，构成税收征管的决定要素。推动主观性强的经验式决策转向精准型的数据化决策，依赖大数据支撑驱动现代风险管理提供高度的决策支持，税务决策的"智慧"性变革也必将推动税务活动组织形态的深刻变化。在知识数据的积累达到一个顶峰，业务流程也因为信息的高效流转而顺畅连接到一起，如何进一步提高生产率、降低业务成本呢？不少大数据专家认为，下一次生产率革命的关键是"自动化"，而人工智能等数据技术正是帮助现有流程实现自动化的最好工具。大数据驱动的高度风险管理能力将集中表现为优化决策，这将促使税务行政组织过程真正能够以专业化为核心，去除层层审批、上传下达等无实质产出的行政化、程式化、空心化的操作环节。税务业务的实务性上收必然出现，下沉也将更为便捷，组织形态扁平化将因数据化改造的灵敏性业务流程而变得更为真实可行。大数据驱动风险管理所形成的税务"智慧"，将促使税务组织彻底走出金字塔模型。"智慧"性风险管理将促使税收业务的综合性、灵活性实施，服务预防型、相机响应式、套餐定制式、合作互动型等业务组织方式将会形成趋势，税收业务不再仅针对于对象的暂时性状态，而更将针对相对人的行为，作用于行为模式和行为动因，从而实现遵从管理的深刻性、有效性。"智慧"化风险管理将为增强客户导向、落实以纳税人为核心准备有利条件，这将更容易模糊服务与监管的边界，使服管融合、寓管理于服务更为可行并更加自然而有效地实现。税收治理对象的主体性也将得到大幅提升，精诚共治的范畴将因步入全主体共治而更为充分，这将导致更加深刻的征管变革。以往税收征管从基于税务机关发现相对人问题并实施管控的动机出发，形成业务组织实施逻辑；"智慧"税收征管转向面向基于纳税人遵从行为状态和行为模式，以预先防止和尽早消除纳税人涉税风险为中心的组织实施逻辑；这两个逻辑的切换是质的飞跃和巨大的变革。

风险业务与其他税收业务的关联性、协同性更为增强，税收管理专业化的实现、属地化的提升都将在新的条件下发展，甚至两化最终将走向融合实施。服务、管理与稽查业务可能“打捆”实施，更多出现的将是一揽子业务综合实施而不再是业务项目分门别类、逐项逐部门分别实施。

税法也将迎来新一轮变化。税务业务管理规程的加快变化，形态扁平化、各级实体化以及数据平台和风险工具形成的能力，将会替代现有一些机构设置的必要性。部门设定可能进一步打破原始职能划分局限，以流程为导向设置职能可能进一步转向以价值为导向，面向纳税人、面向任务、非接触使得后台化，当前机构繁多、职能重叠与简单切割同时存在的情况会受到重大挑战，税务组织整体性将会加强，多层级、多部门都可以直接面对纳税人、重复接触纳税人的情况会得到很大改观。部门职能界限会出现模糊化倾向，专业的部门设置和动态的复合型组织将会成为常态，不同职能部门、不同专业人员针对任务的融合形态成为业务实施的基本载体，“专业机构 + 协作机制”支撑业务效应集成集约、业务组织混成混编、业务实施动态互动将成为基本特点。税收管理理念进一步向服务转变、税收执法刚性向柔性化转变、税法遵从由征管方单向主导实现进一步转向合作互动，纳税人自纠实现，应对较为复杂的问题，则在风险管理驱动的服务监管业务过程中开始出现并更多走向互动协作，征纳双方合作遵从的理念在税收征纳实务中开始萌生。关注“信息人权”，尊重纳税人信息（数据）权力（权益）的观点也开始产生。“在方法论层面，大数据是一种全新的思维方式。按照大数据的思维方式，我们做事情的方式与方法需要从根本上改变。”（吴军《智能时代》）。大数据驱动风险管理的“智慧”发展，推动的将是一个高速变化、迥异以往的税收征管新时代。